当代经济学系列丛书

Contemporary Economics Series

陈昕 主编

当代经济学译库

不完全竞争与非市场出清的宏观经济学

一个动态一般均衡的视角

［法］让-帕斯卡·贝纳西 著

淡远鹏 封进 葛劲峰 陈磊 译 袁志刚 校

格 致 出 版 社

上 海 三 联 书 店

上 海 人 民 出 版 社

主编的话

上世纪 80 年代，为了全面地、系统地反映当代经济学的全貌及其进程，总结与挖掘当代经济学已有的和潜在的成果，展示当代经济学新的发展方向，我们决定出版"当代经济学系列丛书"。

"当代经济学系列丛书"是大型的、高层次的、综合性的经济学术理论丛书。它包括三个子系列：（1）当代经济学文库；（2）当代经济学译库；（3）当代经济学教学参考书系。本丛书在学科领域方面，不仅着眼于各传统经济学科的新成果，更注重经济学前沿学科、边缘学科和综合学科的新成就；在选题的采择上，广泛联系海内外学者，努力开掘学术功力深厚、思想新颖独到、作品水平拔尖的著作。"文库"力求达到中国经济学界当前的最高水平；"译库"翻译当代经济学的名人名著；"教学参考书系"主要出版国内外著名高等院校最新的经济学通用教材。

20 多年过去了，本丛书先后出版了 200 多种著作，在很大程度上推动了中国经济学的现代化和国际标准化。这主要体现在两个方面：一是从研究范围、研究内容、研究方法、分析技术等方面完成了中国经济学从传统向现代的转轨；二是培养了整整一代青年经济学人，如今他们大都成长为中国第一线的经济学家，活跃在国内外的学术舞台上。

为了进一步推动中国经济学的发展，我们将继续引进翻译出版国际上经济学的最新研究成果，加强中国经济学家与世界各国经济学家之间的交流；同时，我们更鼓励中国经济学家创建自己的理论体系，在自主的理论框架内消化和吸收世界上最优秀的理论成果，并把它放到中国经济改革发展的实践中进行筛选和检验，进而寻找属于中国的又面向未来世界的经济制度和经济理论，使中国经济学真正立足于世界经济学之林。

我们渴望经济学家支持我们的追求；我们和经济学家一起瞻望中国经济学的未来。

陈昕

2014 年 1 月 1 日

前　言

　　本书目标是构建一组内洽的动态宏观经济学模型,其结构将牢固地建立在严格的微观经济学原理之上。我们给出的模型全部源于经济学理论中四大范式的综合:

　　• 一般均衡理论,其发展脉络为 Walras(1874)以及 Arrow 和 Debreu(1954)。

　　• 凯恩斯理论,Hicks 著名的 IS-LM 模型(1937)对之作了解释,后来被 Patinkin(1956),Clower(1965)和 Leijonhufvud(1968)重新解读。

　　• 不完全竞争,尤其是垄断竞争这一部分要归功于 Chamberlin(1933),对它一般均衡的形式化可见 Negishi(1961)。

　　• 最后是理性预期,由 Muth(1961)提出,Lucas(1972)或者 Kydland 和 Prescott(1982)将之融合进动态一般均衡宏观经济学模型。

　　乍一看,上面罗列的范式好像矛盾重重。每个专业人士实际回想起来的是它们之间的长期斗争,先是古典主义和凯恩斯主义,接着是新古典主义和凯恩斯主义,最后是新古典主义和新凯恩斯主义。尽管这些冲突的确使这一领域显得刺激不已,但学科超越冲突而发展起来。提出一个更为综合范式的时机已成熟,在这一范式中各种思想能在一个共同的科学的基础上得到讨论。这就是前言开始所概述的诸范式的一个综合应该得到格外欢迎的原因。

尽管如此，综合的计划并非是全新的。在20世纪70年代早期实际上它就开始了，那个时候各个学派的冲突尤其激烈。曾经有，并且依然有若干的思路可用于构想一个统一的理论。我们的计划是这样组成的，从当时最为严格的和得到详述的理论即瓦尔拉均衡起步，再将非出清市场和不完全竞争纳入其中以使之丰富。从那时起本书的研究工作就开始了，当时瓦尔拉范式本质上是一般均衡的阿罗—德布鲁模型。这个模型很快在宏观经济学上得到了丰富，先是 Lucas(1972)，他在理性预期的框架中重新研究了菲利浦斯曲线，稍后是在"真实经济周期"传统中的动态随机一般均衡模型(Kydland and Prescott, 1982；Long and Plosser, 1983)。所有这些模型都有严格的和微观的基础，而这正是宏观经济学长期忽略的，因此它们是一个最有用的起点。但它们依旧对可能发生于瓦尔拉均衡之外的内容闭口不言，而瓦尔拉均衡显然是一个过于严格的约束。

因此，我将遵循理论的实际发展顺序来安排本书的计划：从严格的市场出清模型出发，继而将它们一般化到各种非瓦尔拉情况。依此顺序，我们将得到一组全新的模型，它们将传统瓦尔拉模型的严格性与包含非出清市场和不完全竞争在内的模型的一般性和实用性结合在一起。本书中我们将特别构建许多动态模型，从瓦尔拉视角看，它们在思想上和真实经济周期模型极为类似，但我们将在非瓦尔拉的更为一般的条件下研究它们。

本 书 计 划

本书分为六个相对独立的部分：

第Ⅰ部分的目标在于以一个简单的和教学的方式提出一些基本概念及其宏观经济学应用。第1章的起点是一个作为基准的简单市场出清范式，然后说明当市场非出清时配额和数量信号如何产生，以及考虑到这些数量信号之后需求和供给理论如何做出修改，最后是在非出清市场上合理的价格制定理论如何得到发展。第2章立刻将这些概念应用于一个非常简单的宏观经济学框架，并在一个两市场经济系统中描述了一个瓦尔拉情形，一个固定价格—固定工资情形，以及一个价格与工资由不完全竞争者制定的模型。

均衡配置和公共政策的效果也得到研究。

第Ⅱ部分由一个篇幅较长的第3章组成,在其中发展了与第1章相同的概念,不过是在完全一般均衡框架中进行的。这次的起点是多市场瓦尔拉均衡模型,然后在这一框架中融入了配额、数量信号、有效需求和价格制定等概念。进一步还定义了若干非瓦尔拉均衡概念,特别是固定价格均衡和不完全竞争均衡,其中行为人在客观需求曲线的基础上制定价格。这些均衡的效率(或更准确些,非效率)得到了充分的研究。

第Ⅲ部分提出了宏观经济学模型,在其中整合了这个序言开头所描述的各种成分。为了将难点逐渐引入,此处我限制模型为确定性的。第4章构建了一个基于客观需求曲线的不完全竞争跨期模型,并提出了一个使这一领域的研究者暂时迷惑的问题:不完全竞争模型是凯恩斯主义的还是古典主义的? 第5章构建了一个分散工会的传统模型,并研究了议价力量如何在部门和加总水平上影响福利。一个引人注目的结果是,工会方过多的议价力量不仅会造成不充分就业,而且会产生对工人自身有损害的非效率。

第Ⅳ部分将随机因素引入前面的模型中,采取的方法等同于真实经济周期模型,不过是在不完全竞争环境中将它们一般化了。第6章构建了一个作为基准的动态模型,其中包含货币和不完全竞争,并服从真实和货币冲击。尽管它内生地产生非充分就业,却会发现这个模型在动态行为方面类似于传统的RBC模型。在第7章事情发生了戏剧般的变化,通过不完全竞争和资本—劳动互补的一个适当的组合,在这样一个模型中的确会产生高度持续性的失业,甚至当其背后的冲击自身并非持续性时也是这样。第8章介绍了内生增长,说明了在这样一个环境中不完全竞争也会改变增长率。

第Ⅳ部分所考察的刚性是"真实的",第Ⅴ部分则引入了名义刚性。第9章考察一期工资合约,并展示这会产生就业失衡,作为结果而产生的产出—就业动态学具有介于凯恩斯主义和传统RBC模型之间的特征。在这一阶段,失业是完全非持续的。第10章引入了一个新的交错工资合约,这种类型的合约会使就业和产出对货币冲击有一个高度持续性的反应,甚至会产生传统模型不能生成的"驼峰"反应。第9章和第10章工资合约的结果证明了传统的假设,即劳动供给者总是根据需求来调整他们的供给。第11章描述了一个动态模型,其中工资是由工会通过最大化他们成员的福利而制定的,此处假设自愿交易成立。作为结果,模型自然地显示了非线性,并显示了冲击的变化会对平均失业率产生直接影响。

最后,第Ⅵ部分涉及政策议题,尤其关注一个由理性预期而引起的存在巨大争论的问题:政府应该采取主动型政策吗? 如果是,采取哪些? 第12章从一个简单的情形开始,其中工资是预设的,政府只有财政政策可用。一个主要结论是,尽管政府没有比私人部门拥有更多信息(这是争论中的一个核心之处),依然可以设计主动型政策,从而比非主动型政策有更好的结果。第13章将争论扩展到工资由最大化工会成员利益而制定的情形,并且展示了上章的结论易于扩展到这种情形。第14章将争论一般化为货币和财政政策最优结合的决定问题。最优政策混合证明有一个主动型的财政政策。最后,第15章研究了最优货币政策的议题,并展示了若忽略货币政策对财政政策的配合将导致高度扭曲的政策建议。

建 模

本书所有章节都拥有共同的方法论,即包含非出清市场和不完全竞争的严格的一般均衡方法。这一方法论应用于一系列广泛的宏观经济学议题中。

然而动态模型随每章主题的不同而不同。一些使用无限期界生存消费者范式,一些应用两阶段交叠世代模型,第7章是两者的一个混合。当然,贯穿全书只使用一个单一模型是很有吸引力的。例如,无限期界生存消费者模型在沿着真实经济周期思想的宏观经济学中就很流行。但至少因为两个原因使这一计划是不可行的:(1)在一些情形中计算将是办不到的,或不合适的,以至于预先排除了一个具体解或一个合理的说明;(2)无限期界生存消费模型具有李嘉图等价的特征,这使得这一模型不适于研究财政政策效果。因为最优政策是最后四章的核心主题,显然应该使用一个不同的模型。

因为用一个简单模型处理所有问题并非可行,在每一章我决定模型的标准就是能够冒险以这样的方式来处理议题,即能以最简单的方式产生结果并能导致一个优雅的和有效的说明。当然,本书中无论什么议题其背后的方法论是完全保持一致的。

阅 读 指 南

本书的一个主要关注点显然是构建有严格微观基础的模型。尽管如此,我依然想使本书对于那些较少技术性要求的宏观经济学家也是可用的。为此,本书提供了许多供初次阅读时使用,但不会削弱对概念和结果理解的捷径。

第一,各种模型的许多重要结果被描述为"命题",这些结果在随后的证明中得到严格论证。尽管初看起来这好像是对解释的数学处理,实际上恰恰相反。读者在初次阅读时可以完全跳过这些证明而不会损失连续性。

第二,最具技术性的、以瓦尔拉一般均衡形式表现的第3章在初次阅读时也可以跳过去,许多基本概念已经以一种较少技术性的方式在第1章得到了描述。

为了不打破阅读的连贯性,正文中的参考文献严格保持在最少限度。相关的内容集中于每章结尾。本书最后的文献目录包含了附加的文献,它们虽然没有直接联系特定章节的内容,但引出了或以类似的思想产生了本书中的模型。

致 谢

我在本书的撰写中欠 Fabric Cololard 和 Franck Portier 甚多。他们阅读了全部手稿,并且他们富有洞察力的评论使本书得到许多改进。我也受益于 Pierre Cahuc 和 Rafael Munoz 的评论。最后,在准备手稿的实际细节上,Josselyne Bitan 全身心地和高效率地帮助了我。

目 录

主编的话

前 言

第 I 部分

从微观经济学到宏观经济学

1

基本概念

1.1 引言

在这一章中,我们尽可能以最简单的方式介绍本书中所要运用理论的核心概念。对展开我们的说明而言,从瓦尔拉市场出清模型出发是个非常方便的起点,因为若想将分析扩展到更一般的情形,借助瓦尔拉模型就可以识别许多显然被忽略的重要因素。接着我们会看到这些概念如何被一般化从而应用于非出清市场和不完全竞争。我们将看到当需求和供给不匹配时交易如何组织(1.3 节),在此过程中数量信号如何产生(1.4 节),需求和供给自身对市场不平衡如何做出反应(1.5节),最后是在这样一个不完全竞争环境中价格如何被决定(1.6节)。因此,在更远的理论探险之前,我们先来细察瓦尔拉模型,以准确地识别出其中所忽略的要素。

1.2 瓦尔拉理论:忽略的部分

我们首先简述瓦尔拉模型的特征,然后再概括如何将它一般化以研究非出清市场和不完全竞争。

1.2-1　瓦尔拉范式

考察一个经济系统，其中有 l 种产品，分别被标记为 $h=1$，$\cdots$，l，这些产品在 n 个经济行为人之间交换，每个行为人被标记为 $i=1$，$\cdots$，n，我们用 p_h 来表示产品 h 的价格，p 则为价格向量：

$$p=(p_1, \cdots, p_h, \cdots, p_l) \tag{1.1}$$

所有的私人行为人接受到了同样的价格信号——价格向量 p，并且假设他们能够在这一价格系统中交换到他们需要的任何东西（一个事实上在事后才会被证实的信条）。将行为人 i 对产品 h 的需求和供给分别表示为 d_{ih} 和 s_{ih}，每个行为人 i 向市场提出由最大化个人目标函数所决定的瓦尔拉需求和供给。当然，此处需求和供给决定于这一价格系统，因此我们可以将之表示为：

$$d_{ih}=d_{ih}(p), s_{ih}=s_{ih}(p) \tag{1.2}$$

这个经济系统存在着一个"拍卖者"，他依靠一些隐含的机制（著名的"试错"过程）来不断调整价格系统，直至达到一个能实现瓦尔拉均衡的价格向量 p^* 为止。均衡价格 p^* 的特征是在所有市场上总供给等于总需求：

$$\sum_{i=1}^{n} d_{ih}(p^*) = \sum_{i=1}^{n} s_{ih}(p^*)，对所有的 h=1, \cdots, l \tag{1.3}$$

在这个价格系统中，交易等于需求和供给。因为在所有市场上需求和供给相匹配，所以行为人不受任何数量配额的限制。

1.2-2　忽略的要素

对真实世界中的极少数市场而言，如股票市场（正是股票市场启示了瓦尔拉），瓦尔拉式的故事是个很好的描述。通过一个真实存在的拍卖者，从制度上保证这些市场上的供求相等。但对另外所有那些拍卖者缺位的市场而言，瓦尔拉式的故事很明显就是不完全的，其中一些被 Arrow（1959）本人所指出。在此处有两个瓦尔拉模型的重要特征值得强调：

  • 所有行为人接受到了价格信号（实际上是**同样**的价格向量），但没有哪个行为人实际发送价格信号，因为价格制定是由隐含的瓦尔拉拍卖者决定的。

• 所有行为人都发送了数量信号(瓦尔拉式的需求和供给),但没有行为人利用这些数量信号,虽然它在市场上是可以获得的。

我们的目的是消除这些割裂,在不存在拍卖者、市场出清并非不言自明、除了价格信号以外数量信号也得到关注的条件下,构建一个自洽的理论体系,来描述分散市场经济系统的内在机能。

1.2-3 一般化

放弃了所有市场每时每刻都出清的假设之后,可以得到意义深远的结果:

• 交易不会总是等于市场上所表现的需求和供给。结果,一些行为人受到了配额约束,除了价格信号外,数量信号也形成了。

• 因为这些数量信号,需求和供给理论必须加以充分修改。仅仅考虑价格因素的瓦尔拉需求必须为更一般的**有效需求**所代替,后者**同时**考虑了价格信号和数量信号。

• 价格理论也必须以这样的方式得到改进,即包含非出清市场的可能、数量信号的存在、行为人自身对理性的价格制定决策负责。如我们将要看到的,从由此而产生的框架中会令人回想起传统的不完全竞争理论。

包含这些特征的完全一般均衡概念将在第 3 章中得到发展。在本章后面我们将在一个较简单的环境中研究理论的基本微观经济要素。特别地我们将关注数量信号、需求—供给理论以及价格制定。在此之前,必须先厘清我们将要研究哪一种制度结构。

1.2-4 市场组织:货币交易

瓦尔拉一般均衡模型中一个相对被人们忽略的问题是交换的实际制度。在他的原始模型中,瓦尔拉(1874)所谈及的是一个物物交换的经济系统,对每对产品都有一个市场。其他学者则假设所有交易都是货币性的。

这两种体系的不同在图 1.1(改编自 Clower, 1967)中清楚地表现了出来,图中表现了每一个系统中各对产品之间的市场哪些存在,哪些不存在。两个产品之间的交换若有市场存在,就在图上相应的格中用叉表示。[①]在物物交换的经济系统中(图 a),每个产品对都存在一个市场。因为有 l 种产品,所以共有 $l(l-1)/2$ 个市场。相反,在货币经济中,所有的交易必须通过货币这一交换媒介来进行。我们可以将货币视为另外一种产品,用 M 来表示,因此一共有 l 个市场。

商品	1	2	3
1	▨	×	×
2	×	▨	×
3	×	×	▨

商品	1	2	3	货币
1	▨			×
2		▨		×
3			▨	×
货币	×	×	×	▨

（a） （b）

图 1.1　物物交换经济与货币经济

显而易见,若交易的产品数量众多,运行一个物物交换经济的成本将会高得令人不敢问津,这也就解释了为什么现在这样的市场踪迹难觅。因为现实主义的这一显然理由,我们的分析将在货币经济的框架中进行。[②] 在这样的经济系统中,货币是交换媒介,同时也是计价物和价值贮藏手段。除了货币之外,还有 l 种非货币产品,用 $h=1,\cdots,l$ 来标记。产品 h 的货币价格为 p_h。一个行为人若购买 d_{ih},则必须支付 $p_h d_{ih}$ 单位的货币,或者出售 s_{ih},因此获得 $p_h s_{ih}$ 单位货币。

1.3　非出清市场中的交易

非出清市场中交易如何进行,以及在分散的交易过程中数量信号如何产生,对这些问题的说明显然是理论的最重要部分。

1.3-1　需求和交易

在非出清市场模型中我们做了一个市场出清模型从本质上说不可能做出的重要区分:一边是需求和供给,另一边是最终交易。我们用不同的记号来区分它们。需求和供给,用 $\tilde{d}_{ih}$ 和 $\tilde{s}_{ih}$ 来标记,它们是每个行为人在交易发生之前向市场(也就是向其他行为人)发送的信号。它们反映了行为人初步估计所愿意进行的交易,因此供给和需求不是必然就匹配的。交易,即产品的购买和销售,用 d_{ih}^* 和 s_{ih}^* 来标记。它们反映了市场上实际发生的交换,因此符合传统的会计恒等式。更具体地说,在每个市场 h,总购买一定等于总销售。如果经济系统中有 n 个行为人,就可以表示为:

$$D_h^* = \sum_{i=1}^n d_{ih}^* = \sum_{i=1}^n s_{ih}^* = S_h^* \tag{1.4}$$

如我们前面所指出的,需求和供给的相等并不是先验就确定了的。在这一节中,我们要研究一个具体的产品 h 的市场运行,在这个市场中产品的价格 p_h 已给定了。因为一切都在同一市场上发生,在本章的余下部分我们省略下标 h。

1.3-2 配额计划

因为价格不总是导致市场出清,所以有:

$$\tilde{D} = \sum_{i=1}^n \tilde{d}_i \neq \sum_{i=1}^n \tilde{s}_i = \tilde{S} \tag{1.5}$$

从任何由可能不相等的需求和供给所组成的集合出发,交易过程必定产生满足方程(1.4)的一致的交易。只要 $\tilde{D} \neq \tilde{S}$,交易过程中的一些供给或需求不会得到满足,一些行为人因此必然受到配额约束。在现实生活中这可以通过许多方式来实现,如均匀分配、排队、比例配额、优先选择权等,具体形式的确定由特定的市场组织结构决定。我们将配额计划称为所要考察的市场上交换过程的一种数学表示。在这类配额计划中,每个行为人的交易是这一市场上所有行为人供给和需求的函数(一个一般的形式化将在第3章给出)。在描述配额计划可能具有的种种特征之前,我们先来看一个简单的例子。

1.3-3 例子:排队

在排队系统中,需求者(或供给者)以预定的规则排序,然后按照次序依次得到配额。设有 $n-1$ 个需求者,以 $i=1, \cdots, n-1$ 来标记,每个需求者的需求为 $\tilde{d}_i$,此外有一个供给者,用 n 来标记,他的意愿供给为 $\tilde{s}_n$。当轮到第 i 个需求者时,他所能获得的最大数量是排在他之前的人(即行为人 j,其中 $j < i$)领完后的剩余部分,即:

$$\tilde{s}_n - \sum_{j<i} d_j^* = \max(0, \ \tilde{s}_n - \sum_{j<i} \tilde{d}_j) \tag{1.6}$$

很简单，需求者 i 的购买水平是这一剩余量和他的需求之间的最小值：

$$d_i^* = \min\left[\tilde{d}_i, \ \max(0, \ \tilde{s}_n - \sum_{j<i} \tilde{d}_j)\right] \tag{1.7}$$

供给者实际售出数量为他的供给和总需求之间的最小值：

$$s_n^* = \min(\tilde{s}_n, \ \sum_{i=1}^{n-1} \tilde{d}_i) \tag{1.8}$$

容易验证，无论需求和供给是多少，总购买和总销售必定匹配。

我们接下来研究配额计划的一系列性质。

1.3-4　自愿交易和市场效率

我们要考虑的第一个性质在自由市场经济中是非常自然的，这就是**自愿交易**。根据这一性质没有行为人被迫购买超过他需求或出售超过他供给的数量。这可以被表述如下：

$$d_i^* \leqslant \tilde{d}_i \tag{1.9}$$

$$s_i^* \leqslant \tilde{s}_i \tag{1.10}$$

除了一些受复杂的合同安排管制的劳动市场外，这一条件在大多数市场都是非常自然并确实成立的。显然，上述排队的例子就满足此条件。

在自愿交易原则下，行为人可以分为两类：受配额的行为人，他们 $d_i^* < \tilde{d}_i$ 或 $s_i^* < \tilde{s}_i$，和不受配额的行为人，他们 $d_i^* = \tilde{d}_i$ 或 $s_i^* = \tilde{s}_i$。当我们说一个配额计划在市场上是**有效率**的或**无摩擦**时，意思是指在这一市场上不可能同时存在受配额的需求者和受配额的供给者。其背后的直观思想是，在一个被有效组织的市场上，受配额的买者和受配额的卖者能够相遇并进行交易，直至其中的一个不再受配额为止。与自愿交易假说常常同时提起的是效率假说，它意味着"短边"规则，因为行为人处于市场短边的一方能够实现他们的意愿交易数量：

$$\tilde{D} \geqslant \tilde{S} \Rightarrow s_i^* = \tilde{s}_i, \ \text{对所有} \ i \tag{1.11}$$

$$\tilde{S} \geqslant \tilde{D} \Rightarrow d_i^* = \tilde{d}_i, \ \text{对所有} \ i \tag{1.12}$$

这也就产生了"最小规则",它的意思是指总的交易水平与总需求和总供给之间的最小值相等：

$$D^* = S^* = \min(\tilde{D}, \tilde{S}) \qquad (1.13)$$

对一个小的分散市场而言,其中每个需求者和每个交易者都可以相遇(如 1.3-3 中提到的例子),市场效率假说是可以接受的。但当我们考虑一个大的、分散的市场体系,其中一些买者和一些卖者难以两两相遇时,此时市场效率假说就变得不怎么合适了。特别值得注意的是,子市场的加总常常失掉效率特性。因此全球水平总的交易量会小于全球的总需求和总供给。图 1.2 表现了至少在一定的价格范围内,两个无摩擦子市场的加总是如何产生了一个非效率的总市场。

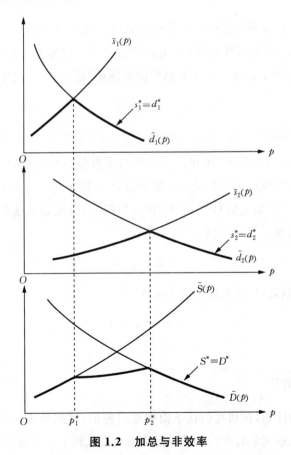

图 1.2　加总与非效率

在本书余下部分的宏观经济学例子中，我们总假设市场是无摩擦的，但要指出的是，接下来的概念实际上并不依赖于这一假设。

1.4 数量信号

现在很清楚，因为行为人不能完全按照他们的意愿来交易，至少对于受配额的一方而言，他除了考虑价格信号外，还必须认知数量信号。下面通过一个例子来看这是如何进行的。

1.4-1 一个例子

为了观察在交易过程中数量信号是如何形成的，我们从一个最简单的例子开始，即在我们考虑的市场上只有两个行为人。行为人 1 的需求为 $\tilde{d}_1$，行为人 2 的供给为 $\tilde{s}_2$。在一个如此简单的市场中"最小规则"意味着：

$$d_1^* = s_2^* = \min(\tilde{d}_1, \ \tilde{s}_2) \tag{1.14}$$

现在，当交易发生时，数量信号就通过市场来传送：需求者 1 面临 $\tilde{s}_2$ 的供给，在自愿交易原则下，他知道自己的购买数量不可能超过 $\tilde{s}_2$。对称地，供给者 2 也知道他的销售数量不可能超过 $\tilde{d}_1$。因此每个行为人都从对方那里接收到了一个"数量信号"，用 $\bar{d}_1$ 和 $\bar{s}_2$ 来标记，分别表示他能实现的最大购买和销售数量。在这个例子中，我们有：

$$\bar{d}_1 = \tilde{s}_2, \ \bar{s}_2 = \tilde{d}_1 \tag{1.15}$$

因此配额计划（1.14）式就可另外表示为：

$$d_1^* = \min(\tilde{d}_1, \ \bar{d}_1) \tag{1.16}$$

$$s_2^* = \min(\tilde{s}_2, \ \bar{s}_2) \tag{1.17}$$

1.4-2 数量信号

许多配额计划，包括我们在下面将要研究的，都服从由（1.16）和（1.17）式所给出的表达式。每个行为人 i 在市场上接收到了一个数量信号，根据他处于供求位置的不同分别标记为 $\bar{d}_i$ 或 $\bar{s}_i$，这一数量信号表示了他所能购买或销售的最大数量。因此配额计划可以简单地表示为：

$$d_i^* = \min(\tilde{d}_i, \bar{d}_i) \tag{1.18}$$

$$s_i^* = \min(\tilde{s}_i, \bar{s}_i) \tag{1.19}$$

此处的数量信号是市场上**其他**行为人需求和供给的函数。需求 $\tilde{d}_i$ 和购买 d_i^* 之间的关系如图 1.3 所示。

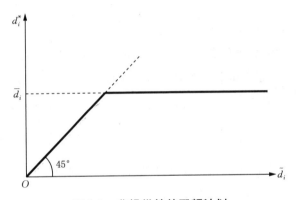

图 1.3　非操纵性的配额计划

作为一个例子，对 1.3-3 节中的排队计划（(1.7) 和 (1.8) 式）而言，数量信号由下式给出：

$$\bar{d}_i = \max(0, \tilde{s}_n - \sum_{j<i} \tilde{d}_j), \ i = 1, \cdots, n-1 \tag{1.20}$$

$$\bar{s}_n = \sum_{j=1}^{n-1} \tilde{d}_j \tag{1.21}$$

我们可以注意到，配额计划（其表达式由 (1.18) 和 (1.19) 式给出）不仅鲜明地表示了自愿交易性质，还表现了另一个重要特征即非操纵性。一个配额计划被称为**非操纵性**，是指当行为人受到约束时，他不能通过增加他的需求规模来增加他的交易数量。这一特点在图 1.3 中表现得非常清楚：当达到交易水平 $\bar{d}_i$ 时，任何需求的增加都不能再产生更多的交易。本书后面将一直假设非操纵性成立。③

行为人所认知的数量信号会对需求、供给和价格形成产生影响，这已是非常清楚的了。这些影响就是我们下面要探讨的内容。

1.5　有效需求和有效供给

如上所述，需求和供给是行为人根据他们自己的标准，为了得到最佳的交易而向市场发送的"信号"。传统的瓦尔拉式需求和供给是在如下假设（这一假设事后在瓦尔拉均衡中得到验证）上构建起来的，即每个行为人在市场上都能按其愿望进行购买或销售。此时需求和供给仅仅是价格信号的函数。我们现在需要密切关注的是当市场不出清时需求和供给是如何形成的，为此我们发展了一个关于**有效需求和供给**的理论，它们是价格信号和数量信号两者共同的函数。

1.5-1　定义

在形成他的有效需求和有效供给时，行为人 i 知道交易是通过如同上面的（1.18）和（1.19）这样的等式与之联系起来的，即：

$$d_i^* = \min(\tilde{d}_i, \bar{d}_i) \tag{1.22}$$

$$s_i^* = \min(\tilde{s}_i, \bar{s}_i) \tag{1.23}$$

要最大化这些最终交易的预期效用会导致复杂的计算（特别当面临随机约束条件时）。在确定性约束情况下，如我们这儿将要讨论的，存在着一个简单的和可处理的定义，此定义是对 Clower（1965）开创性的洞察进行一般化后得出的：对某一产品的有效需求（或供给），是可以最大化行为人效用标准的交易，最大化不仅要满足通常的约束，**并且**还满足**其他**市场的配额约束。一个更为正式的定义将在第 3 章给出，但在接触它之前，我们先研究一个广为人知的例子。

1.5-2　就业函数

一个可以很好解释我们上述关于有效需求和有效供给定义的例子是就业函数，这归功于 Patinkin（1956）及 Barro 和 Grossman（1971）。我们假设有一个企业,它拥有规模报酬递减的生产函数 $Y=F(N)$,在市场上面临价格 P 和工资 W。瓦尔拉劳动需求等于 $F'^{-1}(W/P)$。现在假定企业在产品销售上面临数额为 $\bar{Y}$ 的约束(在一个完整模型中,如我们在第 2 章所要看到的,$\bar{Y}$ 等于其他行为人的总需求)。根据 1.5-1 节的定义,对劳动 $\tilde{N}^d$ 的有效需求是下面规划中 N 的解:

$$\max PY - WN$$
$$\text{s.t. } Y = F(N)$$
$$Y \leqslant \bar{Y}$$

解之可得:

$$\tilde{N}^d = \min\left\{ F'^{-1}\left(\frac{W}{P}\right), \ F^{-1}(\bar{Y}) \right\} \tag{1.24}$$

我们看到,对劳动的有效需求实际上有两种形式:其一是瓦尔拉需求 $F'^{-1}(W/P)$,如果不存在销售配额约束;其二是当配额约束存在时,对劳动的有效需求等于恰好满足生产所需产量 $\bar{Y}$ 的劳动数量 $F^{-1}(\bar{Y})$,这呈现更多的"凯恩斯式"特点。在这个例子中我们立刻可以看到,有效需求能够采用不同的函数形式,这就直观地解释了为什么非瓦尔拉模型通常有多个区域,如我们下一章所要揭示的。

我们还可以看到,上面对有效需求的定义非常自然地包含了著名的**溢出效应**:当行为人在另一个市场上受到了需求或供给的配额约束时,他在这一个市场上的交易就会因配额而小于他的意愿交易,此时就存在着溢出效应。在上面的例子中,产品市场上未充分实现的销售"溢出"到了劳动市场,结果造成劳动需求的减少。我们在下一章中将会看到,这些溢出效应的结合将产生著名的"乘数"效应。

1.6　价格形成

我们现在着手解决系统内的行为人价格制定问题,如同我们将要看到的需求和供给理论,数量信号在此扮演着关键性的角色。将这一节的概念和前面那些概念联系起来的一般思想是，价格制定者调整价格来"操纵"他们所面临的配额约束，以增加或减少他们可能的销售或购买。

将数量信号引入价格制定过程的一个结果是，这一理论至少在形式上与传统的不完全竞争理论很相似。甚至当市场高度竞争时也是如此。如Arrow(1959)所指出的，数量信号缺乏仅仅是拍卖者主导型市场的特征，与市场结构的竞争性是多是少无关。

1.6-1　制度框架

将上述思想纳入其内的各种价格制定情形事实上都是可想而知的。我们此处将专注于一种特定的（同时对许多市场也是真实的）定价过程，其中价格制定者（通常是销售者）处于市场的一端，价格接收者处于市场另一端。[④]

为了更明确起见，考虑销售者制定价格的情形（如果是需求者制定价格，则会有相对称的描述）。为了使每个市场上有一个价格，如我们前面所看到的那样，我们刻画产品时，不仅考虑它的物质和时间特性，也考虑它定价的销售者（即不同销售者所售卖的两个相同产品被认为是不同的产品，这个假设在微观经济学中已习以为常，因为这些产品至少在位置或质量等方面有所不同）。在这样定义的市场上，每个价格制定者在他的市场上都是惟一的，因此从形式上看他是一个垄断者。但需要注意的是，这并不意味着他拥有真实的垄断力量，因为还有众多竞争市场的存在，这些市场上其他行为人出售的产品对他的产品而言有很高的替代性。

1.6-2　认知的需求和供给曲线

考虑一个销售者 i，他在某特定市场制定的价格为 P。[⑤] 如上面所看到的，一旦他公布了价格，对他产品的需求就可以表达出来，交易随之发生，这个卖者此时面临一个配额约束 $\bar{s}_i$，即所有其他行为人需求之和：

$$\bar{s}_i = \sum_{j\neq i} \tilde{d}_j = \tilde{D} \tag{1.25}$$

现在，如果我们考虑在销售者 i 设置他的价格 P **之前**的市场，和价格的接受者相反，销售者没有将配额约束 $\bar{s}_i$ 视作参数。在此处所发展的价格制定理论就这样和我们前面所述的内容结合起来，即销售者可以通过价格 P 来

"操纵"他所面临的配额约束,增加或减少他面对的需求。销售者 i 预期售出的最大产品数量与他所设置的价格之间的关系被称为可认知的需求曲线。如果预期是确定性的(此处我们就如此假定),可认知的需求曲线可以表示为:[⑥]

$$\bar{S}_i(P) \tag{1.26}$$

由于方程(1.25)的缘故,此处的可认知的需求表达的是销售者根据他所制定的价格 P,对其他行为人总需求的预期。现在根据价格制定者对经济情况的了解,可以区分两种可认知的需求曲线,客观的和主观的:

•"客观需求曲线"(我们在本书大多数的地方都使用它),是假定价格制定者知道其他行为人需求函数的**准确**形式,所以:

$$\bar{S}_i(P) = \tilde{D}(P) \tag{1.27}$$

其中 $\tilde{D}(P)$ 是面对这个价格制定者时其他行为人有效需求的精确加总。尽管在局部均衡分析框架中构造这样一个客观需求曲线不甚困难,但在多个市场情况下这项工作就变得非常复杂,因为这会需要一个关于一般均衡的非常深入的讨论。我们将在第 3 章看到如何运用此处的概念在一个完全一般均衡系统中严格构建一个客观需求曲线。第 4 章和第 5 章将明确探讨它们在宏观经济学上的简单应用。

•"主观需求曲线"认为价格制定者对他所面临需求曲线的形式并不拥有充分的信息,所以他的可认知的需求曲线 $\bar{S}_i(P)$ 部分是"主观的"。应用最多的等弹性主观需求曲线有如下形式:

$$\bar{S}_i(P) = \xi_i P^{-\eta} \tag{1.28}$$

应该注意到,尽管此处弹性系数 η 的确定有点任意,但位置参数 ξ_i 却不是任意的,因为每一个实现的 $(P, \bar{s}_i)$ 都是"真实"需求曲线上的一点,并且主观需求曲线必须通过这一点(Bushaw and Clower, 1957)。例如,对于(1.28)式中的等弹性曲线,如果价格制定者在设置一个价格 $\bar{P}$ 后面临配额约束 $\bar{s}_i$,此时的参数 ξ_i 必定是:

$$\bar{s}_i = \xi_i \bar{P}^{-\eta} \tag{1.29}$$

函数形式和弹性系数可以是错误的,但至少位置必须是正确的,如图 1.4 所示的那样。第 2 章给出了一个在运用了主观需求曲线的均衡的例子。

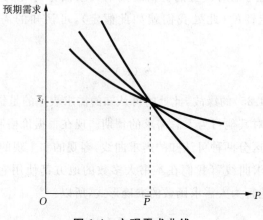

图 1.4 主观需求曲线

主观需求曲线和客观需求曲线的思路并不是完全对立的，至少在本书中如此。若想知道确切的客观需求曲线，需要有大量的信息和很强的计算能力。而主观需求曲线可以被设想为价格制定者在不断进行的学习过程中对"真实"曲线的猜测。这一过程是否会导向对"真实"客观需求曲线的一个良好逼近依然是个尚未解决的问题。

1.6-3 价格制定

一旦知道了可认知的需求曲线的参数，价格制定过程将沿着传统不完全竞争理论的路径进行：价格制定者在约束条件下最大化他的目标函数，这里的约束条件是他的销售不可能大于他能控制的市场上的可认知需求函数所给出的需求（再加上其他常见的约束）。

例如，一个企业的成本函数为 $\Gamma(Y)$，并假设它所面临的**客观**需求曲线为 $\tilde{D}(P)$，下面的规划就给出了这个企业的最优价格：

$$\max PY - \Gamma(Y)$$
$$\text{s.t. } Y \leqslant \tilde{D}(P)$$

要解这一个规划，我们首先注意到价格制定者总是选择一个 P 和 Y 的组合，以使它"位于"需求曲线之上，这意味着 $Y = \tilde{D}(P)$。 如果不是这样选

择,他就可以在不改变 Y 的同时来提高价格 P 从而增加利润。因此,规划的解首先满足:

$$Y = \tilde{D}(P) \tag{1.30}$$

现在将(1.30)式代入利润表达式,并求最大化,我们能够得到如下一阶条件:

$$\Gamma'(Y) = \frac{\eta(P) - 1}{\eta(P)} P \tag{1.31}$$

此处

$$\eta(P) = \frac{\partial \log \tilde{D}(P)}{\partial \log P} > 0 \tag{1.32}$$

等式(1.31)就是有名的"边际成本等于边际收益"条件,从这个等式中我们可以看到,企业将选择一个足够高的价格,使它的供给不仅可以满足实际需求,还可以在这一价格下满足更多的需求。实际上企业愿意满足更大的需求直至 $\Gamma'^{-1}(P) > Y$。用我们的话说,这就是产品的"超额供给",尽管对价格制定者来说,这个超额供给是完全自愿的。

不完全竞争价格和产量由(1.30)和(1.31)式决定。图1.5将它们画在一起,其中 $S(P) = \Gamma'^{-1}(P)$ 是企业的"竞争性"供给,最终的均衡对应于 M 点。

图1.5也显示出了由供给和需求的较小方所决定的"固定价格配置",即:

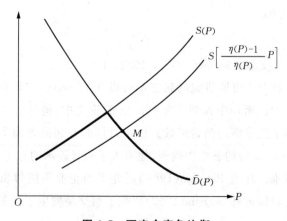

图 1.5　不完全竞争均衡

$$Y = \min[\tilde{D}(P), S(P)] \tag{1.33}$$

从图中我们可以看到，不完全竞争解所对应的是众多"固定价格"点中的一个，显然，这一点位于超额供给区域。

1.7　结论

这一章我们回顾了关于非出清市场的一个严格的理论中的最基本概念。我们看到了在这样的市场中数量信号是如何自然形成的，需求和供给如何对这些数量信号做出反应。我们也考察了理性价格制定问题，可以清楚看到，在处于不完全竞争中的非出清市场的功能与价格制定理论之间有着自然的联系。非出清市场与不完全竞争之间的联系将贯串全书始终。

为了解释的简单起见，我们对上述内容的描述都是在局部均衡分析的框架中进行的。显然下一步是要将之扩展到一般均衡框架中去。第 2 章将从最简单的宏观经济学模型开始，这个模型把第 1 章的特征融入其中，并展示了所能获得结论的丰富多样性。在第 3 章，这些概念将被整合进多市场一般均衡中。最后，接下来的章节将介绍连续时间和不确定性，研究将推进到动态一般均衡宏观模型。

1.8　参考文献

这一章基于文献 Bénassy(1967c，1982，1993)。

众多关于非出清市场研究的起点都可以在 Clower(1965)的论文和 Leijonhufvud(1968)的著作中找到。在 Clower 的论文中，他通过引入有效需求从而重新解释了凯恩斯的消费函数。更早时期的在相同方向上的理论探索能够在 Hansen(1951)的著作中找到，他引入了积极需求的思想，在精神上非常接近有效需求。还有 Patinkin(1956)研究了当企业不能售出瓦尔拉产出时的就业函数；Hahn 和 Negishi(1962)研究了当交易发生于瓦尔拉均衡之外时的试错过程。

　　本章对配额计划和数量信号的表述来源于文献 Bénassy(1975a，1977b，1982)。在多种形式下对自愿交易和市场效率特征的讨论可见文献 Clower(1960，1965)，Hahn 和 Negishi(1962)，Barro 和 Grossman(1971)，Grossman(1971)，以及 Howitt(1974)。对操纵性问题的研究可见文献 Bénassy(1977b)。有效需求理论始于文献 Clower(1965)，更一般的定义可见文献 Bénassy(1975a，1977b)。

　　如我们所注意到的，价格制定模型极其类似于不完全竞争领域中的思想(Chamberlin，1933；Robinson，1933；Triffin，1940；Bushaw and Clower，1957；Arrow，1959)。对包含垄断竞争在内的一般均衡理论的更具体研究要特别归功于 Negishi(1961，1972)。Bénassy(1976a，1977a)发展了这些内容与上述非瓦尔拉理论的关系。

注　释

① 因为产品与自身交易的市场不存在，所以对角线上的方框被剔除了。

② 这里所要展示的理论已经被拓展至非货币交换的框架中去了，但是这种形式化工作的现实性较弱，也更为复杂。具体可见文献 Bénassy(1975b，1982)。

③ 当然存在一些配额计划，例如比例配额计划，在这样的意义上是**可操纵性**的，即一个行为人，即使受到了约束，还能够通过夸大需求而持续提高他的交易水平。本章的附录研究了此种情形，从中可以看到，在一个非出清市场上，这样的配额计划将典型地导致发散的需求和供给，并且可能没有均衡。

④ 另一情形是市场的双方可以就价格进行讨价还价，第 5 章构建了这种包含谈判的模型。

⑤ 尽管价格 P 是由行为人 i 制定的，我们没有用 i 来标记因为它是(惟一的)市场价格。

⑥ 尽管此处将可认知的**需求**曲线用 $\bar{S}_i(P)$ 标记看上去有点古怪，但很合乎逻辑，因为它是对价格制定者的**供给**施加的约束。它与实际需求的联系表示在下面的(1.27)式中。

附录　可操纵性配额计划

　　贯穿本章我们隐含地假定所研究的是非操纵性配额计划，即当行为人受到配额约束时，他不能用提出过度要求的方法来增加他的交易数量。在这个附录中，我们要看到相反的**可操纵性**配额计划的情形，即行为人可以通过过度的要求增加他的交易，因此称之为"可操纵性的"。图 1.6 给出了需求者 i 的需求 $\tilde{d}_i$ 和他能从市场上获得的交易 $d_i^* = \varphi_i(\tilde{d}_i)$ 之间的关系。

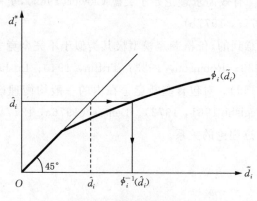

图 1.6　操纵性配额计划

一个例子

我们从一个广为所知的可操纵性配额计划的例子即比例配额开始。在比例配额计划中，总交易数量等于总供给和总需求的最小值。众多行为人根据他们需求和供给的比例来分配交易。用数学公式可将此表示为：

$$d_i^* = \tilde{d}_i \times \min\left(1, \frac{\tilde{S}}{\tilde{D}}\right) \tag{1.34}$$

$$s_i^* = \tilde{s}_i \times \min\left(1, \frac{\tilde{D}}{\tilde{S}}\right) \tag{1.35}$$

易于验证，无论需求和供给是多少，实现了的交易在总量水平上总是匹配的。

操纵和过度索要

我们将看到可操纵性的配额计划会导致不正当的过度索要现象，从而彻底危及需求和供给之间均衡的存在性。其机制易于理解：考虑一个行为人 i，他想获得 $\hat{d}_i$ 的交易数量，但他若将此目标宣布出来，就会受到配额约束。

如图 1.6 所示,为了实际获得 $\hat{d}_i$,他自然将他的需求夸大为 $\varphi_i^{-1}(\hat{d}_i)$。问题是所有受配额的行为人都在做完全相同的事情,结果是随着时间变化可认知的配额计划将沿着这样的路径发展——相同的需求得到数量越来越低的交易。容易看到,因为这种过度索要现象的存在,需求的增长将是无限制的,从而在有限的需求和供给之间不会存在均衡。我们将从下面的简单例子中看到这一点。

一个例子

我们考虑一个供给者面对两个需求者的情形,需求者分别用 1 和 2 标记。在 t 期,供给和需求分别是 $\tilde{s}(t)$ 和 $\tilde{d}_1(t)$、$\tilde{d}_2(t)$。此时配额计划可表示如下:

$$d_i^*(t) = \tilde{d}_i(t) \times \min\left[1, \frac{\tilde{s}(t)}{\tilde{d}_1(t) + \tilde{d}_2(t)}\right], \quad i = 1, 2 \qquad (1.36)$$

$$s^*(t) = \min\left[\tilde{s}(t), \tilde{d}_1(t) + \tilde{d}_2(t)\right] \qquad (1.37)$$

假设每个交易者都知道配额规则和其他人所公布的需求和供给。更进一步,假设他预期这些需求和供给从 $t-1$ 期到 t 期时保持不变。对第 1 个需求者而言,他所认知的配额计划是:

$$\phi_{1t}(\tilde{d}_1) = \tilde{d}_1 \times \min\left[1, \frac{\tilde{s}(t-1)}{\tilde{d}_1 + \tilde{d}_2(t-1)}\right] \qquad (1.38)$$

对第 2 个交易者情况相似。现在假设行为人的"目标交易数量"是 $\hat{d}_1$ 和 $\hat{d}_2$,供给者的供给量 $\hat{s}$ 可能可以满足某个需求者,但难以同时满足两个需求者,即:

$$\hat{d}_1 < \hat{s}, \quad \hat{d}_2 < \hat{s}, \quad \hat{s} < \hat{d}_1 + \hat{d}_2 \qquad (1.39)$$

在这种情况下,供给者不会受到配额约束,他的目标交易数量等于他的有效供给:

$$\tilde{s}(t) = \hat{s} \qquad (1.40)$$

相反,两个需求者都将受到配额约束,于是,他们在每期都夸大各自的需求，（错误地）以为这样做可以实现他们的目标交易数量。* 他们的实际需求由下面的式子给出：

$$\phi_{1t}[\tilde{d}_1(t)] = \hat{d}_1 \tag{1.41}$$

$$\phi_{2t}[\tilde{d}_2(t)] = \hat{d}_2 \tag{1.42}$$

根据（1.38）式及第 2 个需求者所认知的配额计划，由这两个式子可得：

$$\tilde{d}_1(t) = \tilde{d}_2(t-1) \times \frac{\hat{d}_1}{\hat{s} - \hat{d}_1} \tag{1.43}$$

$$\tilde{d}_2(t) = \tilde{d}_1(t-1) \times \frac{\hat{d}_2}{\hat{s} - \hat{d}_2} \tag{1.44}$$

联立式（1.43）和（1.44），可得：

$$\tilde{d}_1(t) = \tilde{d}_1(t-2) \times \frac{\hat{d}_1}{\hat{s} - \hat{d}_1} \times \frac{\hat{d}_2}{\hat{s} - \hat{d}_2} \tag{1.45}$$

因为 $\hat{s} < \hat{d}_1 + \hat{d}_2$，上式表明这是一个发散序列。

---

* 这个信条之所以错误，简单地说，是因为每个需求者在计算他的需求时，假设其他需求者会依然保持上一期的需求不变。然而，如我们将很快看到的，这些需求一般随着时间进程而提高。

2

一个简单的宏观经济学例子

2.1 引言

本章我们说明如何用第 1 章中所描述的概念构建一系列不同的宏观经济学模型。我们将考虑一个简单的经济系统，并依据关于价格和工资形成的如下假设依次研究这些宏观经济均衡：(1)瓦尔拉均衡；(2)刚性工资和价格；(3)产品市场和劳动市场上的不完全竞争。

我们将看到就业、产出与经济政策效应的决定会非常不同，这种不同除了依赖于某个特定的价格机制外，还依赖于经济系统内生决定的区域。所有这些模型都将在同一个经济系统框架中加以研究，我们现在就来描述这个系统。

2.2 经济系统

我们考虑一个非常简单的货币经济系统，其中有三种商品：货币、产品和劳动，有三个行为人：一个加总的厂商、一个加总的家庭和政府。产品以价格 P 与货币交换，劳动以工资

23

W 与货币交换。假设这些市场是无摩擦的，则每个市场的交易等于需求与供给的较小者，我们用 Y 和 N 分别标记产出和劳动的交易。

这个加总的厂商有严格凹的生产函数 $F(N)$。厂商最大化它的利润函数 $\Pi = PY - WN$。所有利润全部分配给家庭。

家庭的初始禀赋为货币 $\bar{M}$。它消费 C 单位的产出，提供 N 单位的劳动，储蓄 M 单位的货币，因此它的预算约束为：

$$PC + M = WN + \Pi + \bar{M} - PT \qquad (2.1)$$

其中 T 是政府税收的真实价值。家庭有一个简单的效用函数：

$$\alpha \log C + (1-\alpha) \log\left(\frac{M}{P^e}\right) - V(N) \qquad (2.2)$$

其中 α 很自然地可以解释为消费倾向，P^e 是预期的价格水平，$V(N)$ 是劳动的负效用，满足：

$$V'(N) > 0, \; V''(N) > 0 \qquad (2.3)$$

效用函数(2.2)可作如下调整[1]：设想家庭存活两期。第二期标记为 e。家庭的效用函数为：

$$\alpha \log C + (1-\alpha) \log C^e - V(N) \qquad (2.4)$$

其中 C^e 是第二期消费。假设家庭第二期没有收入，因此第二期消费的惟一来源是在第一期中以货币形式进行的储蓄，故可表示为：

$$C^e = \frac{M}{P^e} \qquad (2.5)$$

将(2.5)式代入(2.4)式，就可以得到效用函数(2.2)。

最后，政府对产品的需求为 G，T 为如前所示的从家庭处征得的税收的真实价值。因此政府预算约束为：

$$M - \bar{M} = P(G - T) \qquad (2.6)$$

所以我们可以用三个变量 G、T 和 M 中的任意两个来描述政府的政策，第三个可以从政府的预算约束(2.6)式中推出。在下面的研究中，我们将 G 和 T 视为外生变量，M 的值从(2.6)式中得到。

2.3 瓦尔拉均衡

我们把推导出来的瓦尔拉均衡值作为基准。我们从计算产品市场和劳动市场上的瓦尔拉需求和供给开始。在生产函数为 $F(N)$ 的情况下最大化厂商的利润函数可得：

$$N^d = F'^{-1}\left(\frac{W}{P}\right) \tag{2.7}$$

$$Y^s = F\left[F'^{-1}\left(\frac{W}{P}\right)\right] \tag{2.8}$$

在预算约束（2.1）下最大化家庭的效用函数（2.2），可得一阶条件：

$$\frac{\alpha}{PC} = \frac{1-\alpha}{M} = \frac{V'(N)}{W} \tag{2.9}$$

我们还有产品市场的均衡条件：

$$Y = C + G \tag{2.10}$$

联立（2.7）到（2.10）式，可以求出瓦尔拉均衡（只要它存在）中 N、Y、P 和 W 的值：

$$\alpha F'(N) = [F(N) - G]V'(N) \tag{2.11}$$

$$Y = F(N) \tag{2.12}$$

$$\frac{W}{P} = F'(N) \tag{2.13}$$

$$P = \frac{\alpha \bar{M}}{(1-\alpha)Y + \alpha T - G} \tag{2.14}$$

从（2.14）式可以看出，瓦尔拉均衡存在的必要条件是：

$$G < (1-\alpha)Y(G) + \alpha T \tag{2.15}$$

其中 $Y(G)$ 表示由（2.11）和（2.12）式解出的 Y 值。这一条件意味着政府的真实支出不可过高。从这些式子中我们可以了解不少东西。首先就是货币的"中性"(即价格和工资与 $\bar{M}$ 成一定比例,Y 和 N 不取决于 $\bar{M}$)。由 (2.10)、(2.11)和(2.12)式可知:

$$-1 < \frac{\partial C}{\partial G} < 0 \qquad (2.16)$$

可见存在着政府支出对私人消费的挤出效应,虽然不是 100% 的挤出。

2.4 固定价格—固定工资均衡

我们在新的假设下研究上述模型,此时的假设与瓦尔拉模型的假设完全对立,即在我们考察的时期中,价格和工资是完全刚性的。我们将得到首先由 Barro 和 Grossman(1971,1976)提出的"固定价格"模型。它的显著特征是可以内生地产生多种区域,现在广为人知的是这个模型有三个可能的区域[②]:

- 凯恩斯失业,产品和劳动的超额供给;
- 古典失业,劳动的超额供给和产品的超额需求;
- 抑制型通货膨胀,劳动和产品的超额需求;

我们现在依次研究这三种区域。

2.4-1 凯恩斯失业

凯恩斯区域表现为在两个市场都有超额供给。特别是,家庭在劳动市场上面临 $\bar{N}^s$ 的数量约束,因此它的有效消费需求 $\tilde{C}$ 是如下规划的解 C:

$$\max \alpha \log C + (1-\alpha) \log\left(\frac{M}{P^e}\right) - V(N)$$

$$\text{s.t. } PC + M = \bar{M} + WN + \Pi - PT$$

$$N \leqslant \bar{N}^s$$

因为第二个约束条件生效,可得:

$$\tilde{C} = \alpha \left(\frac{\bar{M} + W\bar{N}^s + \Pi - PT}{P} \right) \qquad (2.17)$$

运用 Π 的定义和 $\bar{N}^s$ 等于实际劳动数量的事实,可将(2.17)式改写为:

$$\tilde{C} = \alpha \left(\frac{\bar{M}}{P} + Y - T \right) \tag{2.18}$$

这是一个标准的凯恩斯消费函数,其中消费倾向为 α。因为在产品市场上存在着超额供给,交易 Y 等于总产出需求:

$$Y = \tilde{C} + G = \alpha \left(\frac{\bar{M}}{P} + Y - T \right) + G \tag{2.19}$$

从这个方程式可解出产品市场达到均衡时的交易水平:

$$Y^* = \frac{1}{1-\alpha} \left(\frac{\alpha \bar{M}}{P} + G - \alpha T \right) = Y_k \tag{2.20}$$

从(2.20)式中可以识别出传统的凯恩斯乘数公式,$1/(1-\alpha)$ 是乘数,括号中的项就是所谓的自主需求。这个乘数来源于两个溢出效应的相互作用。首先,由就业函数可知(具体参见第 1 章中所导出的(2.24)式),对商品需求的减少可引致对劳动需求减少。其次,由消费函数(2.17)可知,对劳动的需求减少可引发对商品需求的减少。这两种相互加强效应的结合就"乘数化了"自主需求的变化。

劳动交易等于厂商的劳动需求。因为厂商的产品销售受到了 Y_k 的约束,如第 1 章所示,对劳动的需求(从而交易)就等于刚好满足生产出 Y_k 时的劳动数量:

$$N^* = \tilde{N}^d = F^{-1}(Y_k) = N_k \tag{2.21}$$

我们同时可以计算出私人消费 $C^* = Y^* - G$:

$$C^* = \frac{\alpha}{1-\alpha} \left(\frac{\bar{M}}{P} + G - T \right) \tag{2.22}$$

我们现在可以观察到如下事实。首先,货币不再是中性的:$\bar{M}$ 的增加能提高产出、就业和私人消费。其次,通过减少税收或增加政府支出可以达到同样的效果。凯恩斯"乘数"分析的传统结果在这一区域中完全成立。

或许最令人注目的事实是政府支出的增加能提高私人的消费(见(2.22)

式）。它不仅没有挤出效应，恰恰相反，尽管政府从私人部门征收真实产品，但对私人消费而言却有更多产品可以获得。这是凯恩斯乘数状态非效率的一个值得注意的副产品。

2.4-2 古典失业

在这种类型有超额的劳动供给和超额的产品需求。因此厂商在两个市场都处于"短边"状态，所以它能够实现其瓦尔拉计划，即：

$$N^* = F'^{-1}\left(\frac{W}{P}\right) = N_c \tag{2.23}$$

$$Y^* = F\left[F'^{-1}\left(\frac{W}{P}\right)\right] = Y_c \tag{2.24}$$

我们立即可以看到，此时凯恩斯政策对就业和产出没有效果。事实上易于检验，此时凯恩斯政策的主要影响是进一步加剧了商品市场的超额供给。若我们进一步假设政府在商品市场上有优先权，则实际私人消费为：

$$C^* = Y^* - G = Y_c - G \tag{2.25}$$

政府的支出有100％的挤出效应。但此时挤出效应不是通过价格发生的（如上述瓦尔拉均衡中的情况），而是通过直接数量配额进行的。

影响就业和产出的惟一因素是真实工资水平，因此这就证实了古典经济学的观点：之所以有失业，是因为真实工资太高了。

2.4-3 抑制型通货膨胀

这一区域中两个市场都存在超额需求。具体而言，消费者在产品市场受到数量为 $\bar{C}$ 的约束。因此他的有效劳动供给 $\tilde{N}^s$ 由下面 N 上的规划的解给出：

$$\max \alpha \log C + (1-\alpha) \log\left(\frac{M}{P^e}\right) - V(N)$$
$$\text{s.t. } PC + M = \bar{M} + WN + \Pi - PT$$
$$C \leqslant \bar{C}$$

其中最后一个约束是紧的。此规划的一阶条件给出了对劳动的有效需

求 $\tilde{N}^s$：

$$V'(\tilde{N}^s) = \frac{(1-\alpha)W}{\overline{M} + WN + \Pi - PT - P\overline{C}} \tag{2.26}$$

(2.26)式显示了一个新的溢出效应：如果 $\overline{C}$ 减少，$\tilde{N}^s$ 就会减少。换言之，家庭若不能够按其意愿进行消费，就会减少劳动供给。

现在再次假设政府在产品市场上拥有优先权，并且产量可满足政府需求（读者可以轻易推出不满足时的情形）。此时家庭在产品市场上的购买量为 $\overline{C}$，即：

$$\overline{C} = C^* = Y^* - G \tag{2.27}$$

因为存在对劳动的超额需求，交易数量 N^* 等于有效劳动供给 $\tilde{N}^s$。将此与(2.26)、(2.27)式及利润的定义结合起来，我们可得这类区域中的均衡劳动数量，用 N_i 标记：

$$V'(N_i) = \frac{(1-\alpha)W}{\overline{M} + PG - PT} \tag{2.28}$$

因为存在对产品的超额需求，产品市场上的交易等于产出的供给。产出供给等于（因为厂商在劳动购买上受到了约束）可获劳动供给数量所能生产的最大产量，即：

$$Y^* = F(N_i) = Y_i \tag{2.29}$$

我们注意到，这类区域中经济政策变量的效果与凯恩斯类型中的情况完全相反。具体而言，增加货币供给或政府支出将**减少**就业和产出，而提高税收竟会增加产出！更进一步，在上述假设下，私人消费等于：

$$C^* = Y^* - G = Y_i - G \tag{2.30}$$

因为增加 G 会减少 Y_i，所以此处有超过 100％ 水平的挤出效应，即 G 的增加会使 C^* 以更大的份额减少！这类区域背后的机制是"供给乘数"（Barro-Grossman，1974），在这种机制作用下，用于消费的产品数量的减少会引起劳动供给减少，劳动供给减少又进一步引起产品生产减少，这种作用就循环往复地进行下去。

2.4-4 完整的描述

如前面所看到的,在就业与产出的决定、经济系统对政策变量的反应等方面,我们模型的三种区域显示了令人惊异的差异性。因此了解"外生"变量 $\bar{M}$, P, W, G 和 T 属于哪种区域,是非常重要的。易于检验,通过上述计算(式(2.20)、(2.21)、(2.23)、(2.24)、(2.28)和(2.29)),找到三个可能就业水平中的最小值,就可决定每种区域的性质和就业水平,即:

$$N^* = \min(N_k,\ N_c,\ N_i) \tag{2.31}$$

$$Y^* = \min(Y_k,\ Y_c,\ Y_i) \tag{2.32}$$

我们现在将这三种区域绘于($\bar{M}/P$, W/P)空间中,其中 G 和 T 被参数化了。图 2.1 显示了当 G 和 T 同时为 0 时的情形,此时我们确信瓦尔拉均衡一定存在。图中的三角形是等就业线或等产量线。最高水平的就业和产出发生于 W,即瓦尔拉均衡点。区域 K 对应凯恩斯失业,区域 C 是古典失业,区域 I 是抑制型通货膨胀。

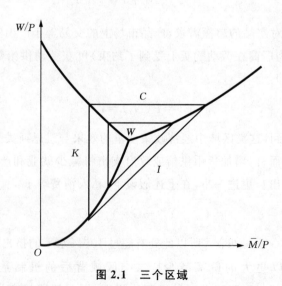

图 2.1 三个区域

在图中可以清楚看到从产品市场到劳动市场的溢出效应所产生的重要影响:即使真实工资是"正确的"(即等于瓦尔拉均衡水平,它对应于通过 W

点的水平线），当产品市场存在不足或有超额需求时，也可能有非效率的低的就业水平。

2.4-5 非效率特征

在这个具体的宏观经济学例子中，让我们来关注一些非效率现象，在下一章这些现象将得到更一般的研究。我们将发现的一个性质是，如果存在普遍的超额需求或供给（它们导致了乘数效应的存在），极可能在给定的价格系统内存在潜在帕累托改进的交易机会。下面我们在凯恩斯失业和抑制型通货膨胀这两种区域中来验证这一点。

让我们从凯恩斯区域的内部开始。因为 $N_k < N_c$，有：

$$F'(N) < \frac{W}{P} \tag{2.33}$$

厂商能够通过用产出直接交换劳动增加它的真实利润。再来考虑家庭，因为它在产品市场上不受约束而在劳动市场上受约束，我们有：

$$\frac{1}{P}\frac{\partial U}{\partial C} = \frac{\partial U}{\partial M} > -\frac{1}{W}\frac{\partial U}{\partial N} \tag{2.34}$$

因此通过直接用劳动来交换产品，家庭也可以有所获益。通过产品和劳动之间的直接交换，厂商和家庭都能得到切实改善。然而，这个简单的帕累托交易在均衡时却无法实现。

对称地，在抑制型通货膨胀的区域内，我们有：

$$F'(N) < \frac{W}{P} \tag{2.35}$$

$$\frac{1}{P}\frac{\partial U}{\partial C} > \frac{\partial U}{\partial M} = -\frac{1}{W}\frac{\partial U}{\partial N} \tag{2.36}$$

显然，对厂商和家庭来说通过直接交换产品和劳动也是有利可图的。

这个结果显示了乘数均衡并非不可达到帕累托最优。我们的确可以从这些均衡出发，**在给定的**价格下通过交易来增进消费者的效用**和**厂商的利润。这个显著的非效率的存在解释了我们上面看到的凯恩斯政策有惊人效果的原因。

2.5 一个不完全竞争模型

下面我们将在一个不完全竞争的框架中内生价格和工资，这和第 1 章第 6 节所描述的类似。我们假设厂商决定价格，家庭决定工资。为了使解释更加简洁，这里使用主观需求曲线。我们将会看到，使用客观需求曲线和理性预期（见第 4 章）将会得到极为相似的结果。

2.5-1 均衡

为了刻画均衡，我们依次研究厂商和家庭的最优行为。首先考虑厂商，假设它认知到了形式为 $\xi P^{-\eta}$ 的需求曲线，此处给定 $\eta > 1$，ξ 是可变的"位置"参数。厂商的最优化由下面的规划给出：

$$\max PY - WN$$
$$\text{s.t. } Y = F(N)$$
$$Y \leqslant \xi P^{-\eta}$$

在消掉 ξ 之后，可得规划的一阶条件：

$$F'(N) = \frac{\eta}{\eta - 1} \frac{W}{P} \tag{2.37}$$

现在假设家庭同样认知到了具有 $\xi W^{-\varepsilon}$ 形式的需求曲线，此处给定 $\varepsilon > 1$，ξ 依然是位置参数。决定家庭最优化行为的规划为：

$$\max \alpha \log C + (1 - \alpha) \log\left(\frac{M}{P^e}\right) - V(N)$$
$$\text{s.t. } PC + M = \bar{M} + WN + \Pi - PT$$
$$N \leqslant \xi W^{-\varepsilon}$$

由一阶条件可得：

$$\frac{\alpha}{PC} = \frac{1 - \alpha}{M} = \frac{\varepsilon - 1}{\varepsilon} \frac{V'(N)}{W} \tag{2.38}$$

我们可以注意到,除了因子 $(\varepsilon-1)/\varepsilon$ 之外,这些式子类似于竞争性模型中的式子(见(2.9)式)。

为了封闭模型,我们给一阶条件(2.37)和(2.38)式加上三个在各种形式的模型中都成立的式子。它们分别是生产函数:

$$Y=F(N) \tag{2.39}$$

家庭预算约束:

$$PC+M=\bar{M}+WN+\Pi-PT \tag{2.40}$$

以及产出与总需求之间的恒等式:

$$Y=C+G \tag{2.41}$$

对从(2.37)到(2.41)式的方程组求解,均衡中 Y、N、P 和 W 的值(如果存在)由下式给出:

$$\alpha F'(N)=\frac{\varepsilon}{\varepsilon-1}\frac{\eta}{\eta-1}[F(N)-G]V'(N) \tag{2.42}$$

$$Y=F(N) \tag{2.43}$$

$$\frac{W}{P}=\frac{\eta-1}{\eta}F'(N) \tag{2.44}$$

$$P=\frac{\alpha\bar{M}}{(1-\alpha)Y+\alpha T-G} \tag{2.45}$$

我们会注意到,瓦尔拉均衡是当 η 和 ε 趋向无穷时上述均衡的一个特殊的极限形式(将(2.11)至(2.14)式和(2.42)至(2.45)式相比较),很自然地可以预料到,当可认知的需求曲线具有无限弹性时就会是这样。

2.5-2　均衡的性质

乍一看,我们首先会注意到这个不完全竞争均衡的配置和"凯恩斯式"的配置有同样的性质,如在 2.4 节中所描述的,我们不知何故地处于"普遍超额供给"区域中。实际上,(2.37)式显示了如果需求增加的话,厂商能够在均衡价格和均衡工资处生产和销售更多的商品。同样,(2.38)式显示了当存在对劳动的更多需求时,家庭愿意以现行的价格和工资出售更多的劳动。

在图 2.1 中，W 和 P 的均衡值将产生一个位于区域 K **内部**的点。我们接着想知道的是，这种相似性是否可以同样扩展到政府政策的效果上。

2.5-3 政府政策

我们现在想知道的是，在凯恩斯失业区域中有效的凯恩斯式的政策是否会在不完全竞争框架下也依然有效。

我们先来看货币的效果。可以看到，货币是完全中性的：$\bar{M}$ 的一个增加会使 P 和 W 以一个同样的比例增加，然而 Y 和 N 却没有变化。其次我们可以看到，税收的下降对 Y 和 N 没有影响，但却提高了价格和工资（见（2.44）和（2.45）式）。最后考虑增加政府支出 G，可以看到，它增加了就业和产出，但确实挤出了私人消费。

总而言之，我们看到了这个模型产生了一种具有"凯恩斯式"的非效率特征的配置，但在对政府政策的反应上有点类似于瓦尔拉模型。第 4 章将对所有这些进行更深入的研究，在那里我们将考察一个有类似启发性却包含理性预期和客观需求曲线的模型。

2.6   结论

虽然是高度简化的，本章的模型已经向我们展示了在第 1 章中所概述的研究路径所具有的潜在丰富性。因为在**同一个**模型中，我们能够得到属于瓦尔拉、凯恩斯和不完全竞争范式的结果，以及一些其他结果（详见 2.4 节）。

尽管这非常令人鼓舞，但这一章的模型显然只是第一步。我们在下一章中将看到如何将这个简单例子中的理论大大扩展，并看到所有重要的概念将在一个完全一般均衡的设定中得到发展。

2.7   参考文献

这一章的模型基于文献 Barro 和 Grossman(1971，1976)，以及 Bénassy

(1977a，1993)。

首先对固定价格—固定工资宏观经济学模型做出充分研究的是 Barro 和 Grossman(1971，1976)。他们成功地将 Patinkin(1956)在就业函数上的贡献与 Clower(1965)在消费函数上的贡献结合了起来。在这个方向上早期工作可见文献 Glustoff(1968)，Solow 和 Stiglitz(1969)。

本章对固定价格模型的具体改写来源于文献 Bénassy(1976b，1977a)。随后的改造与扩展可见文献 Malinvaud(1977)，Hildenbrand 和 Hildenbrand (1978)，Muellbauer 和 Portes(1978)，Honkapohja(1979)，Neary 和 Stiglitz (1983)，Persson 和 Svensson(1983)，以及 Bénassy(1986)。

包含本章这种类型的不完全竞争在内的宏观经济学模型的最初发展见于文献 Bénassy(1977a)和 Negishi(1977)。后续的贡献可见文献 Bénassy (1978，1982，1987)，Negishi(1979)，Hart(1982)，Weitzman(1982，1985)，Snower(1983)，Svensson(1986)，Blanchard 和 Kiyotaki(1987)，Dixon(1987)，Sneessens(1987)，以及此后的更多文献。本章采用的具体形式可见文献 Bénassy(1977a，1993)。对该领域的综述可见文献 Silvestre (1993，1995)，Dixon 和 Rankin(1994)。

在本章我们集中考察标准的三物品模型以及就业和政策问题。另外一些议题也可依此方法论进行研究，具体包括对外贸易(Dixit，1978；Neary，1980；Cuddington，Johansson and Lofgren，1984)，增长(Ito，1980；Picard，1983；D'Autume，1985)，经济周期(Bénassy，1984)，一些社会主义计划经济的具体问题(Portes，1981)。数量众多的应用计量模型也得到了发展 (Quandt，1982，1988；Sneessens，1981)。

注　释
① 第 4 章构建了一个更为完整的模型。
② 注意，这三种类型的术语不是很令人满意的，因为它倾向于将古典失业的思想与对商品的超额需求联系起来，而这并非必然(Bénassy，1982)。尽管如此，我们之所以保留这一术语是因为许多人已经习惯这样来使用它。

第II部分
一般均衡

3

一般均衡概念

3.1 引言

我们在上一章介绍了一个宏观经济学模型的例子,它展示了非瓦尔拉方法研究成果的多样性和丰富性。然而,当人们强调宏观经济学的微观基础时,有下面的问题就很合理:前两章中所介绍的概念是否能应用于完全的一般均衡框架中,就像学习瓦尔拉经济学的学生所熟悉的那样。对此我们的回答是肯定的。我们将构建一系列含有价格刚性和不完全竞争的一般均衡概念。这些概念将在传统的多市场、多行为人的瓦尔拉框架中得到发展,下面我们先来简述这一框架。

3.2 瓦尔拉均衡

3.2-1 制度框架

如在第 1 章中所说明的,我们在货币经济的框架中对非瓦尔拉经济学的各种概念进行描述,即有一个物品,被称为货币,它是计价物、交易媒介和价值贮藏手段。在我们考察的时期内，有 l 个活动的市场。在每一个市场上非货币商品标记为 $h=1,\cdots,l$，分别以价格 p_h 和货币来交换。我们称 p 为这些价格的 l 维向量。

为了简化解释，尽管在后面的宏观经济学应用中我们将明确地引入生产，但此处我们仅考虑一个纯粹交换经济。此经济系统中的行为人分别标记为 $i=1,\cdots,n$。在初始时刻，行为人 i 拥有数量为 $\bar{m}_i \geqslant 0$ 的货币和以向量 ω_i 来标记的非货币商品，每种商品的向量元素 $\omega_{ih} \geqslant 0$。

行为人 i 在 h 市场购买 $d_{ih} \geqslant 0$ 或销售 $s_{ih} \geqslant 0$。我们定义他对商品 h 的净购买为 $z_{ih}=d_{ih}-s_{ih}$，定义这些净购买的 l 维向量为 z_i。行为人 i 最终对非货币商品和货币的持有 x_i 与 m_i 分别为：

$$x_i = \omega_i + z_i \tag{3.1}$$
$$m_i = \bar{m}_i - pz_i \tag{3.2}$$

(3.2)式描述了货币持有量的变化，对货币经济而言，这只是一个一般的预算约束。

3.2-2 均衡

描述了经济系统的基本制度结构后，我们现在来描述它的瓦尔拉均衡，以便使之和后面的非瓦尔拉均衡概念作比较。我们依然必须描述行为人的偏好。行为人 i 的效用函数为 $U_i(x_i,m_i)=U_i(\omega_i+z_i,m_i)$，在相关讨论中我们始终假定它对每个变量是严格凹的。[①]

如上面所说明的，假设每个行为人在每个市场上都能按他的要求进行交易。他向市场传递在预算约束下最大化个人效用所得到的需求和供给信号。瓦尔拉净需求函数 $z_i(p)$ 可由下面的规划给出：

$$\max U_i(\omega_i+z_i,m_i)$$
$$\text{s.t. } pz_i+m_i=\bar{m}_i$$

结果我们将有一个瓦尔拉净需求函数向量 $z_i(p)$。读者可能会注意到此处没有"对货币的需求"，原因是此处没有交易货币的市场，而只有各种以货币来计价的产品市场。一个瓦尔拉均衡价格向量 p^* 被定义为使所有的市场都出清，即：

$$\sum_{i=1}^{n} z_i(p^*) = 0 \qquad (3.3)$$

行为人 i 所实现的交易向量等于 $z_i(p^*)$。瓦尔拉均衡配置拥有许多好的特性。通过构造,它们在个人水平和市场水平都能实现一致。它们也是帕累托最优的,即不能够再找到使至少一个人严格得到改善,同时使其他所有行为人都至少一样好的配置。我们在后面将把这一特征与非瓦尔拉均衡的次优特征进行对比。

3.3　配额计划与数量信号

从第 1 章我们知道,当市场不能出清时,我们必须仔细区分交易与有效需求。以一个具体市场 h 为例,行为人 i 所进行的交易标记为 $d_{ih}^* \geqslant 0$(对购买而言)或 $s_{ih}^* \geqslant 0$(对销售而言)。总购买和总销售完全相等:

$$D_h^* = \sum_{i=1}^{n} d_{ih}^* = \sum_{i=1}^{n} s_{ih}^* = S_h^* , \ \forall h \qquad (3.4)$$

然而在这个市场上,标记为 $\tilde{d}_{ih}$ 和 $\tilde{s}_{ih}$ 的有效需求和供给在总量上不一定相等,所以常有:

$$\tilde{D}_h = \sum_{i=1}^{n} \tilde{d}_{ih} \neq \sum_{i=1}^{n} \tilde{s}_{ih} = \tilde{S}_h \qquad (3.5)$$

为了使符号更简洁,我们将使用净需求 $\tilde{z}_{ih}$ 和净交易 z_{ih}^*,它们的定义如下:

$$\tilde{z}_{ih} = \tilde{d}_{ih} - \tilde{s}_{ih} , \ z_{ih}^* = d_{ih}^* - s_{ih}^* \qquad (3.6)$$

现在从任何由可能不一致的需求和供给所构成的集合出发,交换过程能产生一致的交易。有一些配额约束必定会发生,根据市场 h 不同的特定组织,它可能采取多种表现形式。我们称**配额计划**为各个具体组织的数学表示形式。更正式的:

定义 3.1　市场 h 的配额计划可用 n 个函数的组合来描述:

$$z_{ih}^* = F_{ih}(\tilde{z}_{1h}, \cdots, \tilde{z}_{nh}), \ i=1, \cdots, n \qquad (3.7)$$

满足：

$$\sum_{i=1}^{n} F_{ih}(\tilde{z}_{1h}, \cdots, \tilde{z}_{nh}) = 0, \text{对所有的} \tilde{z}_{1h}, \cdots, \tilde{z}_{nh} \tag{3.8}$$

一般我们假设 F_{ih} 对其自变量 $\tilde{z}_{ih}$ 是连续的和非递减的，对其他变量是非递增的。我们已经在第 1 章看到过排队的例子了。

3.3-1 配额计划的性质

我们现在可以在这个更一般的框架中，来回顾配额计划潜在满足的三个重要性质：自愿交易、市场效率和非操纵性。

当市场 h 中没有行为人被迫购买超过他需求的数量或被迫出售他意愿出售的数量，就称**自愿交易**存在。这点可被表示为：

$$d_{ih}^{*} \leqslant \tilde{d}_{ih}, \quad s_{ih}^{*} \leqslant \tilde{s}_{ih}, \text{对所有的} i \tag{3.9}$$

或等价地，用代数符号表示为：

$$|z_{ih}^{*}| \leqslant |\tilde{z}_{ih}|, \quad z_{ih}^{*} \cdot \tilde{z}_{ih} \geqslant 0, \text{对所有的} i \tag{3.10}$$

现实中多数市场满足这一条件，本章我们将假设自愿交易总是成立。在这一假设下，行为人被分成了两类：不受配给的行为人，对他们而言 $z_{ih}^{*} = \tilde{z}_{ih}$；受配给的行为人，他们的交易小于他们的意愿水平。

第二个可能的性质是**市场效率**或**无摩擦性**。一个配额计划是有效率的，或无摩擦的，是指不可能在一个市场上同时存在受配给的需求者和受配给的供给者。与自愿交易假定相结合，这就意味着"短边"规则，用净需求符号可表示如下：

$$\left(\sum_{j=1}^{n} \tilde{z}_{jh}\right) \cdot \tilde{z}_{ih} \leqslant 0 \Rightarrow z_{ih}^{*} = \tilde{z}_{ih} \tag{3.11}$$

如我们在第 1 章中所指出的，市场效率性质不一定总成立，尤其对加总的市场是这样。然而幸运的是，对下一节中所要提出的绝大多数微观经济学概念而言，这一性质并非必不可少。

我们现在考察配额计划的第三个重要性质，**即非操纵性**。一个配额计划是非操纵性的，是指当一个行为人受到配给时，不能通过提高他的需求或供给来增加他的交易,如图 3.1 所示。为了将非操纵性表述得更为正式,把 $\tilde{z}_{ih}$ 从同一市场的其他净需求中分离出来,并将配额计划表示为如下形式将会是很方便的:

$$z_{ih}^{*} = F_{ih}(\tilde{z}_{ih}, \tilde{z}_{-ih}), \; i=1, \cdots, n \tag{3.12}$$

其中:

$$\tilde{z}_{-ih} = \{\tilde{z}_{jh} \mid j \neq i\} \tag{3.13}$$

其中 $\tilde{z}_{-ih}$ 是市场 h 上除了行为人 i 之外的所有净需求组成的集合。我们现在来下定义:

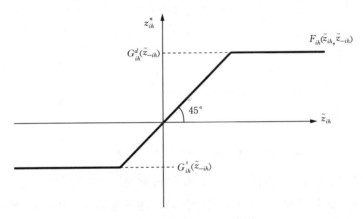

图 3.1 非操纵性配额计划

定义 3.2 市场 h 的配额计划是非操纵性的,如果对所有的行为人 i 它都可以写为如下形式:

$$F_{ih}(\tilde{z}_{ih}, \tilde{z}_{-ih}) = \begin{cases} \min[\tilde{z}_{ih}, G_{ih}^{d}(\tilde{z}_{-ih})] & \text{若 } \tilde{z}_{ih} \geqslant 0 \\ \max[\tilde{z}_{ih}, -G_{ih}^{s}(\tilde{z}_{-ih})] & \text{若 } \tilde{z}_{ih} \leqslant 0 \end{cases} \tag{3.14}$$

其中

$$G_{ih}^{d}(\tilde{z}_{-ih}) = \max\{\tilde{z}_{ih}, F_{ih}(\tilde{z}_{ih}, \tilde{z}_{-ih}) = \tilde{z}_{ih}\} \geqslant 0 \tag{3.15}$$

$$G_{ih}^{s}(\tilde{z}_{-ih}) = -\min\{\tilde{z}_{ih}, F_{ih}(\tilde{z}_{ih}, \tilde{z}_{-ih}) = \tilde{z}_{ih}\} \geqslant 0 \tag{3.16}$$

用文字可表述为,$G_{ih}^{d}(\tilde{z}_{-ih})$ 和 $G_{ih}^{s}(\tilde{z}_{-ih})$ 是在给定所有其他行为人需求

和供给条件下，行为人 i 所能满足的最大需求和供给。这在图 3.1 中表示得非常明确，从中可见一个非操纵性配额计划的 $F_{ih}(\tilde{z}_{ih}, \tilde{z}_{-ih})$、$G_{ih}^d(\tilde{z}_{-ih})$ 和 $G_{ih}^s(\tilde{z}_{-ih})$ 之间的关系。容易看出第 1 章中所描述的排队系统就是非操纵性的。

3.3-2 数量信号

我们刚看过在非出清市场上交易是如何发生的。在这样的市场上，每一个行为人除了接收到传统的价格信号外，还接收到了一些数量信号。接下来我们关注满足自愿交易和非操纵性的市场。[2] 它们可被表示为：

$$z_{ih}^* = \begin{cases} \min(\tilde{z}_{ih}, \bar{d}_{ih}), \tilde{z}_{ih} \geqslant 0 \\ \min(\tilde{z}_{ih}, -\bar{s}_{ih}), \tilde{z}_{ih} \leqslant 0 \end{cases} \tag{3.17}$$

或者更为紧凑的形式：

$$z_{ih}^* = \min\{\bar{d}_{ih}, \max(\tilde{z}_{ih}, -\bar{s}_{ih})\} \tag{3.18}$$

其中

$$\bar{d}_{ih} = G_{ih}^d(\tilde{z}_{-ih}), \quad \bar{s}_{ih} = G_{ih}^s(\tilde{z}_{-ih}) \tag{3.19}$$

数量 $\bar{d}_{ih}$ 和 $\bar{s}_{ih}$，我们称之为**可认知的约束**，是行为人 i 在市场 h 上所接收到的除了价格信号 p_h 之外的数量信号。在下面的几节中，我们将看到这些数量信号的引入是如何在需求理论和价格理论中扮演关键性角色的，这将使我们显著扩大可能均衡的集合。

3.4 固定价格均衡

我们已准备好考察非瓦尔拉均衡的第一个概念，固定价格均衡。对这个概念感兴趣是因为这几个原因。首先，它给了我们关于非瓦尔拉均衡的一个非常一般的结构，在一些很宽松的条件下，对每一个正的价格系统和每一个配额计划集合，固定价格均衡都存在。其次，如我们将在 3.5 节中所看到的，固定价格均衡是一个基本的建筑材料，可用于构建包含可变价格的其他非瓦尔拉均衡概念。第三,对它们最优(或次优)性质的研究也可以应用于其他概念。

因此我们假设价格系统 p 是给定的。如上所述,我们在所有市场上均考察非操纵性的配额计划。相应地,根据上面的公式((3.12)和(3.19)式)所有市场都会产生交易和数量信号。

我们可以表达得更紧凑些,即把与行为人 i 相关的配额函数和可认知约束((3.12)和(3.19)式)表示为向量函数的形式:

$$z_i^* = F_i(\tilde{z}_i, \tilde{z}_{-i}) \tag{3.20}$$

$$\bar{d}_i = G_i^d(\tilde{z}_{-i}), \ \bar{s}_i = G_i^s(\tilde{z}_{-i}) \tag{3.21}$$

其中 $\tilde{z}_i$ 是行为人 i 所表达出的需求向量,$\tilde{z}_{-i}$ 是除了行为人 i 之外的所有其他行为人需求向量的集合。

我们立刻看出,为了得到固定价格均衡的概念,所有剩下要做的就是来决定有效需求自身是如何形成的,我们现在转而关注此项工作。

3.4-1 有效需求与供给

考察行为人 i,他面临价格向量 p 和感知约束向量 $\bar{d}_i$ 以及 $\bar{s}_i$。我们来看他如何选择一个有效需求向量 $\tilde{z}_i$ 以实现最佳的可能交易。回忆第 1 章中的定义,市场 h 上的有效需求是行为人在将**其他**市场上的约束考虑进来之后最大化自身效用的交易。通过下面的定义可将之表述得更为准确:

定义 3.3 行为人 i 在市场 h 上的有效需求,标记为 $\tilde{\zeta}_{ih}(p, \bar{d}_i, \bar{s}_i)$,是下面规划 A_h 对 z_{ih} 的解:

$$\max U_i(\omega_i + z_i, m_i)$$
$$\text{s.t. } pz_i + m_i = \bar{m}_i \tag{A_h}$$
$$-\bar{s}_{ik} \leqslant z_{ik} \leqslant \bar{d}_{ik}, k \neq h$$

因为 U_i 是严格凹函数,我们可以得到一个函数。对所有的市场 $h=1, \cdots, l$ 重复此过程,就可以得到有效需求的一个函数向量,$\tilde{\zeta}_i(p, \bar{d}_i, \bar{s}_i)$。

显然至此这仅仅是一个定义。为了使之成为合理的需求向量,$\tilde{\zeta}_i(p,$

$\bar{d}_i$, $\bar{s}_i$) 可以导出最佳交易向量。为了找到这个最佳交易，我们注意行为人 i 在市场 h 的交易被限制在可认知约束 $-\bar{s}_{ik} \leqslant z_{ik} \leqslant \bar{d}_{ik}$ 所给定的区间内。因此他的最佳交易是下述规划 A_0 对 z_i 的解：

$$\max U_i(\omega_i + z_i, m_i)$$
$$\text{s.t. } pz_i + m_i = \bar{m}_i \qquad\qquad (A_0)$$
$$-\bar{s}_{ih} \leqslant z_{ih} \leqslant \bar{d}_{ih}, \ h = 1, \cdots, l$$

因为函数 U_i 严格凹，所以解是惟一的，我们将之标记为 $\zeta_i^*(p, \bar{d}_i, \bar{s}_i)$。现在要做的工作是证明 $\tilde{\zeta}_i$ 将导致最佳交易 ζ_i^* 的实现。用数学术语来表达，即下面的命题要成立：

命题 3.1 有效需求向量 $\tilde{\zeta}_{ih}(p, \bar{d}_i, \bar{s}_i)$ 导致最佳交易实现，即：

$$\min\{\bar{d}_{ih}, \max[\tilde{\zeta}_i(p, \bar{d}_i, \bar{s}_i), -\bar{s}_{ih}]\} = \zeta_{ih}^*(p, \bar{d}_i, \bar{s}_i) \qquad (3.22)$$

尽管命题很小，但证明却有点麻烦，我们把它放在本章的附录部分。除了导致最佳交易的实现外，我们的有效需求函数还有第二个性质：只要市场 h 上约束存在，相应的需求（或供给）就大于约束或实际交易，因此这就是向市场发送"信号"，行为人的实际交易要小于他们的原先计划。这个性质在避免意义不大的均衡时被证明是重要的（Bénassy，1982）。

从定义（3.3）中立刻会看出，根据所受数量约束的不同，有效需求函数会采取多种形式。这直观地解释了为什么非瓦尔拉模型一般会有多种区域，如我们在第 2 章的三物品、三区域模型中所看到的。

3.4-2 固定价格均衡

根据前面对有效需求的定义，我们能够给出固定价格均衡的定义（Bénassy，1975a，1982），可将此简称为 K 均衡。

定义 3.4 与价格系统 p 和表示为函数 F_i，$i = 1, \cdots, n$ 的配额计划相对应的 K 均衡是有效需求 $\tilde{z}_i$，交易 z_i^*，可认知约束 $\bar{d}_i$ 和 $\bar{s}_i$ 的集合，满足：

(a) $\tilde{z}_i = \tilde{\zeta}_i(p, \bar{d}_i, \bar{s}_i)$，$\forall i$

(b) $z_i^* = F_i(\tilde{z}_i, \tilde{z}_{-i})$，$\forall i$

(c) $\bar{d}_i = G_i^d(\tilde{z}_{-i})$，$\bar{s}_i = G_i^s(\tilde{z}_{-i})$，$\forall i$

　　我们看到,在固定价格 K 均衡中,行为人用来构建他们有效需求的数量约束 $\bar{d}_i$ 和 $\bar{s}_i$(条件 a),可以通过交易过程(条件 c)产生出来。因此在均衡处,行为人对这些数量约束有一个正确的认知。

　　由上述条件定义的均衡,对所有正的价格系统和满足自愿需求与非操纵性的配额计划都成立(Bénassy,1975a,1982)。价格系统和所有市场上的配额计划 F_i,$i=1,\cdots,n$ 组成了"外生的"数据。或许有人想知道当这些外生的数据给定时,均衡是否惟一。Schulz(1983)提供的回答是肯定的,他说明了当从一个市场到另一个市场的溢出效应小于 100% 时,均衡就是惟一的。例如,对最简单的传统凯恩斯模型而言,这就是一个非常直观的条件,等于假设消费倾向小于 1。

　　我们假设惟一性条件满足,并将固定价格均衡时的 $\tilde{z}_i$、z_i^*、$\bar{d}_i$ 和 $\bar{s}_i$ 值标记为 $\tilde{Z}_i(p)$、$Z_i^*(p)$、$\bar{D}_i(p)$ 和 $\bar{S}_i(p)$。

　　我们现在举一个固定价格均衡的简单例子,即传统的埃奇沃斯盒(图 3.2)。它描述了在一个简单市场中,行为人 A 和 B 用货币(用纵轴衡量)来交换产品(用横轴衡量)。点 O 表示最初的禀赋,DC 是两个行为人在价格为 p 时的预算线,A 和 B 分别是无差异曲线和预算线的切点。

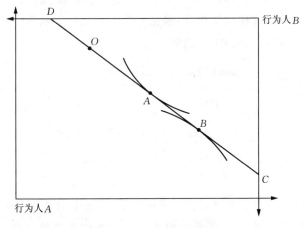

图 3.2　固定价格均衡

　　沿 OC 线来测量交易水平,我们看到行为人 A 的需求数量为 OA,行为人 B 的供给数量为 OB。他们按这两者中较小的一个进行交换,即 OA,此时

行为人 B 受到配给约束。行为人 B 的可认知约束为 OA,行为人 A 的可认知约束为 OB。行为人 B 的供给受到了约束,而 A 不受限制。

我们可以这样来介绍固定价格 K 均衡中配置的性质。首先,在一个特定市场 h,通过构造不同行为人的交易是一致的,因为它们都是由下面的配额计划产生:

$$\sum_{i=1}^{n} z_{ih}^{*} = 0, \quad \forall h \qquad (3.23)$$

然而需求和供给可能不平衡,在一个具体市场中,可能有三种不同类型的行为人存在:

(1) 不受配给约束的行为人,满足 $z_{ih}^{*} = \tilde{z}_{ih}$。

(2) 受配给约束的需求者,满足 $\tilde{z}_{ih} > z_{ih}^{*} = \bar{d}_{ih}$。

(3) 受配给约束的供给者,满足 $\tilde{z}_{ih} < z_{ih}^{*} = -\bar{s}_{ih}$。

注意我们的均衡概念允许非效率配额计划的存在,在同一个市场可能同时存在受配给约束的需求者和供给者。然而,若在我们所考察的市场上配额计划无摩擦的话,最多只有市场的一方受到配给约束。

如果我们现在考察一个具体的行为人 i,在考虑了所有市场上的可认知约束后,会看到他的交易向量 z_i^* 就是最好的。这是因为构建有效需求 i 就是为了准确地产生这种最优交易(参见本章附录3.1)。从数学的角度看,z_i^* 是上面已提及的规划 A_0 中 z_i 的解:

$$\max U_i(\omega_i + z_i, \, m_i)$$

$$\text{s.t.} \ \ pz_i + m_i = \bar{m}_i \qquad (A_0)$$

$$-\bar{s}_{ih} \leqslant z_{ih} \leqslant \bar{d}_{ih}, \, h = 1, \cdots, l$$

3.4-3 另一个概念

我们这里提出固定价格均衡的另一个概念,这要归功于 Drèze(1975)[③],此处我们将用自己的符号来重新构造它。这个概念直接处理交易向量 z_i^* 和数量约束 $\bar{d}_i$ 与 $\bar{s}_i$。在最初的概念中 Drèze 假设了均匀的配额计划,即向量 $\bar{d}_i$ 和 $\bar{s}_i$ 对所有行为人都是相同的。

定义 3.5 对给定的价格集合 p,一个固定价格的 D 均衡被定义为交易

向量 z_i^*、数量约束向量 $\bar{d}_i$ 和 $\bar{s}_i$ 的集合,满足:

(a) $\sum_{i=1}^{n} z_{ih}^* = 0$,$\forall h$

(b) 向量 z_i^* 是下面规划中 z_i 的解:

$$\max U_i(\omega_i + z_i, m_i)$$

$$\text{s.t. } pz_i + m_i = \bar{m}_i$$

$$-\bar{s}_{ih} \leqslant z_{ih} \leqslant \bar{d}_{ih}, h = 1, \cdots, l$$

(c) $\forall h$,

$$z_{ih}^* = \bar{d}_{ih} \qquad 对某些 i 有 \qquad z_{jh}^* > -\bar{s}_{jh}, \forall j$$

$$z_{ih}^* = -\bar{s}_{ih} \qquad 对某些 i 有 \qquad z_{jh}^* < \bar{d}_{jh}, \forall j$$

我们来解释这些条件。条件(a)是一个自然的要求,即在每一个市场上交易应该平衡。条件(b)意味着交易必须是个人理性的,即在满足预算约束和所有市场数量约束下,它们最大化行为人的效用。在前一小节中,$z_i^* = \zeta_i^*(p, \bar{d}_i, \bar{s}_i)$。我们应注意在最大化形式下使用数量约束时,交易的上界和下界隐含地假定了配额计划具有自愿交易和非操纵性的性质,如我们在3.3节所看到的。

条件(c)基本思想是说配额计划能够影响供给或者需求,但不能同时影响两者。这里我们用另一种方法形式化了这一均衡定义中的市场效率条件(在前一章中不是如此)。

Drèze(1975)证明,根据定义(3.3),在传统的效用函数凹性假设下,对所有正的价格系统和均匀配额计划而言,总有一个均衡存在。这个概念非常容易扩展到一些非均匀边界的情况中去(Grandmont and Laroque, 1976; Greenberg and Müller, 1979),但短缺如何在受约束的需求者和受约束的供给者之间进行分配,这一概念在以上情况中并不明确。因为这一点,一旦在市场的一边有两个或更多的受约束的行为人,那么对应给定的价格,通常有无穷多的固定价格均衡。

如我们在前面小节所指出的,这两个概念隐含地或明确地建立在有着配额计划的市场上,此处的配额计划满足自愿交易和非操纵性。这暗示我们若进一步假设所有的配额计划都是无摩擦的（如第一个定义所示的），那么对于一个给定的价格系统，这两个定义将产生相似的均衡配置集合。Silvestre(1982，1983)证明了这对交换经济和产品经济都的确成立。

3.5 价格制定和一般均衡

我们现在描述融合了由处于系统内部的行为人进行的分散价格决策的一般均衡概念。如第 1 章所述，价格制定者运用他们的价格去"操纵"所面临的数量约束（即增加或减少他们可能的销售和购买）。结果，包含价格制定者在内的均衡概念，在思想上非常接近于包含不完全竞争在内的一般均衡模型，Negishi(1961，1972)，Gabszewicz 和 Vial(1971)，还有 Marschak 和 Selten(1974)对此作出了卓著的贡献。

3.5-1 一般均衡框架

考虑一个类似垄断竞争的框架。行为人 i 控制商品的一个子集 H_i（有可能是空集）的价格。因为每个商品的价格都由单个行为人控制，所以有：

$$H_i \bigcap H_j = \{\varnothing\}, \; i \neq j \tag{3.24}$$

我们将行为人 i 所控制的价格集合标记为 P_i，用 p_{-i} 标记所有其他的价格：

$$p_i = \{p_h \mid h \in H_i\} \tag{3.25}$$

$$p_{-i} = \{p_h \mid h \notin H_i\} \tag{3.26}$$

可以进一步将 H_i 分为 H_i^d(i 的商品需求)和 H_i^s(i 的商品供给)。行为人 i 在市场 $h \in H_i^s$ 上属于卖方垄断者，在市场 $h \in H_i^d$ 上属于买方垄断者。因为每个价格制定者在市场上对他所处的这一端都是惟一的，因此数量约束可简单地由下式给出：

$$\bar{s}_{ih} = \sum_{j \neq i} \tilde{d}_{jh} = \tilde{D}_h, \; h \in H_i^s \tag{3.27}$$

$$\bar{d}_{ih} = \sum_{j \neq i} \tilde{s}_{jh} = \tilde{S}_h, \; h \in H_i^d \tag{3.28}$$

每个行为人 i 在其他价格 p_{-i} 给定时选择自己的价格向量 p_i。因此,对应于垄断竞争的常用框架,此处的均衡结构是一个价格上的纳什均衡。

为了将价格制定者的价格选择问题处理成标准的决策问题,所有我们现在需要知道的,是单个行为人在全部市场上面临的约束如何可以用他所制定的价格函数表示出来。换言之,我们要构建价格制定者的**客观需求曲线**。

3.5-2　客观需求曲线

客观需求曲线背后所隐含的思想是,每个价格制定者对经济系统有足够的了解,以至于在任何环境下他都能计算自己确切面临的数量约束(即所面临的总需求或总供给)。因为我们考虑一个价格纳什均衡,所以行为人在计算时,必须考虑到他所设定的价格 p_i 和其他所有价格 p_{-i} 的全部值。这就是说,在将所有数量反馈效果都考虑进来后,他必须能够计算在任意价格向量 p 下他所面临的约束。

我们已经从 3.4 节得知,对于一个给定的经济系统(尤其包括配额计划的情况)和一个给定的价格系统 p,固定价格均衡可由净需求向量 $\tilde{Z}_i(p)$,交易向量 $Z_i^*(p)$ 及可认知的约束向量 $\bar{D}_i(p)$ 与 $\bar{S}_i(p)$ 表示。如果一个行为人拥有关于经济系统参数的全部知识(当然是一个很强的假设,但内含于客观需求曲线的思想之中),他就会知道市场 h 上的客观需求和供给曲线分别由函数 $\bar{S}_{ih}(p)$(他若是卖者)和 $\bar{D}_{ih}(p)$(他若是买者)给出。此外,观察(3.27)和(3.28)式,我们会注意到这些客观曲线可以表示为另一种形式:

$$\bar{S}_{ih}(p) = \tilde{D}_h(p), \ h \in H_i^s \tag{3.29}$$

$$\bar{D}_{ih}(p) = \tilde{S}_h(p), \ h \in H_i^d \tag{3.30}$$

现在由于我们有了关于客观需求和供给曲线的一般性定义,就容易定义每个价格制定者的最优价格反应:

定义 3.6　在给定其他价格 p_{-i} 时,行为人 i 的最优价格是下述规划中 p_i 的解:

$$\max U_i(\omega_i + z_i, m_i)$$
$$\text{s.t. } p z_i + m_i = \bar{m}_i$$
$$-\bar{S}_i(p) \leqslant z_i \leqslant \bar{D}_i(p)$$

由此而产生的行为人 i 的最优价格是其他行为人价格的函数：

$$p_i = \psi_i(p_{-i}) \tag{3.31}$$

我们进一步定义均衡：

定义 3.7 一个包含价格制定者在内的均衡可以表示为

价格和数量 p_i^*、$\tilde{z}_i$、z_i^*、$\bar{d}_i$、$\bar{s}_i$、$i=1, \cdots, n$ 的集合，满足：

(a) $p_i^* = \psi_i(p_{-i}^*)$，$\forall i$

(b) $\tilde{z}$、z_i^*、$\bar{d}_i$ 和 $\bar{s}_i$ 形成了一个关于价格向量 p^* 的固定价格均衡，也就是说，对所有的 i 它们分别等于 $\tilde{Z}_i(p^*)$、$Z_i^*(p^*)$、$\bar{D}_i(p^*)$ 和 $\bar{S}_i(p^*)$。

进一步的刻画和存在性条件可以在 Bénassy(1988) 的著作中找到，这一概念的宏观经济学应用将在第 4 章和第 5 章中出现。在做这些工作之前，我们先来用前面已使用过的(图 3.3)埃奇沃斯盒将此概念形象地表现出来。

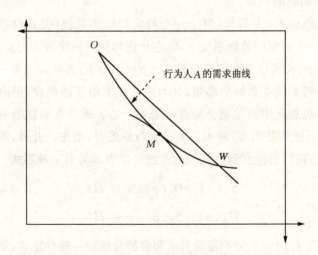

图 3.3　不完全竞争均衡

假设行为人 B（卖者）制定价格。客观需求曲线由行为人 A 的需求给出，它对应于不同预算线和 A 的无差异曲线相切点的轨迹。这在图 3.3 中用曲线 OMW 表示，此处 W 是瓦尔拉点。因此均衡点是 M，即这条曲线和 B 的无差异曲线的切点，在给定 A 的客观需求行为后，行为人 B 在这一点会得到最高的可能效用。当然，B 所选择的价格对应于 OM 线的斜率。

3.6　最优性

瓦尔拉均衡的一个很大优点是它具有帕累托最优性质。因此很自然地就会询问,非瓦尔拉均衡中的各类配置结果是否拥有帕累托最优的性质,或者将行为人在"错误"价格处进行的交易考虑进来后,是否拥有较弱的最优性。如我们将要看到的,对这两个问题的回答通常是否定的。在转而研究这两个标准之前,先从一个不同的途径来描述我们的均衡。

3.6-1　刻画均衡

非瓦尔拉配置中最大的一类是固定价格均衡时的配置(从前一节可知,它严格包含着不完全竞争配置),因此我们将研究固定价格均衡的最优性质。如在 3.4 节所看到的,固定价格均衡中的交易是规划 A_0 中 z_i 的解:

$$
\begin{aligned}
&\max U_i(\omega_i + z_i, \, m_i) \\
&\text{s.t.} \ \ pz_i + m_i = \bar{m}_i \\
&-\bar{s}_{ih} \leqslant z_{ih} \leqslant \bar{d}_{ih}, \ \forall h
\end{aligned} \tag{A_0}
$$

称 λ_i 和 δ_{ih} 为上述约束的库恩-塔克乘子。假设有一个内点解时,这个规划的库恩-塔克条件可写为:

$$
\frac{\partial U_i}{\partial m_i} = \lambda_i \tag{3.32}
$$

$$
\frac{\partial U_i}{\partial z_{ih}} = \lambda_i p_h + \delta_{ih} \tag{3.33}
$$

乘子 λ_i 可被解释为行为人 i 的收入的边际效用。δ_{ih} 是行为人 i 在市场 h 上的配给指数:

$\delta_{ih} = 0$ 如果 i 在商品 h 上不受约束($z_{ih}^* = \tilde{z}_{ih}$)

$\delta_{ih} > 0$ 如果 i 对商品 h 的需求受约束($0 \leqslant z_{ih}^* < \tilde{z}_{ih}$)

$\delta_{ih} < 0$ 如果 i 对商品 h 的供给受约束($\tilde{z}_{ih} < z_{ih}^* \leqslant 0$)

我们称比率$(\partial U_i / \partial z_{ih}) / (\partial U_i / \partial m_i)$为商品 h 的"影子价格"。上面的关

系允许我们可以计算商品 h 对行为人 i 的影子价格：

$$\frac{\partial U_i / \partial z_{ih}}{\partial U_i / \partial m_i} = p_h + \frac{\delta_{ih}}{\lambda_i} \tag{3.34}$$

我们会因此注意到，依照行为人 i 在市场 h 上的需求受约束、不受约束或供给受约束的不同，商品 h 的影子价格将大于、等于或小于 p_h。

我们将运用上面的结果来研究固定价格均衡的最优性质。在开始之前，我们必须增加一条评论和一个假设。如果一些市场自身在非效率地运行，显然固定价格均衡是非效率的。因此我们假设后面所有市场都是无摩擦的。这立刻意味着，至少对处于每个市场短边的所有行为人而言，数量 δ_{ih} 将为 0。

3.6-2　帕累托最优

我们现在来研究固定价格均衡是否有帕累托最优的性质。从一个启发性的角度，我们首先会注意到固定价格处的交易约束并非必定会排除帕累托最优，如图 3.4 所示。实际上，预算线上的点 P 就是帕累托最优。但显然它不同于固定价格均衡 A。继续用埃奇沃斯盒的例子，容易看出这种情况是相当普遍的。实际上，帕累托最优集是契约曲线，而固定价格均衡集当我们改变价格时会呈现为双凸镜形式的曲线（图 3.5）。我们看到两条曲线仅在瓦尔拉均衡点相交。

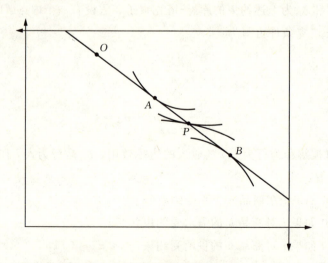

图 3.4　固定价格均衡和效率

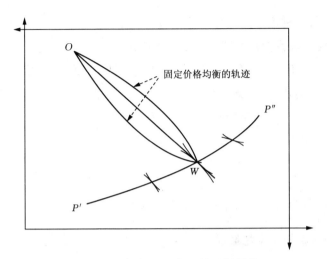

图 3.5 固定价格均衡和帕累托最优

考察这个问题的一个有趣视角是(见图 3.4),交易者 A 在点 P 的交易数量将比他在相应价格处的意愿交易多。因此而产生的直觉是,效率性要求强迫交易,或反过来说,自愿交易通常意味着非效率。Silvestre(1985)对之进行了研究,他严格证明了只有在瓦尔拉配置情况中帕累托最优和自愿交易才能同时得到满足。

我们也可用一种直接的方式来看为什么固定价格均衡一般不是帕累托最优。为此,我们先来回想对帕累托最优的一个不同描述。这样的一个最优可以在通常的"加总"约束条件下通过对行为人的加权效用求最大化而得到:

$$\max \sum_{i=1}^{n} v_i U_i(\omega_i + z_i , m_i)$$

$$\text{s.t.} \sum_{i=1}^{n} z_{ih} = 0 , \ h = 1 , \cdots , l$$

$$\sum_{i=1}^{n} m_i = \sum_{i=1}^{n} \bar{m}_i$$

这样一个规划的库恩-塔克条件可写为传统形式:

$$\frac{\partial U_i / \partial z_{ih}}{\partial U_i / \partial m_i} = \rho_h , \ i = 1 , \cdots , n^* \tag{3.35}$$

---

* 原文为 ρ_h,疑误。——译者注

也就是说，每一种商品 h 的影子价格对所有行为人都必须是相等的。

现在我们来看为什么固定价格均衡通常不是帕累托最优的：在一个市场 h，总会有一些不受约束的行为人存在（即他们处于短边）。对这些行为人而言，根据上述描述（3.34 式），商品 h 的影子价格等于 p_h。如果配置是帕累托最优的，影子价格必须对所有的行为人都相等（3.35 式），即对所有行为人都等于 p_h。这意味着：

$$\delta_{ih} = 0, \quad \forall i, \ \forall h \tag{3.36}$$

因此所有的行为人在所有市场上都没有受到约束，即我们处于瓦尔拉均衡。

3.6-3 受约束的帕累托最优

让我们来研究一个不太苛刻的最优概念，这归功于 Uzawa（1962），这个概念考虑了这样的事实，即交易发生在一个给定的价格系统中。我们称一个配置为受约束的帕累托最优，如果没有其他配置可以满足以下条件：(1) 满足物质可行性条件；(2) 对给定的价格向量 p 满足预算约束；(3) 帕累托优于我们考察的配置。在图 3.4 单一市场埃奇沃思盒的例子中，我们看到受约束的帕累托集合是线段 AB 部分，固定价格均衡 A 属于这一集合。但是我们将会看到，这一性质一般不会扩展到多市场情形中。

返回通常的框架，我们实际会看到通过解如下的均衡可以得到受约束的帕累托最优配置，此处 v_i 是任意正的权重：

$$\max \sum_{i=1}^{n} v_i U_i(\omega_i + z_i, m_i)$$

$$\text{s.t.} \sum_{i=1}^{n} z_{ih} = 0, \quad \forall h$$

$$pz_i + m_i = \bar{m}_i, \quad \forall i$$

注意，我们不需要写出货币的可行性约束，因为它可以从别的恒等式求得。这一规划的库恩-塔克条件可以写为：

$$\frac{\partial U_i / \partial z_{ih}}{\partial U_i / \partial m_i} = p_h + \mu_i \delta_h \tag{3.37}$$

此处 μ_i 是正的,数量 δ_h 可以为正或为负。如果将受约束的帕累托最优中的影子价格(见(3.37)式)和固定价格均衡中的影子价格(见(3.34)式)相比较,我们将看到受约束的帕累托最优只有在非常特殊的情况下才能得到。如(3.37)式所示,行为人 i 或者在所有市场上都受约束,此时 δ_h 不等于 0(如果 $\mu_i \neq 0$);或者不受任何约束(如果 $\mu_i = 0$)。这种情况发生的一个具体例子是三物品模型中的古典失业类型(第 2 章 2.4 节),但如果许多市场都未出清的话,这一种情况不是经常发生的。

另外也有受约束的最优从结构上难以成立的情形。例如考虑一个一般的超额供给状况,其中每个行为人特别是在他所销售的商品上受到约束($\delta_{ih} < 0$),同时在他所购买的商品上不受约束($\delta_{ih} = 0$)。这种情况下固定价格均衡的影子价格不可能表示为(3.37)式中的形式,并且相应的均衡将是次优的,即使考虑了在给定价格下进行交易的约束也是如此。一个对称的情况也会发生在一个一般的超额需求状态中。我们已在第 2 章第 2.4 节中看到过这种引人注目的次优的例子。

更一般地,我们会预见到次优会在这种状况中发生:若干个市场存在相同符号的超额需求[这种情形也会导致乘数效应;见文献 Bénassy(1975a, 1982)对两者关系的研究]。作为第一个例子,考虑凯恩斯理论的一个典型场景,两个市场 h 和 k 都处于超额供给。有两个行为人 i 和 j,其中 i 在 k 市场是受配额约束的供给者,在 h 市场是受约束的需求者;j 在 h 是受约束的供给者,在 k 是不受配额约束的需求者。这种状况立刻会导致:

$$\frac{1}{p_h}\frac{\partial U_i}{\partial z_{ih}} = \frac{\partial U_i}{\partial m_i} > \frac{1}{p_k}\frac{\partial U_i}{\partial z_{ik}} \tag{3.38}$$

$$\frac{1}{p_k}\frac{\partial U_i}{\partial z_{jk}} = \frac{\partial U_i}{\partial m_j} > \frac{1}{p_h}\frac{\partial U_i}{\partial z_{jh}} \tag{3.39}$$

因此可以看到,行为人 i 和 j 以价格 p_h 及 p_k 直接交换商品 h 和 k 是一个简单的帕累托改进的交易。当然,一般而言,因为"需求双重耦合"的困难,这样的帕累托改进交易会相当复杂,因此分散的行为人要获得这种改进更为困难。

3.6-4 乘数链

将上述状况一般化到一个更分散的水平,我们就可以定义**乘数链**(multiplier chains),沿着这个乘数链会产生一个相似的现象。具体来说,我们将一个需求乘数链定义为一个集合,其中有 k 个交易者$(i_1, \cdots, i_k)$和 k 种商品$(h_1, \cdots, h_k)$,每种商品的市场都处于超额供给状态,并且满足:

$$i_1 \begin{cases} \text{对商品 } h_1 \text{ 的供给受约束} \\ \text{对商品 } h_2 \text{ 的需求不受约束} \end{cases}$$

$$i_2 \begin{cases} \text{对商品 } h_2 \text{ 的供给受约束} \\ \text{对商品 } h_3 \text{ 的需求不受约束} \end{cases}$$

$$\cdots\cdots$$

$$i_k \begin{cases} \text{对商品 } h_k \text{ 的供给受约束} \\ \text{对商品 } h_1 \text{ 的需求不受约束} \end{cases}$$

如果考察一个外生需求冲击的效果,例如对商品 h_1 需求减少的情况,就会容易理解我们将此称为乘数链的原因。当这种需求冲击发生时,行为人 i_1 对商品 h_1 的供应受到了更多约束,因此就会减少他对商品 h_2 的需求。这又会对行为人 i_2 的商品供给产生约束,于是 i_2 会减少对商品 h_3 的需求,以此类推。我们可以看到,沿着此链条[④],发生于市场 k 中需求一方的最初扰动会以同样的符号传递到全部市场,并最终又会回到初始市场,从而产生新一轮扰动,并再次产生一个乘数效应。一般而言,如果在许多市场上存在超额供给,会有多种此类乘数链存在。在普遍超额供给条件下尤其可以观察到需求乘数效应。当然对称地,普遍超额需求条件(见第 2 章 2.4 节)会产生供给乘数效应(尽管现实中较少看到)。

在给定的价格集合中,对这种需求乘数链易于构建一个由帕累托改进类型的交易所组成的集合。经济系统中可能的未实现交易的存在性意味着政府的干预能够改善私人部门的处境(对此的研究可见第 2 章和第 4 章)。

3.7 结论

在本章中我们将把第 1 章中的概念扩展到多市场一般均衡的情形。为此,我们把通常的瓦尔拉均衡一般化,使它包含了非出清市场和不完全竞争,从而有更为丰富的内容。

为了解释的方便和对称,我们清晰地描述了两个极端情况下的一般均衡概念:一种是所有价格均为刚性,另一种是处于不完全竞争类型中的所有价格均为可变。很清楚,也可以构建许多将固定价格和可变价格结合起来的中间性概念。而且,所谓的刚性价格也不必是永远刚性的,它们可以预设为仅在一个单一时期存在。这些可能性将在后续章节的动态宏观模型中得到研究。

3.8　参考文献

这一章的材料主要来自文献 Bénassy(1975a, 1976a, 1977b, 1988, 1990)和 Drèze(1975)。

对配额计划和数量信号的描述取自于文献 Bénassy(1975a, 1977b)。另一可选择的思路来自文献 Drèze(1975)。

本章固定价格均衡的两个概念分别由 Bénassy(1975a, 1977b, 1982)和 Drèze(1975)给出。对这些概念之间关系的深入研究可见文献 Silvestre (1982, 1983)和 D'Autume(1985)。

对固定价格均衡惟一性的研究可见文献 Schulz(1983),他导出了 Bénassy 模型中全局惟一性的充分条件。Drèze 均衡通常是非惟一的,但在一些具体情形中可得到局部惟一性的结果(Laroque, 1981)。

本章对包含不完全竞争的均衡概念的描述来源于文献 Bénassy(1988, 1990)。对不完全竞争条件下的一般均衡的研究始于文献 Negishi(1961, 1972),他使用了主观需求曲线的思想。包含客观需求曲线的一般均衡理论首先由 Gabszewicz 和 Vial(1972)在古诺式的背景下加以发展,其后可见文献 Marschak 和 Selten(1974),Nikaido(1975)的一些包含价格制定者的具体模型。

对非瓦尔拉均衡次优性的研究见于文献 Bénassy(1975a, 1975b, 1982, 1990),Drèze 和 Muller(1980),Silvestre(1985),以及 Younès(1975)。关于非瓦尔拉配置的帕累托最优性的研究成果归功于 Silvestre(1985)。受约束

帕累托最优的思想归功于 Uzawa(1962)。对固定价格配置是否为受约束帕累托最优的研究可见文献 Bénassy(1975a, 1990)和 Younès(1975)。Drèze 和 Muller(1980)展示了如何通过"票证配额"得到受约束的最优。对乘数情形非效率的讨论可见文献 Clower(1965)和 Leijonhufvud(1968)。关于这些主题更正式的处理可见文献 Bénassy(1975a, 1977a, 1982)。对预期作用的讨论可见文献 Bénassy(1982, 1986),Neary 和 Stiglitz(1983),以及 Persson 和 Svensson(1983)。货币经济和物物交易经济性质的比较可见文献 Bénassy (1975b, 1982)。

注 释

① 货币之所以进入效用函数是因为它作为价值贮藏手段和交易媒介都是有用的。在后面的动态宏观经济模型中这些函数会更为具体。我们也要注意到,一些"真实货币",而非此处的名义货币,应该进入效用函数。这必然会增加效用函数中更多关于价格的讨论。因为这些讨论在下面没有什么作用,所以为了简单而将其省略。

② 我们排除可操纵性的原因是,如第 1 章附录所示,可操纵性计划会导致一个不正常的"过度索要现象",这会妨碍一个均衡的成立(参见 Bénassy, 1977b, 1982)。

③ Drèze(1975)实际上证明了在价格变量处于给定界限内的这种更为一般的情形中,这样的一个均衡也同样存在。

④ 我们隐含地假设一个商品的销售因为受约束而下降时,将会导致对另外商品有效需求的减少。我们将此视为"正常"情况。

附录 命题(3.1)的证明

先来回想两个定义。最优交易向量 $\zeta_{ih}^*(p, \bar{d}_i, \bar{s}_i)$ 是规划 A_0 对 z_i 的解:

$$\max U_i(\omega_i + z_i, m_i)$$
$$\text{s.t.} \quad pz_i + m_i = \bar{m}_i \qquad\qquad (A_0)$$
$$-\bar{s}_{ih} \leqslant z_{ih} \leqslant \bar{d}_{ih}, \ \forall h$$

市场 h 上的有效需求 $\tilde{\zeta}_{ih}(p, \bar{d}_i, \bar{s}_i)$ 是规划 A_h 对 z_{ih} 的解：

$$\max U_i(\omega_i + z_i, m_i)$$
$$\text{s.t.} \quad pz_i + m_i = \bar{m}_i \qquad\qquad (A_h)$$
$$-\bar{s}_{ik} \leqslant z_{ik} \leqslant \bar{d}_{ik}, \ k \neq h$$

我们现在来陈述和证明命题(3.1)：

命题 3.1 有效需求向量 $\tilde{\zeta}_{ih}(p, \bar{d}_i, \bar{s}_i)$ 导致最佳交易，即：

$$\min\{\bar{d}_i, \max[\tilde{\zeta}_i(p, \bar{d}_i, \bar{s}_i), -\bar{s}_i]\} = \zeta_i^*(p, \bar{d}_i, \bar{s}_i) \qquad (3.40)$$

证明 定义：

$$z_i^* = \min\{\bar{d}_i, \max[\tilde{\zeta}_i(p, \bar{d}_i, \bar{s}_i), -\bar{s}_i]\} \qquad (3.41)$$

通过揭示 z_i^* 和 $\zeta_i^*(p, \bar{d}_i, \bar{s}_i)$ 每部分之间的相等性就可以证明这一命题。实际上，我们必须证明对所有的 h 都有 $z_{ih}^* = \zeta_{ih}^*$。可能出现三种情况。

第一，$-\bar{s}_{ih} \leqslant \tilde{\zeta}_{ih} \leqslant \bar{d}_{ih}$。从 z_i^* 的定义可知这一不等式意味着 $z_{ih}^* = \tilde{\zeta}_{ih}$。这种情况下 h 市场上的约束不起作用，规划 A_0 和 A_h 的解因此相同，这意味着 $\zeta_{ih}^* = \tilde{\zeta}_{ih}$。由上面的两个等式可得：

$$z_{ih}^* = \zeta_{ih}^* \qquad (3.42)$$

第二，$\tilde{\zeta}_{ih} > \bar{d}_{ih}$。从 z_i^* 的定义可知这一不等式意味着 $z_{ih}^* = \bar{d}_{ih}$。约束 $\bar{d}_{ih}$ 起作用，并且因为效用函数的严格凹性，我们有 $\zeta_{ih}^* = \bar{d}_{ih}$。由这两个等式可得：

$$z_{ih}^* = \zeta_{ih}^* \qquad (3.43)$$

第三，$\tilde{\zeta}_{ih} < -\bar{s}_{ih}$。从 z_i^* 的定义可知这一不等式意味着 $z_{ih}^* = -\bar{s}_{ih}$。约束 $\bar{s}_{ih}$ 起作用，并且因为效用函数的严格凹性，我们有 $\zeta_{ih}^* = -\bar{s}_{ih}$。由这两个等式可得

$$z_{ih}^* = \zeta_{ih}^* \qquad (3.44)$$

在三种情况下等式 $z_{ih}^* = \zeta_{ih}^*$ 都成立，命题得证。∎

第 Ⅲ 部分

不完全竞争、失业与福利

不完全竞争模型是凯恩斯型的吗？

4.1 引言

现在我们将会看到第 1 章和第 3 章中所用的一般微观经济模型十分实用，它使我们能够建立具有严格微观基础的简单的非瓦尔拉宏观经济模型。因此，在本章中我们构建这样的宏观经济模型并结合在前言中提到的一些因素，即不完全竞争、客观需求曲线和理性预期。

借助于这个模型，我们尤其可以处理一个困扰经济学家多时的问题，即不完全竞争和凯恩斯理论之间的关系。事实上，宏观经济学的争论多年来一直围绕着"是古典型还是凯恩斯型"这一对立关系而展开，因此，在建立不完全竞争的宏观经济模型时，最常被问到的一个问题是模型的性质更多的是古典型的还是凯恩斯型的。虽然，正如下面将要论证的，事情其实并不是那么含糊不清，但在文献中的确存在着许多令人误解的观点。本章旨在用简单的和教学式的方法作一些基本的澄清。我们不会回顾所有对这一争论有贡献的文献，而是要建立一个具有严格微观基础的简化的模型，这些微观基础包括理性预期和客观需求曲线，而后在此基础上考察模型的性质与古典模型及凯恩斯模型的联系。

4.2 模型

由于我们需要一个简单的跨期结构，所以在这一节中我们将采用迭代模型，模型中含有法币。我们将逐步地增加难度，首先考虑确定型的情况，然后在后面的章节中再引入随机冲击。因为下面讨论的是一种静态的情形，所以在这一章和下一章中我们将省略时间标示。

一个经济中的行为人为家庭、企业和政府，假设每个家庭生存两期。以 $i \in [0, 1]$ 标示家庭，$j \in [0, 1]$ 标示企业。有四种物品：作为计价单位、交换媒介和作为惟一价值储存方式的货币；同质的消费品（产出）；不同的中间物品，用 $j \in [0, 1]$ 表示；以及不同种类的劳动，用 $i \in [0, 1]$ 表示。家庭 i 惟一能提供 i 类型的劳动（在年轻时）并且制定相应的工资 W_i。企业 j 惟一能生产 j 类中间物品并制定其价格 P_j。产出的价格为 P，由许多竞争性的企业生产。这些企业的生产函数为替代弹性不变的生产函数（CES）：

$$Y = \left(\int_0^1 Y_j^\theta \mathrm{d}j \right)^{1/\theta} \tag{4.1}$$

企业 j 使用各种类型的劳动力生产中间物品 j，劳动力的数量为 N_{ij}，$i \in [0, 1]$，生产函数为：

$$Y_j = F(N_j) \tag{4.2}$$

此处 F 为严格的凹函数，标量 N_j 通过替代弹性不变的总和函数从 N_{ij} 推导出[①]：

$$N_j = \left(\int_0^1 N_{ij}^v \mathrm{d}i \right)^{1/v} \tag{4.3}$$

企业 j 的目标是最大化其利润 Π_j：

$$\Pi_j = P_j Y_j - \int_0^1 W_i N_{ij} \mathrm{d}i \tag{4.4}$$

家庭 i 生存两期，在第一期和第二期中分别消费数量为 C_i 和 C_i' 的产出，

缴纳实际数额为 T_i 的税款。在第一期中家庭 i 制定其工资 W_i 和供应总量为 N_i 的劳动力:

$$N_i = \int_0^1 N_{ij} \, \mathrm{d}j \tag{4.5}$$

家庭 i 最大化其效用函数:

$$\alpha \log C_i + (1 - \alpha) \log C'_i - V(N_i) \tag{4.6}$$

其中 V 是一个凸函数。家庭 i 有两个预算约束,每个预算约束对应于其生命的每一期:

$$PC_i + M_i = W_i N_i + \Pi_i - PT_i, \ P'C'_i = M_i \tag{4.7}$$

M_i 是作为储蓄转移到第二期的货币数量,P' 是第二期产出的价格,T_i 是缴给政府的实际税额(总量税),Π_i 是家庭 i 的利润收入,等于:

$$\Pi_i = \int_0^1 \Pi_j \, \mathrm{d}j \tag{4.8}$$

(4.7)式中的两个预算约束可以合并成跨期预算约束:

$$PC_i + P'C' = W_i N_i + \Pi_i - PT_i \tag{4.9}$$

政府购买数量为 G 的物品。最后以 $\bar{M}_i$ 表示家庭 i 在期初持有的货币数量(这个数量当然相当于家庭前一期的储蓄)。由于到目前为止模型是完全对称的,所以我们还可以假设:

$$T_i = T, \ \bar{M}_i = \bar{M}, \ \forall i \tag{4.10}$$

相应地,政府的预算约束为:

$$M - \bar{M} = P(G - T) \tag{4.11}$$

其中 M 为期末的货币总量。

4.3 客观需求曲线

正如我们前面提到的,企业 j 制定价格 P_j,年轻的家庭 i 制定工资 W_i。

其他的价格和工资视为给定。这时的均衡就是一个价格和工资的纳什均衡。构建这一均衡的核心要素是价格和工资制定者所面对的客观需求曲线，这就是我们现在讨论的问题。

每个价格或工资的制定者在计算他所出售产品的客观需求曲线时必须基于：(1)他自己制定的价格或工资；(2)其他行为人制定的价格和工资，从而预测将来的需求。我们在第3章的3.5节中已经有一个更正式的定义，在一个给定价格—工资向量上的客观需求即是对应于那个向量的固定价格均衡上将产生的需求，在下面我们要对此进行计算。

在计算之前，我们回顾第1章中提到的每个价格制定者将其控制的物品的价格定在一个足够高的水平上，在这个价格水平上他愿意满足由此产生的所有需求，甚至更多的需求。因此，在固定价格下，我们处在一个普遍供给过剩的情形中，每个行为人的需求不受限制而其供给却受到限制，行为人由此将他的销售水平作为一个约束。

命题 4.1 总产出 Y、对企业 j 的客观需求 Y_j 和对家庭 i 的客观需求 N_i 分别等于：

$$Y = \frac{1}{1-\alpha}\left(\frac{\bar{M}}{P} + G - \alpha T\right) \tag{4.12}$$

$$Y_j = \left(\frac{P_j}{P}\right)^{-1/(1-\theta)} Y \tag{4.13}$$

$$N_i = \left(\frac{W_i}{W}\right)^{-1/(1-v)} \int_0^1 F^{-1}(Y_j)\,\mathrm{d}j \tag{4.14}$$

其中总计价格和工资，即 P 和 W，由传统的替代弹性不变公式计算所得：

$$P = \left(\int_0^1 P_j^{-\theta/(1-\theta)}\,\mathrm{d}j\right)^{-(1-\theta)/\theta} \tag{4.15}$$

$$W = \left(\int_0^1 W_i^{-(1-v)/v}\,\mathrm{d}i\right)^{-(1-v)/v} \tag{4.16}$$

证明 首先考虑生产竞争性产品的企业，它们的最优化问题为：

$$\max PY - \int_0^1 P_j Y_j\,\mathrm{d}j$$

$$\text{s. t. } Y = \left(\int_0^1 Y_j^\theta \, \mathrm{d}j \right)^{1/\theta}$$

解得:

$$Y_j = Y \left(\frac{P_j}{P} \right)^{-1/(1-\theta)} \tag{4.17}$$

其中总价格水平 P 按照与生产函数(4.1)相联系的替代弹性不变的公式(4.15)计算。

其次,考虑企业 j。在给定工资和价格时,其利润最大化问题为:

$$\max P_j Y_j - \int_0^1 W_i N_{ij} \, \mathrm{d}i$$

$$\text{s. t. } F(N_j) = F \left[\left(\int_0^1 N_{ij}^v \, \mathrm{d}i \right)^{1/v} \right] = Y_j$$

其中对企业 j 的需求 Y_j 外生于企业,对企业而言是一个约束条件。这个最优化问题的解为:

$$N_{ij} = \left(\frac{W_i}{W} \right)^{-1/(1-v)}, \ N_j = \left(\frac{W_i}{W} \right)^{-1/(1-v)} F^{-1}(Y_j) \tag{4.18}$$

其中总工资 W 由公式(4.16)计算,并体现与公式(4.3)中的二维关系。

企业 j 生产 Y_j 的成本为 $WN_j = WF^{-1}(Y_j)$。现在将所有企业的最优解(4.18)加总,我们得到对劳动力 i 的总需求:

$$N_i = \int_0^1 N_{ij} \, \mathrm{d}j = \left(\frac{W_i}{W} \right)^{-1/(1-v)} \int_0^1 F^{-1}(Y_j) \, \mathrm{d}j \tag{4.19}$$

·为了得到一个含有对产品 j 的有效需求的表达式,我们必须推导出 Y 的值。由于市场此时由需求决定,因而产出等于总需求:

$$Y = \int_0^1 C_i \, \mathrm{d}i + \int_0^1 C_i' \, \mathrm{d}i + G \tag{4.20}$$

老年家庭 i 拥有数量为 $\bar{M}$ 的货币,因此其消费等于:

$$C_i' = \frac{\bar{M}}{P} \tag{4.21}$$

最后考虑年轻家庭 i。其当前的消费由下面的最优化问题决定：

$$\max \alpha \log C_i + (1-\alpha) \log C_i' - V(N_i) \quad \text{s.t.}$$

$$PC_i + P'C' = W_i N_i + \Pi - PT$$

其中等式右边(尤其是家庭出售的劳动力数量 N_i)的变量对家庭 i 而言是外生变量。这个规划的解为：

$$C_i = \alpha \left(\frac{W_i N_i + \Pi - PT}{P} \right) \tag{4.22}$$

结合等式(4.20)、(4.21)和(4.22)，我们得到：

$$Y = \frac{\bar{M}}{P} + G - \alpha T + \alpha \int_0^1 \frac{W_i N_i + \Pi}{P} \mathrm{d}i \tag{4.23}$$

通过加总收入恒等式，我们有：

$$\int_0^1 (W_i N_i + \Pi) \mathrm{d}i = \int_0^1 P_j Y_j \mathrm{d}j = PY \tag{4.24}$$

再由式(4.23)和(4.24)我们就得到如式(4.12)所表达的总产出，然后我们再结合式(4.17)和(4.18)就得到表达式(4.13)和(4.14)，分别为企业 j 和家庭 i 的客观需求曲线。

4.4 不完全竞争均衡

导出客观需求曲线之后，我们就可以按部就班地求解不完全竞争的均衡。

4.4-1 价格的制定

已知 j 商品的需求曲线(4.13)，我们可以给出 j 企业制定价格 P_j 的规划：

$$\max P_j Y_j - WN_j$$

$$\text{s.t. } Y_j = F(N_j)$$

$$Y_j \leqslant \left(\frac{P_j}{P}\right)^{-1/(1-\theta)} Y$$

这个规划可以解出通常的"边际成本等于边际收益"的等式:

$$\frac{W}{P_j} = \theta F'(N_j) \tag{4.25}$$

可见,与竞争性价格形成的等式 $W/P_j = F'(N_j)$ 相比,我们得到的是一个有乘数的部分。显然,当 θ 最接近 1 时,边际收益最低,意味着物品之间的替代性越强,因而需求曲线的弹性越大。

4.4-2 工资的制定

现在我们考虑年轻家庭 i。它将选择其工资 W_i 和消费及劳动力供给,因此,需要求解下面的最大化问题:

$$\max \alpha \log C_i + (1-\alpha) \log C_i' - V(N_i)$$

$$\text{s.t. } PC_i + P'C_i' = W_i N_i + \Pi - PT$$

$$N_i \leqslant \left(\frac{W_i}{W}\right)^{-1/(1-v)} \int_0^1 F^{-1}(Y_j) \, \mathrm{d}j$$

这个规划的一阶条件为:

$$C_i = \alpha \frac{W_i N_i + \Pi - PT}{P} \tag{4.26}$$

$$\frac{\alpha v}{PC_i} = \frac{V'(N_i)}{W_i} \tag{4.27}$$

我们已知,等式(4.26)是消费函数。等式(4.27)是工资制定方程,这个解在竞争性均衡解上加了一个部分 v,这个参数描述了不同种类工作之间的替代能力,因而决定了工资制定者的市场力量。v 越趋近于 1,这种市场力量越弱。

4.4-3 对称性均衡

我们假设均衡是惟一的。由于所有的关系都是对称的,所以均衡时所有的价格和工资都是一样的：

$$N_j = N, \ Y_j = Y, \ P_j = P, \ \forall j$$

$$N_i = N, \ C_i = C, \ C'_i = C', \ W_i = W, \ \forall i$$

$$N_{ij} = N, \ \forall i, j$$

为计算均衡解，我们将一阶条件(4.25)、(4.26)、(4.27)式写成对称的形式：

$$\frac{W}{P} = \theta F'(N) \tag{4.28}$$

$$C = \alpha \frac{WN + \Pi - PT}{P} = \alpha(Y - T) \tag{4.29}$$

$$\frac{\alpha \nu}{PC} = \frac{V'(N)}{W} \tag{4.30}$$

在此基础上，我们分别加入相应的生产函数、家庭的跨期预算约束、产品市场均衡等式以及老年家庭的预算约束：

$$Y = F(N) \tag{4.31}$$

$$PC + P'C' = WN + \Pi - PT = P(Y - T) \tag{4.32}$$

$$C + C' + G = Y \tag{4.33}$$

$$PC' = \bar{M} \tag{4.34}$$

首先由式(4.28)、(4.29)、(4.30)和(4.31)，我们得到均衡时的就业水平如下：

$$[F(N) - T]V'(N) = \theta \nu F'(N) \tag{4.35}$$

一旦知道了 N，所有的其他解就可以容易地推导出：

$$Y = F(N) \tag{4.36}$$

$$\frac{W}{P} = \theta F'(N) \tag{4.37}$$

$$C = \alpha(Y - T) \tag{4.38}$$

$$C' = (1-\alpha)Y + \alpha T - G \qquad (4.39)$$

$$P = \frac{\bar{M}}{(1-\alpha)Y + \alpha T - G} \qquad (4.40)$$

$$\frac{P'}{P} = \frac{(1-\alpha)(Y-T)}{(1-\alpha)Y + \alpha T - G} \qquad (4.41)$$

既然我们知道了均衡状况下的全部特征，我们就可以考察其性质更多的是凯恩斯型的还是古典型的。

4.5　明显的凯恩斯无效率

显然我们得到的均衡并非是帕累托最优的。我们将进一步看到其分配的性质及其无效率的性质与传统的凯恩斯均衡十分相似。

第一个共同点是均衡时产品市场和劳动力市场都存在潜在的供给过剩。公式(4.25)表明对企业来说，边际成本总是低于价格，因此如果有更多的需求，企业愿意按照均衡时的价格和工资生产和出售更多的数量。类似地，公式(4.27)表明，如果有更多的需求，家庭愿意按照给定的价格和工资提供更多的劳动力。此时，所谓的固定价格均衡在一个总体供给过剩的区域。

第二点是在**给定**价格和工资下的产出的决定与传统的凯恩斯固定价格—固定工资模型十分类似。回顾公式(4.12)产出水平的决定：

$$Y = \frac{1}{1-\alpha}\left(\frac{\bar{M}}{P} + G - \alpha T\right) \qquad (4.42)$$

这是一个十分典型的凯恩斯乘数公式，乘数等于$1/(1-\alpha)$。

最后我们可以看到这个均衡具有很强的无效率性质，与多重均衡的特征一致（见第2章和第3章）。特别地，我们注意到在给定的价格和工资下，增加交易量可以增加所有企业的利润和提高所有消费者的效用。

更准确地，我们想像所有的年轻家庭工作一个额外的数量 dN，并在所有企业间平均分配。由此增加的额外的产出在所有年轻家庭间平均分配，这样每个家庭的当期消费增加：

$$dC = dY = F'(N)dN \tag{4.43}$$

首先考虑代表性企业。用公式(4.28)，我们可以得到其实际利润增加了：

$$d\left(\frac{\Pi}{P}\right) = (1-\theta)F'(N)dN > 0 \tag{4.44}$$

再考虑代表性年轻家庭，其效用的净增加为：

$$dU = \frac{\partial U}{\partial C}dC + \frac{\partial U}{\partial N}dN \tag{4.45}$$

用公式(4.28)和(4.30)，得到：

$$dU = (1-\theta\nu)\frac{\partial N}{\partial C}F'(N)dN > 0 \tag{4.46}$$

等式(4.44)和(4.46)表明增加交易量明显是帕累托改进的。

上述所有的分析给出了相同的政策取向，在均衡水平上，交易量被限制在一个过低的水平上，实行增加交易的政策是有必要的。传统的凯恩斯药方是采用需求扩张政策，如扩张型的货币政策或财政政策。等式(4.42)表明如果价格和工资是固定的，这些扩张性政策的确可以增加产出和就业。但和凯恩斯理论遇到的困境一样，政府政策将会导致价格和工资的改变，从而完全改变政策的效果。我们现在就讨论这个问题。

4.6 政府政策的效果

我们将要研究两种传统的凯恩斯扩张政策。我们想要说明由于政策引起价格和工资的变化，这些扩张性的政策产生的"古典型"效应和相应的瓦尔拉模型的结果十分类似。通过等式(4.35)到(4.41)所定义的均衡，我们可以比较容易地从直觉上理解上述结论。很明显，相应的瓦尔拉均衡的定义就是由 θ 和 ν 都等于1时的等式所刻画。它们类似的一阶条件可以解释为什么政策反应是类似的。

4.6-1　货币中性

考虑第一种扩张性的政策,即将货币存量增加一定的比例 $\mu > 1$,由此所有老年家庭的货币数量从 $\bar{M}$ 变成 $\mu\bar{M}$,相当于一种弗里德曼的"直升机"式的货币政策。

对这一政策的反应十分容易计算:我们注意到事实上等式(4.35)到(4.41)中所有的"名义"变量 $\bar{M}$、P、P' 和 W 都是零阶齐次的,因此,货币量 $\bar{M}$ 乘以一个因子 μ,P、W 和 P' 将都乘以相同的因子 μ,使得所有的数量并不发生变化。在这种情况下,货币是中性的,与相应的瓦尔拉均衡模型中的情况一致。

4.6-2　财政政策和挤出效应

我们再来看其他传统的凯恩斯政策的效果,即政府支出 G 并征收税收 T。回忆均衡时的就业水平,等式(4.35):

$$[F(N) - T]V'(N) = \theta_V F'(N) \tag{4.47}$$

分别对 G 和 T 求导后,我们获得:

$$\frac{\partial Y}{\partial G} = 0, \quad \frac{\partial C}{\partial G} = -1 \tag{4.48}$$

$$\frac{\partial Y}{\partial T} > 0 \tag{4.49}$$

这个结果远非凯恩斯式的:等式(4.48)指出公共支出对产出没有影响,因此具有 100% 的挤出效应。等式(4.49)表明**增加**税收,而不是像凯恩斯模型那样减少税收,会增加产出。不过,其中的机制还是符合直觉的,这一机制通过家庭的劳动力供给行为发生作用:增加税收使年轻家庭变穷,因为闲暇在这里是正常商品,在其他情况不变时,收入效应很自然地导致家庭更多地工作,由此增加了劳动力的供给和交易活动。我们应该注意到这一效应在相应的瓦尔拉模型中已经得到很好的说明,因而完全是"古典型"的。

因此,令人不解的是为什么有人认为这种与古典模型具有同样灵感的模型却构成了凯恩斯乘数的基础。[②]潜在的困惑还出现在若仅仅研究平衡预算的情形($G=T$)。在这种情况下，对(4.47)式求导，就有：

$$0 < \frac{\partial Y}{\partial G} < 1 \tag{4.50}$$

这会产生"凯恩斯"效应的幻觉。但这里的经济机制与凯恩斯的需求乘数毫无关系，而是通过上面所说的家庭劳动力供给行为发生作用。

这里我们还应该注意到挤出效应十分稳健[3]，而(4.49)式的产出扩张效应却比较脆弱，并且十分依赖于征税的方式。为说明这一点，我们假设税收不是一揽子税，而是所有收入（利润和工资）的一定比例。在这种情况，等式(4.47)变为：

$$F(N)V'(N) = \theta \nu F'(N) \tag{4.51}$$

其他等式不发生变化。此时，就业和产出完全不受税收水平的影响。其背后的道理在直觉上很简单：税收的收入效应不断引起更多的劳动，而相反地，对劳动收入按比例征税却不鼓励增加劳动。在这个特例中，两种效应正好相互抵消。

4.7 结论

在这一章我们构建了一个包含理性预期和客观需求曲线的反映简单的不完全竞争模型，研究了模型的各种性质，并将这些性质与基本的古典模型和凯恩斯模型的性质作了比较。

最明显的是引入不完全竞争可以得到比瓦尔拉模型丰富得多的分析框架。事实上，相应的瓦尔拉模型是参数θ和ν等于1时的极端情形。而增加一般性并没有牺牲严格性，因为价格和工资都是直接从最大化问题导出的，并不同于瓦尔拉模型中供给和需求的相等关系只是简单处理为基本假定。

至于引言中提出的关于这些模型是否是凯恩斯型的问题，必须承认我们的答案十分偏向于否定的一面，这些模型的结论更多地体现了古典型的情况。虽然这些均衡的无效率性质与凯恩斯固定价格—固定工资模型非常接近。但经济学家所讨论的古典型或凯恩斯型是就对政府政策的反应而论的。我们看到,这里对政策的反应,不论是货币政策还是财政政策,实际上都具有古典性质。简单地说,直观理由是不完全竞争模型产生的是真实刚性,而凯恩斯模型的特征通常与名义刚性有关。

我们是否应该得出结论,在不完全竞争和凯恩斯主义之间存在根本的断裂呢?答案实际上是否定的。我们已经看到不完全竞争本身并不会产生凯恩斯型的效应,但我们也注意到不完全竞争模型提供了一个比传统的市场出清模型更丰富的分析框架。因此,可以在这个框架中加入其他的假设,从而引入名义刚性和凯恩斯型的特征,将在第 V 和第 VI 部分论证这一问题。

4.8　参考文献

本章以文献 Bénassy(1991a,1995c)为基础。希望阅读更完整的关于不完全竞争宏观经济学的读者应该参考 Silvestre(1993,1995)与 Dixon 和 Rankin(1994)精彩的综述文章。

不完全竞争宏观经济模型由 Bénassy(1977a)和 Negishi(1977)建立,他们研究了资源未充分利用的无效率均衡如何能成为不完全竞争时的均衡情况。Hart(1982)介绍了政策问题,他构建了一个模型对一些政策实验以凯恩斯的方式进行回应。不久,人们认识到大部分的凯恩斯结果都是缘于一些特别的假设,后来一代人的文章得到的是具有更多"古典"特征的结果:文献 Snower(1983)和 Dixon(1987)表明,财政政策具有和瓦尔拉"古典"模型十分类似的挤出效应。文献 Bénassy(1987),Blanchard 和 Kiyotaki(1987),Dixon(1987)表明货币具有与瓦尔拉模型类似的中性的性质。Molana 和 Moutos(1992)研究了税收方式的敏感性。最后,规范性政策建议的研究可参阅 Bénassy(1991a,c),这些政策既非古典型也非凯恩斯型。

注　释

① 这个劳动力市场模型基于文献 Snower(1983)。它可以使我们简便地将劳动力市场的市场力量和产品市场的力量分开。在较为传统的模型中,每个

企业包含有工会,这样的模型无法很好地将两者区分,除非加入其他特征。这一问题将在下一章中涉及。

② 持这样观点的文章存在,例如文献 Mankiw(1988)。

③ 所谓稳健当然是指存在挤出效应,并**不代表**挤出效应就是100%。

附录 一个福利悖论

在这个附录中我们指出本章模型的一个表面上的悖论,即一般而言,家庭的福利与其市场力量负相关,而直觉告诉我们,它们应该是正相关的。更准确地,我们指出家庭的市场力量与参数 ν 负相关,而家庭的福利却与之正相关。我们首先回忆家庭的效用函数:

$$U = \alpha \log C + (1-\alpha)\log C' - V(N) \tag{4.52}$$

均衡时的消费和就业为(参见等式(4.35)、(4.36)、(4.38)和(4.39)):

$$C = \alpha(Y - T) \tag{4.53}$$

$$C' = (1-\alpha)Y + \alpha T - G \tag{4.54}$$

$$Y = F(N) \tag{4.55}$$

$$[F(N) - T]V'(N) = \theta\nu F'(N) \tag{4.56}$$

首先对式(4.56)求导,得到:

$$\frac{\partial N}{\partial v} > 0 \tag{4.57}$$

再对式(4.52)求导,并利用式(4.53)、(4.54)和(4.55),我们有:

$$\frac{\partial U}{\partial N} = \frac{\alpha F'(N)}{F(N) - T} + \frac{(1-\alpha)^2 F'(N)}{(1-\alpha)F(N) + \alpha T - G} - V'(N) \tag{4.58}$$

为使讨论更加清楚,我们考虑平衡预算时的情况:

$$G = T \tag{4.59}$$

结合(4.56)、(4.58)和(4.59)式,我们有:

$$\frac{\partial U}{\partial N} = (1 - \theta \nu) \frac{F'(N)}{F(N) - T} > 0 \tag{4.60}$$

然后结合(4.57)和(4.60)式，我们有：

$$\frac{\partial U}{\partial \nu} = \frac{\partial U}{\partial N} \frac{\partial N}{\partial \nu} > 0 \tag{4.61}$$

可见，家庭的效用正向依赖于 ν，即负向依赖于家庭的市场力量。当然这只是一个表面的悖论，这将在第 5 章中得到澄清。

议价能力、非充分就业与福利

5.1 引言

　　本章我们建立另一个模型来研究不完全竞争对就业和福利的影响。与上一章一样,模型结合了理性预期和客观需求曲线。本章的重点是区分市场力量在宏观和微观层面上的效应。

　　区分宏观和微观层面使我们能够看出各部门的价格、工资和就业是更多地受到部门因素的影响还是受到全局因素的影响。也能让我们消除结论中的一个悖论,这个悖论在我们审视文献中各种关于不完全竞争的宏观经济模型时常会出现,我们在第 4 章的模型中也碰到过(见附录 4.1)。在这些模型中各行为人的市场力量用为数不多的宏观经济参数表示,每个参数代表了整个一类行为人的市场力量。结果是难以从宏观效应中区分出微观效应,因而有时会产生荒谬的结果。例如在前一章的模型中,家庭福利总体上是其在劳动力市场上的市场力量的减函数。那么必然要问,如果家庭的市场力量最终对它的福利是有害的,为什么它还要劳神发挥其市场力量呢?为回答这个问题,我们就要建立一个能够将局部议价能力和总体议价能力清楚地加以区分的模型。因此,本章中的模型在行为人的市场力量不同时仍能够求得均衡。结果是,我们能看到市场力量对个人的福利效应在宏观和微观层面上将完全不同。

本章所采用的工资制定过程是一个包含与企业相联系的工会的标准模型。这种传统模型可能的局限是企业和工会的市场力量不容易区分的:事实上,企业的劳动力需求曲线的弹性与其出售的产品的需求曲线有着有机的联系,因此一个工会在内部劳动力市场上的市场力量是因为,也仅仅是因为,它所在的企业在产品市场上的市场力量。

基于这个原因,模型的第二个特征是能使我们区分两种市场力量:我们假设工资是由企业和工会双方议价形成,而不是由工会单方面决定。这样就要引入一个新的参数,即企业中工人的议价能力。

虽然一般而言,这样的模型只能在完全对称的情况下求解,但我们仍然可以对包含具有不同的劳动生产率和不同的议价能力的企业的模型求解。因此,我们可以得到更丰富的并且有时是令人惊讶的结果。

我们首先得到了一个传统的结论,即企业中工人一方的谈判能力越强,该企业雇用的人数就越少。但我们还将发现随着谈判能力的提高和雇用人数的减少,该企业雇用的工人的福利实际上是不断增加的。由此可见,有些仅仅衡量就业效应的研究会在福利方面引起误解。

在其他条件给定的情况下,这个结果在单个企业的层面上是有效的。如果以更"宏观"的视角,我们发现在某个点以内,议价能力的提高对整个工人一方是有利的。但超过那个临界值,议价能力提高实际上对工人的总体福利是有害的。议价能力的"局部"效应可以与"总体"效应完全不同。这就是为什么在前一章中我们发现将工人视为一个整体时,提高工人的市场力量对他们反而是有害的,尽管在微观上这种议价能力的提高对工人是有利的。

5.2 模型

与第 4 章一样,我们研究含有法币的跨期迭代模型。行为人为企业和生存两期的家庭。

5.2-1　行为人

最终产品，标示为 $j \in [0, 1]$，由具备一定技术的竞争性企业使用中间品生产：

$$Y = \left(\int_0^1 Y_j^\theta \mathrm{d}j \right)^{1/\theta} \tag{5.1}$$

中间品由企业 $j \in [0, 1]$ 生产，其生产函数为：

$$Y_j = Z_j N_j^v \tag{5.2}$$

其中 N_j 是 j 公司所用的劳动力数量，Z_j 是企业 j 特定的生产率指数。企业为 j 产品定价 P_j 并使其利润最大化 $\Pi_j = P_j Y_j - W_j N_j$，其中 W_j 是在企业 j 中谈判的工资。

家庭标示为 i，生存两期。家庭分两类：工人和资本家。①工人 i 在其生命的第一期工作，按 W_i 的工资提供数量为 N_i 的劳动。其两期的预算约束为：

$$PC_i + M_i = W_i N_i \tag{5.3}$$

$$P'C_i' = M_i \tag{5.4}$$

其中 M_i 是货币储蓄量，C_i 和 C_i' 是行为人 i 在当期和未来一期的消费，P 和 P' 是当期和未来一期的产出的价格。工人 i 的效用函数 U_i 为：

$$\log U_i = \alpha \log C_i + (1-\alpha) \log C_i' - V(N_i) \tag{5.5}$$

其中 $V(N_i)$ 为劳动产生的负效用，是一个凸函数。

资本家 i 在第一期获得利润：

$$\Pi_i = \int_0^1 \vartheta_{ij} \Pi_j \mathrm{d}j \tag{5.6}$$

ϑ_{ij} 是资本家在企业 j 中的份额。他的预算约束为：

$$PC_i + M_i = \Pi_i \tag{5.7}$$

$$P'C_i' = M_i \tag{5.8}$$

他的效用函数为：

$$\log U_i = \alpha \log C_i + (1 - \alpha) \log C_i' \tag{5.9}$$

5.2-2 均衡的结构

在每一期均衡都由两步决定：

（1）每个企业 j 的工资 W_j 是由代表股东的经理人和代表该企业工人的工会之间谈判形成。

（2）每个企业 j 选择价格 P_j。交易在所有的市场中发生。

按惯用的做法，我们将按逆时间顺序考虑这两步。

5.3 价格制定与均衡

考虑 j 企业，经过谈判后的工资为 W_j。决定其价格和生产行为的基本因素是产品 j 的客观需求曲线。$\bar{M}$ 是经济中的货币总量，它在老年家庭手中。用与第 3 章和第 4 章同样的方法，我们可以通过下面的命题描述客观需求曲线：

命题 5.1 产品 j 的客观需求曲线为

$$Y_j = \frac{1}{1 - \alpha} \frac{\bar{M}}{P} \left(\frac{P_j}{P} \right)^{-1/(1-\theta)} \tag{5.10}$$

其中

$$P = \left(\int_0^1 P_j^{-\theta/(1-\theta)} \, \mathrm{d}j \right)^{-(1-\theta)/\theta} \tag{5.11}$$

证明 如第 3 章所示，产品 j 的客观需求曲线是产品 j 对应于价格和工资分别为 P_j 和 W_j，$j \in [0,1]$ 的固定价格均衡。由于企业 j 确定产品 j 的价格，我们进一步可以知道企业 j 选择的价格水平将使得家庭对该产品的需求不受配额的影响。

我们从生产最终产品的企业入手。它们最大化利润：

$$PY - \int_0^1 P_j Y_j \, \mathrm{d}j = P \left(\int_0^1 Y_j^\theta \, \mathrm{d}j \right)^{1/\theta} - \int_0^1 P_j Y_j \, \mathrm{d}j \tag{5.12}$$

由此得到对中间产品 j 的需求：

$$Y_j = Y\left(\frac{P_j}{P}\right)^{-1/(1-\theta)} \tag{5.13}$$

而且由于这是竞争性部门，价格 P 就等于与替代弹性不变的函数（5.11）相联系的成本。

老年家庭拥有经济中所有的货币 $\bar{M}$ 并全部用作开支，因此他们的消费需求为 $\bar{M}/P$。

根据效用函数（5.5）和（5.9），年轻的家庭，无论是工人还是资本家，他们只消费收入的 α 部分。因此年轻消费者的总消费等于：

$$\frac{\alpha}{P}\left(\int_i W_i N_i \, \mathrm{d}i + \int_i \Pi_i \, \mathrm{d}i\right) \tag{5.14}$$

总产出等于年轻和年老家庭的消费总和：

$$Y = \frac{\alpha}{P}\left(\int_i W_i N_i \, \mathrm{d}i + \int_i \Pi_i \, \mathrm{d}i\right) + \frac{\bar{M}}{P} \tag{5.15}$$

我们用总收入等式：

$$\int_i W_i N_i \, \mathrm{d}i + \int_i \Pi_i \, \mathrm{d}i = \int_j P_j Y_j \, \mathrm{d}j = PY \tag{5.16}$$

结合式（5.15）和（5.16）有：

$$Y = \frac{1}{1-\alpha}\frac{\bar{M}}{P} \tag{5.17}$$

然后结合式（5.17）和（5.13），我们得到客观需求曲线（5.10）。 ■

因此产品的客观需求曲线由命题（5.1）给出。另一方面，在劳动市场上企业获得的劳动不可能多于工人所提供的劳动。用效用函数（5.5）很容易算得，不管价格和工资如何，每个工人提供固定数量 N_0 的劳动，并由下式决定：

$$N_0 V'(N_0) = 1 \tag{5.18}$$

企业 j 的雇员数 N_j 的约束为：

$$N_j \leqslant N_0 \qquad (5.19)$$

结合企业所受到的其他各种约束,我们看到企业 j 的价格 P_j、雇员数 N_j 和产量 Y_j 为:

$$\max P_j Y_j - W_j N_j$$

$$\text{s.t. } Y_j = Z_j N_j^v$$

$$Y_j \leqslant \frac{1}{1-\alpha} \frac{\bar{M}}{P} \left(\frac{P_j}{P}\right)^{-1/(1-\theta)}$$

$$N_j \leqslant N_0$$

这个规划的解可以有两种形式,分别取决于劳动力市场主要是供给过剩还是需求过剩。在两种情况下,生产函数和需求等式都成立:

$$Y_j = Z_j N_j^v \qquad (5.20)$$

$$Y_j = \frac{1}{1-\alpha} \frac{\bar{M}}{P} \left(\frac{P_j}{P}\right)^{-1/(1-\theta)} \qquad (5.21)$$

如果企业 j 存在着对劳动力的超额需求,那么该企业的雇员数由劳动供给决定:

$$N_j = N_0 \qquad (5.22)$$

相反,如果劳动力供给过剩,那么雇员数量就由传统的"边际收益等于边际成本"决定。这个相等关系可以写成下面的形式,可以非常好地显示收入分配:

$$W_j N_j = \theta v P_j Y_j \qquad (5.23)$$

作为一个有用的参考,我们计算使得企业 j 中劳动供给和需求相等的工资水平 W_j^*,这个工资水平是由方程组(5.20)到(5.23)解得:

$$W_j^* = \theta v \left(\frac{\bar{M}}{1-\alpha}\right)^{1-\theta} (P Z_j)^\theta N_0^{\theta v - 1} \qquad (5.24)$$

对于给定的工资 W_j,企业 j 面临两种可能的情况,劳动力供给过剩或需求过剩。N_j 等于供给和需求中较小的一方。因此,Y_j、P_j 和 N_j 在需求过剩的情况下由等式(5.20)、(5.21)和(5.22)决定，在供给过剩的情况下由等式(5.20)、(5.21)和(5.23)决定。

5.4 工资谈判

企业 j 的工资 W_j 由企业的管理部门和工会谈判得到。我们假设谈判工资由纳什非对称解决定（例如，见文献 Binmore, Rubinstein and Wolinsky, 1986)，相当于对数量 Δ_j 求最大值，Δ_j 定义为：

$$\log \Delta_j = \delta_j \log(U_{tj} - \bar{U}_{tj}) + (1 - \delta_j) \log(U_{mj} - \bar{U}_{mj}) \qquad (5.25)$$

其中 δ_j 是以下内容中的一个中心参数，是企业 j 中工人的议价能力。U_{mj} 和 U_{tj} 是达成协议时管理方和工会的效用，$\bar{U}_{mj}$ 和 $\bar{U}_{tj}$ 是谈判破裂时双方各自的效用。为评价不同效用，首先假设企业 j 中的一个工人 i，在谈判破裂时，这个工人没有收入无法消费，因此 $\bar{U}_i = 0$。在达成协议时，很容易计算得到：

$$C_i = \alpha \frac{W_j N_j}{P}, \ C_i' = (1 - \alpha) \frac{W_j N_j}{P'} \qquad (5.26)$$

价格 P 和 P' 对工人而言是外生的，因此为一个附加的常数，有：

$$\log(U_{tj} - \bar{U}_{tj}) = \log W_j N_j - V(N_j) \qquad (5.27)$$

现在考虑股东 i，其利润所得为 Π_i。同样容易得到：

$$C_i = \alpha \frac{\Pi_i}{P}, \ C_i' = (1 - \alpha) \frac{\Pi_i}{P'} \qquad (5.28)$$

当达到一个常数时，股东的效用等于 Π_i。再从企业 j 管理方的角度来看，如果谈判失败，在企业 j 中拥有 ϑ_{ij} 份额的股东 i 损失其在企业 j 中的利润，因此 $U_i - \bar{U}_i = \vartheta_{ij} \Pi_j$。这样，最后除了一个乘数性的常数外，所有资本家共同分割利润 Π_j，并由下式：

$$\log(U_{mj} - \bar{U}_{mj}) = \log \Pi_j = \log(P_j Y_j - W_j N_j) \qquad (5.29)$$

结合式(5.25)、(5.27)和(5.29)，可见工资 W_j 由下面最大化问题决定：

$$\log \Delta_j = \delta_j \log(W_j N_j) - \delta V(N_j) + (1-\delta_j)\log(P_j Y_j - W_j N_j)$$
$$(5.30)$$

我们下面依次考虑劳动市场供给过剩和需求过剩的情况。

5.4-1 劳动力供给过剩

在这种情况下，等式(5.20)、(5.21)和(5.23)成立。对它们以及等式(5.30)求导，我们有：

$$\frac{\partial \log \Delta_j}{\partial \log W_j} = \frac{1}{1-\theta v}[\delta_j N_j V'(N_j) - \theta v]$$
$$(5.31)$$

由于 N_j 是工资 W_j 的减函数，所以 $\log \Delta_j$ 对 $\log W_j$ 是凹的，其最优解为上述导数为零时得到：

$$N_j V'(N_j) = \frac{\theta v}{\delta_j}$$
$$(5.32)$$

从上式可以得到 N_j，表示为：

$$N_j = \Lambda\left(\frac{\theta v}{\delta_j}\right), \quad \Lambda > 0$$
$$(5.33)$$

由此我们得到传统的结果，即企业的雇员数是谈判能力 δ_j 的减函数。我们还要检验劳动力供给是过剩的，这种情况下由式(5.32)得到的劳动力数应该小于式(5.18)定义的劳动力供给 N_0，由此得到条件：

$$\delta_j \geqslant \theta v$$
$$(5.34)$$

因此，如果(5.34)严格不等式成立，企业 j 将是非充分就业的。注意这种非充分就业从工人一方来说完全是"自愿的"。结合式(5.20)、(5.21)、(5.23)和(5.33)，我们得到部门 j 的工资 W_j：

$$W_j = \theta v\left(\frac{\bar{M}}{1-\alpha}\right)^{1-\theta}(PZ_j)^\theta\left[\Lambda\left(\frac{\theta v}{\delta_j}\right)\right]^{\theta v-1}$$
$$(5.35)$$

我们还可以计算得到 j 企业中工人的效用 U_j，达到常量时为：

$$\log U_j = \log \theta v + \theta \log Z_j + \theta v \log \left[\Lambda \left(\frac{\theta v}{\delta_j} \right) \right] - V \left[\Lambda \left(\frac{\theta v}{\delta_j} \right) \right] \qquad (5.36)$$

企业 j 中工人的效用是 Z_j 的严格增函数。现在看议价能力的作用,虽然式 (5.33)中显示就业水平是议价能力 δ_j 的减函数,但每个工人的效用在 $\delta_j <$ 1 时,随着 δ_j 的增加单调增加。实际上,对(5.36)求导并用(5.32)中的定义 Λ,我们有:

$$\frac{\partial \log U_j}{\partial \log \delta_j} = \theta v \left(1 - \frac{1}{\delta_j} \right) \frac{\partial \log \Lambda}{\partial \log \delta_j} > 0 \qquad (5.37)$$

值得注意的是在上一章中出现的宏观层面的悖论在微观层面上完全消失了。正如(5.37)式所示,在每个企业 j 中,工人的福利随着其议价能力的提高而提高。因此,工人想要在企业内充分发挥其议价能力,仅仅因为在其他情况不变时,议价能力对其微观福利是有益的,虽然这会降低就业水平。

5.4-2 劳动力需求过剩

在这种情况下,N_j 等于 N_0(等式(5.22))。对(5.30)式求导,我们有:

$$\frac{\partial \log \Delta_j}{\partial \log W_j} = \delta_j - (1 - \delta_j) \frac{W_j N_j}{P_j Y_j - W_j N_j} \qquad (5.38)$$

上式是 W_j 的减函数,因此 $\log \Delta_j$ 对 $\log W_j$ 是凹的。当上述导数为零时得到最大值:

$$W_j = \frac{\delta_j P_j Y_j}{N_j} \qquad (5.39)$$

其中 Y_j、P_j 和 N_j 由等式(5.20)、(5.21)和(5.22)决定。我们仍然发现此时劳动力处于超额需求的区域。这种情况下,在劳动力市场均衡($W_j = W_j^*$)时,(5.38)式的导数为负,因此根据均衡时(5.23)式成立,则有:

$$\delta_j \leqslant \theta v \qquad (5.40)$$

利用式(5.39)、(5.20)、(5.21)和(5.22),我们可以得到用外生于企业 j 的参数表示的谈判工资 W_j:

$$W_j = \delta_j \left(\frac{\bar{M}}{1 - \alpha} \right)^{1-\theta} (P Z_j)^{\theta} N_0^{\theta v - 1} \qquad (5.41)$$

我们可以看到工资 W_j 是劳动生产率 Z_j 和谈判能力 δ_j 的增函数。我们也可以得到企业 j 中代表性工人的效用,达到常量时为:

$$\log U_j = \log \delta_j + \theta \log Z_j + \theta v \log N_0 - V(N_0) \tag{5.42}$$

同样,与存在供给过剩的情况一样,企业 j 中工人的效用是议价能力 δ_j 的严格增函数,因此工人将充分利用其议价能力。

为了考察在宏观层面上将要发生的变化,我们来看模型的一般均衡情况。

5.5 一般均衡

我们上面得到的一些关于各部门的解,包括每个部门的谈判工资水平(等式(5.35)和(5.41)),依赖于(5.11)式的一般价格水平 P:

$$P = \left(\int_0^1 P_j^{-(1-\theta)/\theta} \, \mathrm{d}j \right)^{-(1-\theta)/\theta} \tag{5.43}$$

为了充分地描述一般均衡,我们计算这个总价格水平。

首先将(5.10)转化成部门价格水平 P_j 关于 Y_j 和 P 的函数:

$$P_j = P^\theta \left[\frac{\bar{M}}{(1-\alpha)Y_j} \right]^{1-\theta} \tag{5.44}$$

结合式(5.43)和(5.44)我们得到为各部门产出水平函数的一般价格水平:

$$P = \frac{\bar{M}}{1-\alpha} \left(\int_0^1 Y_j^\theta \, \mathrm{d}j \right)^{-1/\theta} = \frac{\bar{M}}{(1-\alpha)Y} \tag{5.45}$$

然后,结合等式(5.20)、(5.22)、(5.23)、(5.33)、(5.39)和(5.45),我们得到均衡时的价格和数量,由下列等式给出:

$$N_j = \min \left\{ N_0 , \ \Lambda \left(\frac{\theta v}{\delta_j} \right) \right\} \tag{5.46}$$

$$Y_j = Z_j N_j^v \tag{5.47}$$

$$Y = \left(\int_0^1 Y_j^\theta \, \mathrm{d}j \right)^{1/\theta} \tag{5.48}$$

$$P = \frac{\bar{M}}{(1-\alpha)Y} \tag{5.49}$$

$$P_j = P \left(\frac{Y}{Y_j} \right)^{1-\theta} \tag{5.50}$$

$$W_j = \frac{P_j Y_j}{N_j} \min(\delta_j, \theta v) \tag{5.51}$$

等式(5.46)至(5.51)完整地描述了一般均衡。正如前面指出的,这个均衡为各部门劳动生产率和议价能力不对称的情况。这些计算使我们看到议价能力在宏观和微观层面上的结果几乎是完全相反的。

5.6 议价能力和全局效率

Bruno 和 Sachs(1985),Calmfors 和 Driffill(1988),Cahuc 和 Zylberberg (1991)的研究表明,我们所考虑的分散的工资谈判可以比诸如通过一个中央工会(指代表所有工人的工会)进行谈判带来更多的失业。

正如我们前面所看到的,就业只是问题的一个部分,因为较低的就业水平可以与较高的工资和较高的效用并存。最后我们有必要考察的是相关工人的福利。

我们的模型清楚地表明一个企业中工会的议价能力提高(即 δ_j 提高)会增加非充分就业(见公式(5.33))。这种非充分就业对有关的工人是有利的,因为我们看到,在其他情况不变时,企业 j 中工人的效用是议价能力 δ_j 的严格增函数。

现在我们要证明的是如果以全局的视角,有一个代表所有工人的中央工会,过高的谈判能力对作为一个整体的工人是有害的。这种表面上的悖论与我们上一章中的情况很相似。

我们通过一个对称均衡来证明这个效应,令 $Z_j = Z$ 和 $\delta_j = \delta$。这样,实际工资 W/P 和工人的就业水平 N 对所有企业都是一样的,中央工会的目标是最大化：

$$\log\left(\frac{WN}{P}\right) - V(N) \tag{5.52}$$

很明显，这个最大值不可能在需求过剩的区域，因为对给定的 N，获得更高的工资总是符合工人的利益的。这意味着我们是在供给过剩的区域（公式(5.20)到(5.23)）

$$\frac{W}{P} = \theta v Z N^{v-1} \tag{5.53}$$

在(5.53)式的约束下最大化(5.52)式我们立刻可以得到工人的最优就业水平 N，N^*：

$$N^* V'(N^*) = v \tag{5.54}$$

由此可以通过(5.53)式得到最优的实际工资。现在我们再来看公式(5.32)，N 是统一的议价能力 δ 的函数：

$$NV'(N) = \frac{\theta v}{\delta} \tag{5.55}$$

比较式(5.54)和(5.55)，我们得到一个对应于有议价能力的工人的最优解，等于：

$$\delta^* = \theta < 1 \tag{5.56}$$

任何超过这个水平的议价能力对工人作为一个整体都是有害的。对这个结果可以从直觉上加以解释：我们已经得到在其他条件不变时，提高企业 j 中工人的议价能力 δ_j 会增加工人的福利。但同时也增加总价格水平，从而**降低**了其他企业中工人的福利。当全部议价能力提高后，在某个点上，这种负的"纳什外部性"会超过正的效应，产生悖论的结果。②

5.7　结论

为了在微观和宏观层面上考察市场力量，本章中我们构建了一个模型，模型中工会的议价能力在各企业中可以不同,依然可以得到清楚的闭式解。这就使我们能够澄清一些表面上的悖论。

我们首先发现虽然一个特定企业的就业水平是该企业工人议价能力的非增函数,但这些工人的福利是其议价能力的严格增函数。这就解释了为什么工人充分利用其议价能力是有利的,虽然可能导致非充分就业。

在宏观层面上,我们看到宏观效应和可以与微观效应有很大的不同。特别地,我们发现在一定范围以外增加工人**整体**的议价能力对全体工人是不利的。

5.8 参考文献

本章基于文献 Bénassy(1994)。含有工资议价的严格的一般均衡模型可参见文献 Arnsperger 和 de la Croix(1993),Jacobsen 和 Schultz(1990,1994),Licandro(1995)。

Bruno 和 Sachs(1985),Calmfors 和 Driffill(1988)和 Cahuc 和 Zylberberg(1991)特别研究了议价工资的水平和宏观经济运行之间的关系。Layard,Nickell 和 Jackman(1991)及 Cahuc 和 Zylberberg(1996)考察了劳动力市场功能和宏观经济之间的关系。

注 释

① 我们对工人和资本家的区分没有社会政治方面的含义,只是为简化计算。

② 读者也许不解的是为什么负的效应在 $\delta > \theta$ 时才出现,而不像上一章中对所有值都成立。这是因为,前一章中工人和资本家没有分开讨论。因此,增加工人的谈判能力使利润受损,在前一章模型中表现为造成另外的负效应,因此产生悖论效应的范围扩大。

第 IV 部分

不完全竞争、波动与增长

波动和不完全竞争

6.1 引言

到目前为止,为简化起见,前面的部分我们都是在一个确定性的框架中处理不完全竞争模型。下面我们开始引入随机冲击,构建包含不完全竞争的各种波动模型。

近年来,带有随机冲击的动态一般均衡模型变得非常流行,也就是所谓真实经济周期(RBC)。这种方法的要点在于,与确定性模型不同,这些模型可以迅速传递各经济变量之间的相关变化和相关关系,反映真实世界的信息。

这一领域的研究可追随 Kydland 和 Prescott(1982)及 Long 和 Plosser(1983),在一段时期内研究一直局限于纯粹的瓦尔拉环境,其中过多的限制使现实中的一些重要的特征始终无法得到解释。因此,在下面的章节中,我们将看到这种方法可以有效地扩展到非市场出清和不完全竞争的框架。在这部分的三章中,我们考虑不含有名义刚性的不完全竞争,在下一部分的三章中,再考虑名义刚性。

大多数真实经济周期分析的共同特点是都要进行数字校准。这样做的好处显而易见,它可以立刻与真实世界的数据进行比较。但是，对一般经济学家而言，这样做使我们对每个假设的作用和确定获得特定结果的参数都不是很清楚。因此，我们的目的是建立简单的模型以得到明确的解答，这样可以使得一些基本性质和经济运行机理更加清晰。[①]

在 Long 和 Plosser(1983)之后，McCallum(1989)已经为传统的真实经济周期框架建立了一个基准性的模型。与单期的模型相比较，我们将在模型中加入一些重要的现实特征。我们讨论一个货币经济，不仅受到"通常"的技术冲击，还受到货币冲击。产品和劳动力市场均是不完全竞争的，同时还存在无效率的非充分就业。

我们现在转到对该经济的一个更加详细的描述。

6.2 模型

研究一个无限期界的货币经济，其中包括家庭和一个生产部门，我们依次进行描述。

6.2-1 家庭

家庭满足原子化假设，家庭人口规模标准化为 1。在 t 期代表性家庭工作 N_t，消费 C_t，在期末持有货币数量 M_t。家庭最大化其各期期望效用的贴现值，家庭效用为：

$$U = E_0 \sum_{t=0}^{\infty} \beta^t \left[\log C_t + \omega \log \frac{M_t}{P_t} - V(N_t) \right] \tag{6.1}$$

其中 V 是凸函数。家庭的积累可以是以货币形式持有 M_t，也可以是以资本形式投资 I_t，投资于企业。为获得闭式解，我们假设资本在一期内完全折旧：[②]

$$K_{t+1} = I_t \tag{6.2}$$

代表性家庭的预算约束为：

$$C_t + \frac{M_t}{P_t} + I_t = \frac{W_t}{P_t} N_t + \kappa_t I_{t-1} + \frac{\mu_t M_{t-1}}{P_t} \tag{6.3}$$

其中 κ_t 是 $t-1$ 期的投资在 t 期的实际回报率。乘数 μ_t 是 Lucas(1972)中的货币冲击,$t-1$ 期持有的货币 M_{t-1} 乘上 μ_t,这样家庭在 t 开始时持有的货币为 $\mu_t M_{t-1}$。

6.2-2　生产部门

经济中有两类商品:同质的最终产品或产出,用于消费和投资;不同的中间品,用 j 表示。最终产品由竞争性的企业根据一个替代弹性不变的生产函数生产:

$$Y_t = \left(\int_0^1 Y_{jt}^\theta \mathrm{d}j \right)^{1/\theta} , \ 0 < \theta < 1 \qquad (6.4)$$

Y_t 是总产出,Y_{jt} 是中间品 j,$j \in [0, 1]$。P_t 是产出品的价格,P_{jt} 是中间品 j 的价格。竞争性的生产企业最大化其利润:

$$P_t Y_t - \int_0^1 P_{jt} Y_{jt} \mathrm{d}j \qquad (6.5)$$

生产中间品的企业用 j 表示。j 企业的生产函数为:

$$Y_{jt} = Z_t K_{jt}^\gamma N_{jt}^{1-\gamma} \qquad (6.6)$$

K_{jt} 是企业 j 租用的资本,N_{jt} 是企业 j 雇用的劳动力,Z_t 是所有中间品生产企业都面对的随机技术冲击。企业 j 在垄断竞争的框架下制定价格 P_{jt},下面我们将对此详细讨论。

对于工资,同样地我们分别计算各个企业的工资。假设企业 j 的工人组成工会并选择工资 W_{jt},从而使企业中代表性工人的效用最大化。

6.3　求解

动态均衡的求解分为几步进行。

6.3-1　产出品企业

因为产出品生产企业是完全竞争的,所以有:

$$\frac{P_{jt}}{P_t} = \frac{\partial Y_t}{\partial Y_{jt}} \tag{6.7}$$

立刻可以得到对应于产出水平 Y_t 的中间产品 j 的需求：

$$Y_{jt} = Y_t \left(\frac{P_{jt}}{P_t}\right)^{-1/(1-\theta)} \tag{6.8}$$

而且，由于产出品生产的竞争性，产出品的价格 P_t 就等于与生产函数(6.4)相关联的成本，即：

$$P_t = \left(\int_0^1 P_{jt}^{-\theta/(1-\theta)} \, \mathrm{d}j\right)^{-(1-\theta)/\theta} \tag{6.9}$$

6.3-2 中间品企业

中间品企业 j 最大化其利润 Π_{jt}：

$$\Pi_{jt} = P_{jt}Y_{jt} - R_t K_{jt} - W_{jt}N_{jt} \tag{6.10}$$

受约束于生产函数(6.6)和中间投入品 j 的需求(等式(6.8))。$R_t = \kappa_t P_t$ 是资本的货币租金。一阶条件可以写成下面的形式，并清楚地表明了收入的分配：

$$W_{jt}N_{jt} = (1-\gamma)\theta P_{jt}Y_{jt} \tag{6.11}$$

$$R_t K_{jt} = \gamma\theta P_{jt}Y_{jt} \tag{6.12}$$

P_{jt}、Y_{jt}、N_{jt} 和 K_{jt} 由等式(6.6)、(6.8)、(6.11)和(6.12)解得。解出 N_{jt}，我们可以得到企业 j 对劳动力的需求：

$$N_{jt} = \Omega_{jt} W_{jt}^{-(1-\gamma\theta)/(1-\theta)} \tag{6.13}$$

其中，

$$\Omega_{jt} = \left[\theta\gamma^{\gamma\theta}(1-\gamma)^{1-\gamma\theta} P_t Z_t^\theta Y_t^{1-\theta} R_t^{-\gamma\theta}\right]^{1/(1-\theta)} = \Omega_t \tag{6.14}$$

注意，因为模型是对称的，所以 Ω_{jt} 及劳动力需求曲线的弹性和 j 都无关。

6.3-3 家庭

在特定企业 j 工作的家庭的规划就是最大化其期望效用(6.1)式，约束

条件为预算约束(6.3)和劳动力需求函数(6.13)式。也就是说,家庭 j 要求解下面的规划:

$$\max E_0 \sum_{t=0}^{\infty} \beta^t \left[\log C_{jt} + \omega \log \frac{M_{jt}}{P_t} - V(N_{jt}) \right]$$

$$\text{s.t.} \ C_{jt} + \frac{M_{jt}}{P_t} + I_{jt} = \frac{W_{jt}}{P_t} N_{jt} + \kappa_t I_{jt-1} + \frac{\mu_t M_{jt-1}}{P_t}$$

$$N_{jt} = \Omega_t W_{jt}^{-(1-\gamma\theta)/(1-\theta)}$$

首先要注意的是对劳动力的需求是对称的,尽管家庭可以在不同的企业工作,但所有家庭有着同样的规划。因而所有的家庭作完全一样的决策。所以我们省略受雇于企业的家庭的标示 j。

$\beta^t \lambda_t$ 是 t 期实际财富的边际效用,即是预算约束的拉格朗日乘数。消费者跨期效用最大化的一阶条件写作:

$$\frac{1}{C_t} = \lambda_t \tag{6.15}$$

$$V'(N) = \lambda_t \frac{(1-\gamma)\theta}{1-\gamma\theta} \frac{W_t}{P_t} \tag{6.16}$$

$$\lambda_t = \beta E_t(\lambda_{t+1}\kappa_{t+1}) \tag{6.17}$$

$$\frac{\lambda_t}{P_t} = \frac{\omega}{M_t} + \beta E_t\left(\frac{\lambda_{t+1}\mu_{t+1}}{P_{t+1}}\right) \tag{6.18}$$

6.3-4 均衡

为求解上述系统,我们需要实际投资回报率 κ_t 的表达式。由于均衡是完全对称的:

$$P_{jt} = P_t, \ Y_{jt} = Y_t, \ K_{jt} = K_t, \ N_{jt} = N_t \tag{6.19}$$

结合式(6.19)和(6.12),以及 $R_t = \kappa_t P_t$,我们有:

$$\kappa_t = \frac{\gamma\theta Y_t}{K_t} \tag{6.20}$$

再由(6.15)、(6.17)和(6.20)式,我们得到:

$$\frac{1}{C_t} = \beta E_t \left(\frac{\gamma \theta Y_{t+1}}{C_{t+1} K_{t+1}} \right) \tag{6.21}$$

由于资本完全折旧 $K_{t+1} = I_t$，而且有等式 $Y_t = C_t + I_t$ 成立，因此式 (6.21) 写成：

$$\frac{I_t}{C_t} = \beta \gamma \theta + \beta \gamma \theta E_t \left(\frac{I_{t+1}}{C_{t+1}} \right) \tag{6.22}$$

采用横截性条件解得：

$$\frac{I_t}{C_t} = \frac{\beta \gamma \theta}{1 - \beta \gamma \theta} \tag{6.23}$$

因此有：

$$C_t = (1 - \beta \gamma \theta) Y_t \tag{6.24}$$

$$I_t = K_{t+1} = \beta \gamma \theta Y_t \tag{6.25}$$

货币的均衡条件为家庭的货币需求 M_t 等于当期的货币存量 $\mu_t M_{t-1}$，即：

$$M_t = \mu_t M_{t-1} \tag{6.26}$$

结合式 (6.15)、(6.18) 和 (6.26)，我们有：

$$\frac{M_t}{P_t C_t} = \omega + \beta E_t \left(\frac{M_{t+1}}{P_{t+1} C_{t+1}} \right) \tag{6.27}$$

解得：

$$\frac{M_t}{P_t C_t} = \frac{\omega}{1 - \beta} \tag{6.28}$$

结合 (6.28) 式和消费函数 (6.24) 式，我们可以得到真实货币水平的等式：

$$\frac{M_t}{P_t} = \frac{\omega(1 - \beta \gamma \theta)}{1 - \beta} Y_t \tag{6.29}$$

这个等式容易使人想起传统的"货币数量"等式。最后我们要确定劳动力数量 N_t。结合 (6.11)、(6.19) 式，我们有实际工资的表达式：

$$\frac{W_t}{P_t} = \theta(1-\gamma)\frac{Y_t}{N_t} \tag{6.30}$$

然后，由式(6.15)、(6.16)、(6.24)和(6.30)，我们可见 N_t 为常数 N：

$$NV'(N) = \frac{(1-\gamma)^2\theta^2}{(1-\gamma\theta)(1-\beta\gamma\theta)} \tag{6.31}$$

6.4　动态均衡的性质

现在我们讨论这个动态不完全竞争模型的一些性质。

6.4-1　真实变量与货币变量

首先，从前面定义动态均衡的等式可见，模型在某种程度上是"二分"的，因为核心的真实变量并不受货币变化的影响。③模型核心的动态过程由下列等式描述：

$$NV'(N) = \frac{(1-\gamma)^2\theta^2}{(1-\gamma\theta)(1-\beta\gamma\theta)} \tag{6.32}$$

$$Y_t = Z_t K_t^{\gamma} N^{1-\gamma} \tag{6.33}$$

$$\frac{W_t}{P_t} = \theta(1-\gamma)\frac{Y_t}{N} \tag{6.34}$$

$$C_t = (1-\beta\gamma\theta)Y_t \tag{6.35}$$

$$K_{t+1} = \beta\gamma\theta Y_t \tag{6.36}$$

名义工资和价格为：

$$W_t = \frac{\theta(1-\beta)(1-\gamma)}{\omega(1-\beta\gamma\theta)}\frac{M_t}{N} \tag{6.37}$$

$$P_t = \frac{1-\beta}{(1-\beta\gamma\theta)\omega}\frac{M_t}{Y_t} \tag{6.38}$$

我们进一步注意到当 $\theta=1$ 时，很容易得到瓦尔拉模型的情况。两者相比较,不完全竞争模型中的波动和相应的瓦尔拉模型中的波动十分相似。但是,这种相似性在引入名义刚性后就完全消失了,我们将在第 V 和第 VI 部分特别关注这一问题。

6.4-2 非充分就业和增长

不完全竞争的影响体现在很多方面。首先是对资本积累的影响,由式(6.25):

$$K_{t+1} = \beta\gamma\theta Y_t \tag{6.39}$$

我们看到比较强的市场力量,也就是较小的 θ,将减少产出对资本形成的贡献。由于这里的模型是"外生增长"模型,所以较低的资本积累率不会影响长期的经济增长。在第 8 章中,引入内生增长因素后,市场力量的改变就会影响到长期增长率。

其次,市场力量也影响就业的决定:

$$NV'(N) = \frac{(1-\gamma)^2\theta^2}{(1-\gamma\theta)(1-\beta\gamma\theta)} \tag{6.40}$$

如式(6.40)所示,就业水平与参数 θ 正相关。$\theta=1$ 对应于产品市场完全竞争的情况,而 $\theta<1$ 表示市场力量,市场力量与 θ 负相关。很明显,市场力量导致了非充分就业(这里并不涉及工人通过最大化其效用所选择的自愿失业)。

值得注意的是在这个模型中,谁的市场力量——企业的还是工人的——导致了非充分就业并不清楚,因为两种市场力量都与参数 θ 有关,并且当 $\theta=1$ 时又都消失了。可以像第 4 章和第 5 章那样,用将两种市场力量分开的模型作同样的分析。[④]

6.5 结论

在本章中我们构建了一个基准模型,引入了货币和货币冲击以及产品市场和劳动市场的不完全竞争,拓展了传统的"真实"瓦尔拉模型。我们看到模型对不完全竞争经济中的技术和货币冲击的反应与瓦尔拉经济中的十分相似。我们还看到市场力量对就业和资本积累率均有很大的影响。

读完本章可能读者会有所失望,因为虽然我们发现存在非充分就业,但就业水平却在整个周期中保持不变。这明显是由于一些简化的假设所致。在下一章中,我们将看到,通过改变一个假设,可以得到一个可变的和持久的非充分就业水平。

6.6 参考文献

本章的模型基于文献 Bénassy(1996)。早期不完全竞争的校准的动态模型可见文献 Danthine 和 Donaldson(1990,1992),Devereux、Head 和 Lapham(1993),Hairault 和 Portier(1993),Hornstein(1993),及 Rotemberg 和 Woodford(1992)。这种动态不完全竞争经济的其他方面在文献 Silvestre(1995)中进行了考察。

注　释

① 当然,这是对数值模拟的补充,而非替代。
② 使用更一般的对数线性折旧生产函数的模型也可以求解(见第9章后的附录,采用了类似的模型)。
③ 当然,货币冲击对真实变量完全没有影响是由于这个特定的模型导致的,尤其是货币的效用和"Lucas"货币冲击。通常在标准的瓦尔拉动态货币模型中,这些影响在数量上并不重要。
④ 例如可以参见文献 Bénassy(1996),采用了与本章类似的模型,但劳动市场的模型与第4章的相同。

7

失业持久性

7.1 引言

在前一章中我们看到在一个完全可计算的经济周期模型中可以引入货币和不完全竞争。在不完全竞争中一个特别的结果是动态均衡显示出无效率的非充分就业。但就业水平在整个周期中却保持不变。这显然与事实不相吻合,在现实中我们经常看到的是冲击的持久性所导致的失业的大幅波动和持久性,或者产出对均衡水平持久性的偏离。

本章的目的是想说明在一个不完全竞争的模型中实际上是可以得到这些缺失的特性的。更准确地,将资本—劳动有限的互补性和劳动市场的不完全竞争相结合可以推导出持久性失业。

劳动市场的不完全竞争通常建立在每个企业的工资是由"垄断性工会"制定这一假设之上。资本—劳动之间的互补性意味着二者之间的替代弹性小于 1。造成"资本短缺"循环出现的机制可以从直觉上理解为:在有限的资本—劳动替代性和"垄断性工会"制定工资时,资本不足导致低水平的就业。低水平的资本和这种低水平的就业导致了低产出和低积累,由此在下一期依然是低资本和低就业。这一机制使所有的变量产生了持久性，包括失业。

本章模型的一个重要特征是：虽然最大化问题是随机的和非线性的，我们仍可以像上一章一样对家庭、企业和工会的行为推导出闭式解。这样的分析及其结果都要比单纯的数值校准模型更加清晰。

7.2 模型

我们考虑一个包含企业和寿命为随机的家庭的动态迭代模型。经济体是代表性企业和家庭的连续集合。

7.2-1 企业

生产部门有两类企业组成。最终产品由竞争性企业生产，生产函数为：

$$Y_t = \left(\int_1^1 Y_{jt}^\theta \, \mathrm{d}j \right)^{1/\theta}, \ 0 < \theta < 1 \tag{7.1}$$

中间品由企业生产，用 j 表示企业，$j \in [0, 1]$。j 企业的生产函数为：

$$Y_{jt} = Z_t F(K_{jt}, N_{jt}) \tag{7.2}$$

其中 Y_{jt} 是中间品，K_{jt} 是 t 期企业拥有的资本，N_{jt} 是雇用的劳动力数量，Z_t 是共同面对的技术冲击。我们采用一个替代弹性不变的生产函数：

$$Y_{jt} = Z_t (\alpha K_{jt}^\chi + b N_{jt}^\chi)^{1/\chi} \tag{7.3}$$

替代弹性不变且等于 σ，此处：

$$\sigma = \frac{1}{1 - \chi} \tag{7.4}$$

如上所述，我们假设资本和劳动之间为有限的替代性，更准确地说，$\sigma < 1$，因而有 $\chi < 0$。资本折旧率为 δ，因此总资本的形成过程为：

$$K_{t+1} = (1 - \delta) K_t + I_t \tag{7.5}$$

尽管我们希望聚焦于劳动力市场的不完全竞争，但我们仍然假设中间品

企业 j 在所有市场上的行为是竞争性的。事实上，将企业 j 假设为垄断者并制定相应的价格 P_{jt} 意义并不大。

7.2-2 家庭

我们用 Huffman(1993)寿命为随机的家庭模型。存在一个连续的家庭集合。t 时期所有生存着的家庭的偏好用效用函数表示为：

$$E_t\Big[\sum_{s=t}^{\infty}\beta^{s-t}\log C_s\Big],\ 0<\beta<1 \tag{7.6}$$

假设人口为常数并标准化为 1。在每一期所有生存着的家庭有一个均匀分布的死亡概率 ϕ，因此每一期有 ϕ 个家庭消失并有 ϕ 个新的家庭进入经济体。新进入的家庭在其生命的第一期拥有固定数量的劳动，劳动的供给无弹性。用 N_0 表示劳动力的总供给。家庭在生命的第一期获得劳动收入，然后以资本的形式储蓄以供未来消费。我们假设家庭在每一期开始时知道是否能活到下一期，因而只有"幸存者"才能真正地储蓄并将资本带到下一期。

7.2-3 工会

每一期在部门 j 工作的家庭组成工会，工会的目标是使部门内代表性工人的期望效用最大化。这是一种传统的"垄断性"工会，单方面制定工资，企业只有选择雇用人数的权利。由于劳动不产生负效用，而且消费的效用为对数形式，所以工会自然要使 t 期真实劳动收入的对数值的期望最大，也就是使 $\log(W_{jt}N_{jt}/P_t)$ 的期望值最大。

7.3 求解

首先通过下面的命题描述家庭的总消费和积累行为：

命题 7.1 家庭的总消费和积累行为由下式给出：

$$K_{t+1}=\frac{\beta(1-\phi)}{1+\beta\phi}[Y_t+(1-\delta)K_t] \tag{7.7}$$

$$C_t = \frac{1-\beta+2\beta\phi}{1+\beta\phi}[Y_t + (1-\delta)K_t] \qquad (7.8)$$

证明 考虑 t 期的家庭和其后的时期 $s \geq t$。每期的死亡概率为 ϕ,这个家庭在 s 期依然存活的概率为 $(1-\phi)^{s-t}$,则表明至少还能存活一期,如果这个家庭在 s 期依然存活的概率为 $\phi(1-\phi)^{s-t-1}$,则表明它随后将死亡。

因此,期望效用(7.6)式的最大化问题相当于(对一个存活着的家庭而言)求解下面的规划:

$$\max E_t\left[\sum_{s=t}^{\infty}\beta^{s-t}(1-\phi)^{s-t}\log c_s + \sum_{s=t+1}^{\infty}\beta^{s-t}\phi(1-\phi)^{s-t-1}\log c_s'\right]$$

$$\text{s.t. } c_s + i_s = \kappa_s i_{s-1}, \ s \geq t$$

$$c_s' = \kappa_s i_{s-1}, \ s \geq t+1$$

其中 κ_s 是前一期投资 i_{s-1} 在 s 期的实际回报率,c_s 是 s 期存活家庭的消费,c_s' 是在期末将要消失的家庭的消费。[①] 根据这个动态规划的一阶条件可得:

$$\frac{i_s}{c_s} = \beta\phi + \beta(1-\phi)E_s\left(\frac{c_{s+1}+i_{s+1}}{c_{s+1}}\right) \qquad (7.9)$$

可以解得在所有各期消费投资比率为常数:

$$\frac{i_s}{c_s} = \frac{\beta}{1-\beta+\beta\phi}, \ s \geq t \qquad (7.10)$$

这意味着“存活者”将其实际收入的 $\beta/(1+\beta\phi)$ 部分用于投资。这些存活者在人口中的比重为 $1-\phi$。因为 ϕ 部分的家庭将要消失而没有任何投资,所以总的投资倾向为 $\beta(1-\phi)/(1+\beta\phi)$。

由于每一期的资本折旧率为 δ,因此总收入就等于 $Y_t+(1-\delta)K_t$(工资加利润加未折旧资本),再乘以投资倾向,得到(7.7)式。∎

下面讨论就业的决定。它可以由下面的命题描述:

命题 7.2 经济中的就业水平由下式决定:

$$N_t = \min(\mu K_t, N_0) \qquad (7.11)$$

其中

$$\mu = \left[\frac{\chi(1-\theta)\alpha}{\theta(\chi-1)b}\right]^{1/\chi} \tag{7.12}$$

证明　我们从最终产品的生产企业开始。因为它们是竞争性的，所以中间品 j 的价格 P_{jt} 可以表示为：

$$\frac{P_{jt}}{P_t} = \frac{\partial Y_t}{\partial Y_{jt}} \tag{7.13}$$

立刻可以得到对应于产出水平 Y_t 的中间产品 j 的需求为：

$$Y_{jt} = Y_t\left(\frac{P_{jt}}{P_t}\right)^{-1/(1-\theta)} \tag{7.14}$$

而且，由于产出品产业的竞争性，产出价格 P_t 等于与生产函数(7.1)式相对应的成本指数，即：

$$P_t = \left(\int_0^1 P_{jt}^{-\theta/(1-\theta)}\,\mathrm{d}j\right)^{-(1-\theta)/\theta} \tag{7.15}$$

我们再来考虑中间品企业。竞争性企业 j 最大化其利润：

$$\Pi_{jt} = P_{jt}Y_{jt} - R_t K_{jt} - W_{jt}N_{jt} \tag{7.16}$$

约束条件为生产函数(7.3)式。为了简便地刻画解的性质，定义与不变替代弹性生产函数(7.3)式相应的成本指数 ζ_{jt}：

$$\zeta_{jt} = \frac{1}{Z_t}\left[\alpha^{1/(1-\chi)}R_t^{-\chi/(1-\chi)} + b^{1/(1-\chi)}W_{jt}^{-\chi/(1-\chi)}\right]^{-(1-\chi)/\chi} \tag{7.17}$$

竞争性利润的最大化得到通常的公式：

$$P_{jt} = \zeta_{jt} \tag{7.18}$$

$$N_{jt} = \left(\frac{b\zeta_{jt}Z_t^{\chi}}{W_{jt}}\right)^{1/(1-\chi)}Y_{jt} \tag{7.19}$$

$$K_{jt} = \left(\frac{\alpha\zeta_{jt}Z_t^{\chi}}{R_t}\right)^{1/(1-\chi)}Y_{jt} \tag{7.20}$$

最后考虑企业 j 中的工会。如上所述，它的目标是最大化 $\log(W_{jt}N_{jt}/P_t)$。结合等式(7.14)、(7.18)和(7.19)，我们获得：

$$\frac{W_{jt}N_{jt}}{P_t} = \frac{W_{jt}Y_t}{P_t}\left(\frac{b\zeta_{jt}Z_t^{\chi}}{W_{jt}}\right)^{1/(1-\chi)}\left(\frac{P_t}{\zeta_{jt}}\right)^{1/(1-\theta)} \qquad (7.21)$$

我们注意到随机项 Z_t 以乘数的形式进入，工会选择工资 W_{jt} 以最大化下列确定性数量：

$$W_{jt}\left(\frac{1}{\zeta_{jt}}\right)^{1/(1-\theta)}\left(\frac{\zeta_{jt}}{W_{jt}}\right)^{1/(1-\chi)} = \left[W_{jt}^{-\chi}\zeta_{jt}^{(\chi-\theta)/(1-\theta)}\right]^{1/1-\chi} \qquad (7.22)$$

利用(7.17)式，我们得到以对数形式表示的常数：

$$\frac{(\chi-\theta)(\chi-1)}{\chi(1-\theta)}\log\left[\alpha^{1/(1-\chi)}R_t^{\chi/(1-\chi)} + b^{1/(1-\chi)}W_{jt}^{\chi/(1-\chi)}\right] - \chi\log W_{jt}$$

$$(7.23)$$

由(7.23)式对 W_{jt} 求导，得到一阶条件：

$$\frac{b^{1/(1-\chi)}R_t^{\chi/(1-\chi)}}{\alpha^{1/(1-\chi)}W_{jt}^{\chi/(1-\chi)}} = \frac{\chi(1-\theta)}{\theta(\chi-1)} \qquad (7.24)$$

但从(7.19)和(7.20)式我们已经有：

$$\frac{N_{jt}}{K_{jt}} = \left(\frac{bR_t}{\alpha W_{jt}}\right)^{1/(1-\chi)} \qquad (7.25)$$

因此，结合(7.24)和(7.25)式我们有：

$$\frac{N_{jt}}{K_{jt}} = \left(\frac{\chi(1-\theta)\alpha}{\theta(\chi-1)b}\right)^{1/\chi} = \mu \qquad (7.26)$$

上述推导隐含的假设 N_{jt} 具有内解。事实上，企业雇用的人数不可能超过劳动力供给 N_0。因此，企业 j 的就业水平最终由下式决定：

$$N_{jt} = \min(\mu K_{jt},\ N_0) \qquad (7.27)$$

由于各部门是对称的，所以加总式(7.27)就可以得到全部的就业水平(7.11)式。

条件(7.11)式表明，当资本"太少"，K_t 小于 N_0/μ 时，工会将自动选择一个工资水平，这个较高的工资水平会产生失业。他们选择失业的理由从直觉上看是因为资本和劳动之间的有限替代性，要获得充分就业他们就必须将工资大幅下降。对工会来说更愿意少数工人受雇而得到高得多的工资。

7.4 两个区域：动态性和持久性

模型的动态性可以由等式(7.1)、(7.2)、(7.7)和(7.11)加以概括：

$$N_t = \min(\mu K_t, N_0) \qquad (7.28)$$

$$Y_t = Z_t F(K_t, N_t) \qquad (7.29)$$

$$K_{t+1} = \frac{\beta(1-\phi)}{1+\beta\phi}[Y_t + (1-\delta)K_t] \qquad (7.30)$$

其中

$$F(K_t, N_t) = (\alpha K_t^\chi + b N_t^\chi)^{1/\chi} \qquad (7.31)$$

变量 K_t、N_t 和 Y_t 根据非线性随机动态方程系统进行演变。为从直觉上把握这一点，我们绘制了技术参数为常数 Z 的资本演变图(资本为状态变量)，图 7.1 为 $Z=1$ 的情形。

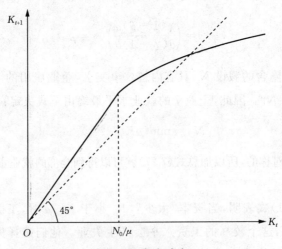

图 7.1　资本动态

等式(7.28)告诉我们动态过程包含两个性质截然不同的区域。第一个区域对应于充分就业的情况($N_t = N_0$)，模型表现为瓦尔拉情形，不仅没有失业而且产出的持久性也很小，下面的模拟可以看到这一点。在有失业的区域中($N_t = \mu K_t < N_0$)，情况大相径庭。事实上，将上述三个等式结合，我们得到：

$$K_{t+1} = \frac{\beta(1-\phi)}{1+\beta\phi}[1-\delta + Z_t F(1,\mu)]K_t \tag{7.32}$$

$$N_t = \mu K_t \tag{7.33}$$

令 k_t、n_t 和 z_t 为 K_t、N_t 和 Z_t 的对数形式。对第一个等式在 $z_t = 0$ 作对数线性化，我们得到关于 k_t 和 n_t 的动态方程：

$$k_{t+1} = k_t + \psi z_t + \xi \tag{7.34}$$

$$n_t = k_t + \log\mu \tag{7.35}$$

其中

$$\psi = \frac{F(1,\mu)}{1-\delta + F(1,\mu)} \tag{7.36}$$

$$\xi = \log\left[\frac{\beta(1-\phi)}{1+\beta\phi}\right] + \log[1-\delta + F(1,\mu)] \tag{7.37}$$

$$F(1,\mu) = \left[\frac{\alpha(\chi-\theta)}{\theta(\chi-1)}\right]^{1/\chi} \tag{7.38}$$

从中我们看到很强的持久性。实际上，如果 z_t 为白噪声，那么 k_t 和 n_t 就服从随机游走而徘徊不前！

当然，系统会从一个区域变到另一个区域，而且动态过程可能会是"瓦尔拉"和"失业"动态的混合情形。上述的计算表明当冲击强大到足以将经济引入失业区域[2]，就可以观察到比瓦尔拉经济中强得多的持久性。由于是非线性的，所以无法得到解析解，我们将用一个简单的模型进行模拟。

7.5 数值模拟

我们模拟简单的自回归技术冲击的动态效应，其形式为：

$$z_t = \rho z_{t-1} + \varepsilon_t \tag{7.39}$$

其中变量 ε_t 为独立同分布。这个模型不需"校准"或估计，因此所得的结果只是显示由等式(7.34)和(7.35)得到的关于持久性的直觉实际上可以用数值实验得到支持。[3]

7.5-1 响应函数

第一个练习是研究冲击的响应函数，也就是对 ε_t 一次冲击的动态反应。以产出为例，这种产出的响应函数描述为图 7.2，对应于完全折旧($\delta=1$)和自回归冲击($p=0.5$)的情况。图中有两点很清楚(上面的曲线对应于正的冲击，下面的对应于相同幅度的负的冲击)：

首先，很显然的是正冲击和负冲击的非对称性：由于失业的产生，负冲击比正冲击有"更强"的效应。其次，当负冲击相当大时，我们观察到某种程度的"持久性"，因为失业在缓慢的下降。结果是，产出回归稳态要比完全就业的情况迟缓。

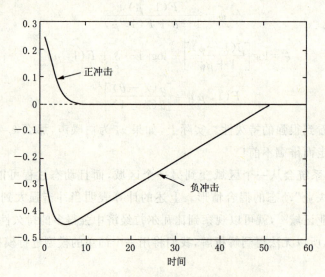

图 7.2 产出对技术冲击的反应函数

7.5-2 波动和持久性

为显示这种不完全竞争模型会产生失业和其他变量的真实持久性(即统计上的持久性)的潜在可能，我们模拟了不可能出现资本(也即是失业)持久性的情况,假设资本在一期内完全折旧($\delta=1$)。 当等式(7.35)依然成立时,对数线性近似(7.34)式,可以**确定**地写成:

$$k_{t+1} = k_t + z_t + \xi \tag{7.40}$$

不同的模拟结果列于图7.3、图7.4和图7.5中。这些模拟告诉了我们一些重要的事情。

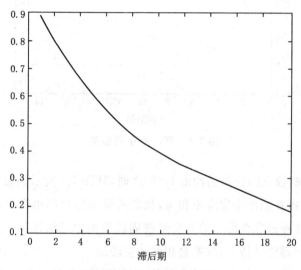

图7.3 失业的序列相关

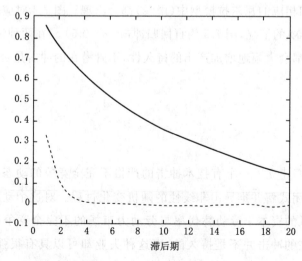

图7.4 产出的序列相关

113

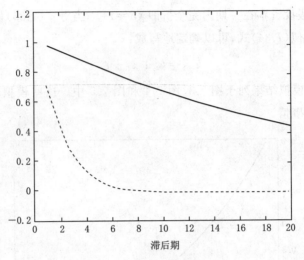

图 7.5 产出的序列相关

首先,面临独立同分布的冲击($\rho = 0$)时,从图 7.3 所示的失业的自相关可见,即使是潜在的冲击完全不相关,我们所研究的机制也产生了很强的失业持久性。这种情况在传统的真实经济周期模型中无法得到。其他模拟显示随着冲击变得更加持久,这些自相关还会增加。

图 7.4 和图 7.5 显示产出的自相关(对数形式)在不完全竞争模型中(图中的实线)和相应的瓦尔拉模型中(虚线)都会出现。图 7.4 对应于独立同分布冲击($\rho = 0$)的情况,图 7.5 为自回归冲击($\rho = 0.5$)。在两种情况下,引入不完全竞争都会大幅地增加产出的持久性,不管潜在的冲击是否相关。

7.6 结论

本章我们建立了一个有技术冲击的严格不完全竞争的动态模型。我们得到了一个闭式解并推导出非线性的随机变化过程。对这个动态系统的研究表明,较低的资本—劳动替代率与劳动力市场的不完全竞争可以产生失业,即使潜在的冲击并不是持久的,而这种失业却可以具有很强的持久性。类似地,产出的持久性要比在相应的瓦尔拉经济中的强得多。最后由于存在两个不同的区域,系统显示出有趣的非对称性。

7.7 参考文献

本章基于文献 Bénassy(1997a)。资本积累不足和劳动力市场的不完全竞争可能是高失业和持久性失业的原因,尤其在欧洲,关于这一观点可参见文献 Burda(1988)。不同的学者以不同的形式研究了类似的观点(Bean,1989;Hénin and Jobert,1993;Sneessens,1987;Van de Klundert and Von Schaik,1990)。Drèze 和 Bean(1990)进行了大量的国别研究,特别地,想要断定资本短缺对近期欧洲失业的影响。

注 释

① 注意:如果 t 是家庭寿命的第一期,那么第一个约束条件右边应该改为 $s=t$ 时的劳动收入,因为在第一期他们仅工作而没有资本。简明起见,我们省略了这个约束,因为它并不影响结果。

② 注意这要求冲击具有某种最小的振幅,因为在没有冲击时,长期均衡将在瓦尔拉体系内(见图 7.1)。

③ 模拟采用如下的参数值:$\delta=1$,$\chi=-2$,$\theta=0.25$,$\xi=0.01$,$b/a=2$。特别地,这些参数值使得劳动收入与总收入的比率为 2/3,这是一个传统的取值。另外,$\mu=1$,也是常用的标准化方法。

8

内生增长

8.1 引言

第 6 章向大家展示了如何将不完全竞争融入标准的动态随机一般均衡模型,并在第 7 章中用该模型得到了持久性的失业与产出变动。这些模型是"随机外生增长"模型,也就是说要素的利用水平受到不完全竞争的影响,而平均增长则不受影响。

我们现在将说明不完全竞争能够同时影响要素利用水平与增长率。几位学者已经研究了不完全竞争与增长之间的关系,尤其是通过技术进步的影响。例如,Romer(1990)发现了竞争的副作用,缺少竞争为创新者提供了更多的租金并诱使他们更多地投资于研究领域,研究直接促进了技术进步。与之相反,Young(1998)发现了竞争对技术进步的正向影响,这是因为在更多竞争的情况下,成功的创新者可以占领更大的市场份额,获得更多的利润。

这里我们将追求一个互补性的目标:我们假定基础科学的进步是给定的,并追问在技术进步是给定的时候,仅仅引入不完全竞争本身是否对增长有影响。我们将看到它确实是有影响的。

8.2 模型

这个模型类似于 Lucas(1988) 的模型，只是这里引入了不完全竞争。有两种积累性产品：物质资本与人力资本。t 期的物质资本存量为 K_t，人力资本存量为 H_t。

产出 Y_t 与"人力资本产品" X_t 的生产函数是：

$$Y_t = \left(\int_0^1 Y_{jt}^\theta \mathrm{d}j \right)^{1/\theta} \tag{8.1}$$

$$X_t = \left(\int_0^1 X_{it}^\theta \mathrm{d}i \right)^{1/\theta} \tag{8.2}$$

这里 Y_{jt} 与 X_{it} 是中间品。中间品 Y_{jt}，$j \in [0, 1]$，是由物质资本与人力资本生产的：

$$Y_{jt} = Z_t K_{jt}^\gamma H_{jt}^{1-\gamma} \tag{8.3}$$

类似地，对于 X_{it}，$i \in [0,1]$[①]，

$$X_{it} = A_t K_{it}^\gamma H_{it}^{1-\gamma} \tag{8.4}$$

产出 Y_t 由消费 C_t 与投资 I_t 组成，而人力资本产品 X_t 仅能用来增加人力资本的存量。为了计算的简洁，我们假定物质资本每一期完全折旧，即：

$$K_{t+1} = I_t \tag{8.5}$$

类似地，对于人力资本有：

$$H_{t+1} = X_t \tag{8.6}$$

(8.6)式代表了与以前模型的根本性不同，因为在这里，各期可用的劳动并不取决于外生给定的禀赋，而是取决于人力资本的自愿积累。

家庭最大化它们预期效用的跨期折现：

$$\sum_t \beta^t \left[\log C_t + \omega \log \left(\frac{M_t}{P_t} \right) \right] \tag{8.7}$$

受到预算约束：

$$C_t + I_t + \frac{M_t}{P_t} + \frac{Q_t H_{t+1}}{P_t} = \frac{R_t K_t}{P_t} + \frac{W_t H_t}{P_t} + \frac{\mu_t M_{t-1}}{P_t} + \frac{\Pi_t}{P_t} \quad (8.8)$$

这里 K_t 与 H_t 是积累的物质资本与人力资本，Q_t 是人力资本的购买价格，R_t 是物质资本的货币收益，Π_t 是名义利润。为了保持模型的简洁，我们假定劳动市场是竞争性的。

8.3 动态均衡

前面模型的动态均衡可以通过以下的命题得到刻画，这些命题将在下一节证明：

命题 8.1 均衡数量由下面的关系决定：

$$\frac{K_{jt}}{K_t} = \frac{H_{jt}}{H_t} = 1 - \beta\theta + \beta\gamma\theta \quad (8.9)$$

$$\frac{K_{it}}{K_t} = \frac{H_{it}}{H_t} = \beta\theta(1-\gamma) \quad (8.10)$$

$$C_t = \frac{1-\beta\theta}{1-\beta\theta+\beta\gamma\theta} Y_t \quad (8.11)$$

$$K_{t+1} = \frac{\beta\gamma\theta}{1-\beta\theta+\beta\gamma\theta} Y_t \quad (8.12)$$

我们看到参数 θ 刻画了不同中间品可替代的程度，因而也代表了不完全竞争的程度，它影响了总体的投资率与投入到每个可积累要素的资源数量。

8.4 求解

8.4-1 最终产出厂商

以 P_{jt} 代表中间品 j 的价格。因为产出的生产厂商是竞争性的，在产出 Y_t 下中间品 j 的需求为：

$$Y_{jt} = Y_t \left(\frac{P_{jt}}{P_t}\right)^{-1/(1-\theta)} \tag{8.13}$$

产出的价格 P_t 等于与生产函数(8.1)式相联系的成本指标:

$$P_t = \left(\int_0^1 P_{jt}^{-\theta/(1-\theta)} \, \mathrm{d}j\right)^{-(1-\theta)/\theta} \tag{8.14}$$

对称地,对于生产人力资本的部门有:

$$X_{it} = X_t \left(\frac{Q_{it}}{Q_t}\right)^{-1/(1-\theta)} \tag{8.15}$$

其中 Q_{it} 是中间品 i 的价格,并有:

$$Q_t = \left(\int_0^1 Q_{it}^{-\theta/(1-\theta)} \, \mathrm{d}i\right)^{-(1-\theta)/\theta} \tag{8.16}$$

8.4-2　中间投入厂商

中间品厂商 j 根据生产函数(8.3)式与中间品投入 j 的需求函数((8.13)式)最大化利润 $\Pi_{jt} = P_{jt}Y_{jt} - R_t K_{jt} - W_t H_{jt}$。一阶条件可以写成下面的形式,这样可以使收入分布变得非常清楚:

$$W_t H_{jt} = (1 - \gamma)\theta P_{jt} Y_{jt} \tag{8.17}$$

$$R_t K_{jt} = \gamma\theta P_{jt} Y_{jt} \tag{8.18}$$

下面我们需要投资收益率 R_t 与工资 W_t 的简单表达式。让我们首先定义几个加总的含义:

$$K_{Yt} = \int_0^1 K_{jt} \, \mathrm{d}j, \ K_{Xt} = \int_0^1 K_{it} \, \mathrm{d}i, \ K_t = K_{Yt} + K_{Xt} \tag{8.19}$$

$$H_{Yt} = \int_0^1 H_{jt} \, \mathrm{d}j, \ H_{Xt} = \int_0^1 H_{it} \, \mathrm{d}i, \ H_t = H_{Yt} + H_{Xt} \tag{8.20}$$

从(8.18)式我们发现资本的名义收益等于:

$$R_t = \frac{\gamma\theta P_{jt} Y_{jt}}{K_{jt}} = \frac{\gamma\theta \int P_{jt} Y_{jt}}{\int K_{jt}} = \frac{\gamma\theta P_t Y_t}{K_{Yt}} \tag{8.21}$$

类似地，由（8.17）式，我们得到名义工资：

$$W_t = \frac{(1-\gamma)\theta P_{jt}Y_{jt}}{H_{jt}} = \frac{(1-\gamma)\theta\int P_{jt}Y_{jt}}{\int H_{jt}} = \frac{(1-\gamma)\theta P_t Y_t}{H_{Yt}} \quad (8.22)$$

现在让我们对生产人力资本中间品的厂商 i 进行同样的计算：

$$W_t H_{it} = (1-\gamma)\theta Q_{it} X_{it} \quad (8.23)$$

$$R_t K_{it} = \gamma\theta Q_{it} X_{it} \quad (8.24)$$

$$R_t = \frac{\gamma\theta Q_{it} X_{it}}{K_{it}} = \frac{\gamma\theta\int Q_{it} X_{it}}{\int K_{it}} = \frac{\gamma\theta Q_t X_t}{K_{Xt}} \quad (8.25)$$

$$W_t = \frac{(1-\gamma)\theta Q_{it} X_{it}}{H_{it}} = \frac{(1-\gamma)\theta\int Q_{it} X_{it}}{\int H_{it}} = \frac{(1-\gamma)\theta Q_t X_t}{H_{Xt}} \quad (8.26)$$

结合（8.21）与（8.25）、（8.22）与（8.26）式，我们得到资本收益率 R_t 与工资 W_t 的表达式：

$$R_t = \frac{\gamma\theta P_t Y_t}{K_{Yt}} = \frac{\gamma\theta Q_t X_t}{K_{Xt}} = \frac{\gamma\theta(P_t Y_t + Q_t X_t)}{K_t} \quad (8.27)$$

$$W_t = \frac{(1-\gamma)\theta P_t Y_t}{H_{Yt}} = \frac{(1-\gamma)\theta Q_t X_t}{H_{Xt}}$$

$$= \frac{(1-\gamma)\theta(P_t Y_t + Q_t X_t)}{H_t} \quad (8.28)$$

我们从（8.27）与（8.28）式中看到，在其他情况一样时，不完全竞争（以较低的 θ 代表）将减少两种要素的报酬。在下面我们将看到低报酬率导致了要素积累率的下降。

8.4-3 家庭

家庭的规划（因为一切都是对称的，所以我们省略了所有的下标）就是在跨期预算约束（8.8）式下求解简单的预期效用（8.7）式的最大化：

$$\max \sum_t \beta^t \left[\log C_t + \omega \log \left(\frac{M_t}{P_t} \right) \right] \text{ s.t.}$$

$$C_t + \frac{M_t}{P_t} + K_{t+1} + \frac{Q_t}{P_t} H_{t+1} = \frac{R_t K_t}{P_t} + \frac{W_t H_t}{P_t} + \frac{\mu_t M_{t-1}}{P_t} + \frac{\Pi_t}{P_t}$$

这个规划的一阶条件是：

$$\frac{1}{C_t} = \beta E_t \left(\frac{R_{t+1}}{P_{t+1} C_{t+1}} \right) \tag{8.29}$$

$$\frac{Q_t}{P_t C_t} = \beta E_t \left(\frac{W_{t+1}}{P_{t+1} C_{t+1}} \right) \tag{8.30}$$

$$\frac{1}{P_t C_t} = \frac{\omega}{M_t} + \beta E_t \left(\frac{\mu_{t+1}}{P_{t+1} C_{t+1}} \right) \tag{8.31}$$

8.4-4 动态均衡

因为 $\mu_{t+1} = M_{t+1} / M_t$，由（8.31）式得到：

$$\frac{M_t}{P_t C_t} = \omega + \beta E_t \left(\frac{M_{t+1}}{P_{t+1} C_{t+1}} \right) \tag{8.32}$$

解得：

$$\frac{M_t}{P_t C_t} = \frac{\omega}{1 - \beta} \tag{8.33}$$

现在我们结合（8.29）、（8.30）式与 R_t 和 W_t 的表达式（8.27）、（8.28），并使用（8.5）、（8.6）式，发现：

$$\frac{I_t}{C_t} = \beta \gamma \theta E_t \left(\frac{P_{t+1} Y_{t+1} + Q_{t+1} X_{t+1}}{P_{t+1} C_{t+1}} \right) \tag{8.34}$$

$$\frac{Q_t X_t}{P_t C_t} = (1 - \gamma) \beta \theta E_t \left(\frac{P_{t+1} Y_{t+1} + Q_{t+1} X_{t+1}}{P_{t+1} C_{t+1}} \right) \tag{8.35}$$

加总上面两式，我们得到：

$$\frac{P_t I_t + Q_t X_t}{P_t C_t} = \beta \theta E_t \left(\frac{P_{t+1} Y_{t+1} + Q_{t+1} X_{t+1}}{P_{t+1} C_{t+1}} \right) \tag{8.36}$$

由上式与 $Y_t = C_t + I_t$，解得：

$$\frac{P_t I_t + Q_t X_t}{P_t C_t} = \frac{\beta\theta}{1-\beta\theta} \tag{8.37}$$

(8.37)式告诉我们的是，投资的总价值（物质资本与人力资本）等于 $\beta\theta$ 乘以总收入的价值：

$$P_t I_t + Q_t X_t = \beta\theta(P_t Y_t + Q_t X_t) \tag{8.38}$$

由(8.27)与(8.28)式可知，一个低的 θ 会降低收益率，从而导致了低要素积累率。让我们把(8.37)式代回(8.34)式，得到：

$$\frac{I_t}{C_t} = \frac{\beta\gamma\theta}{1-\beta\theta} \tag{8.39}$$

结合(8.39)式与 $Y_t = C_t + I_t$，我们得到(8.11)与(8.12)式。从(8.37)与(8.39)式我们计算比率：

$$\frac{Q_t X_t}{P_t Y_t} = \frac{(1-\gamma)\beta\theta}{1-\beta\theta+\beta\gamma\theta} \tag{8.40}$$

从(8.27)与(8.28)式我们得到：

$$\frac{K_{Yt}}{K_t} = \frac{H_{Yt}}{H_t} = \frac{P_t Y_t}{P_t Y_t + Q_t X_t} \tag{8.41}$$

$$\frac{K_{Xt}}{K_t} = \frac{H_{Xt}}{H_t} = \frac{Q_t X_t}{P_t Y_t + Q_t X_t} \tag{8.42}$$

把(8.40)式代入(8.41)与(8.42)式，我们得到(8.9)与(8.10)式。

8.5 动态与增长率

在(8.9)与(8.12)式的帮助下，我们现在来研究模型的动态。首先把(8.9)与(8.10)式代入生产函数(8.1)到(8.4)式，得到物质产品与人力资本的当期生产：

$$Y_t = Z_t K_{Yt}^{\gamma} H_{Yt}^{1-\gamma} = [1-\beta\theta(1-\gamma) Z_t K_t^{\gamma} H_t^{1-\gamma}] \tag{8.43}$$

$$X_t = A_t K_{Xt}^{\gamma} H_{Xt}^{1-\gamma} = [\beta\theta(1-\gamma)] A_t K_t^{\gamma} H_t^{1-\gamma} \tag{8.44}$$

下面我们进行对数化:[2]

$$y_t = z_t + \gamma k_t + (1-\gamma)h_t + \log[1 - \beta\theta(1-\gamma)] \qquad (8.45)$$

$$x_t = \alpha_t + \gamma k_t + (1-\gamma)h_t + \log[\beta\theta(1-\gamma)] \qquad (8.46)$$

通过(8.12)式与等式 $h_{t+1} = x_t$,我们得到下一期积累要素的水平:

$$k_{t+1} = z_t + \gamma k_t + (1-\gamma)h_t + \log(\beta\gamma\theta) \qquad (8.47)$$

$$h_{t+1} = \alpha_t + \gamma k_t + (1-\gamma)h_t + \log[\beta\theta(1-\gamma)] \qquad (8.48)$$

由上两式我们可以得到两种要素的增长率:

$$k_{t+1} - k_t = z_t - (1-\gamma)(k_t - h_t) + \log(\beta\gamma\theta) \qquad (8.49)$$

$$h_{t+1} - h_t = \alpha_t + \gamma(k_t - h_t) + \log[\beta\theta(1-\gamma)] \qquad (8.50)$$

增长率当然是随机的,而且它们依赖于经济中要素的初始比率。但是如果我们考虑"组合要素" $\gamma k_t + (1-\gamma)h_t$ 就完全可以发现"内生增长"性质。我们确实发现:

$$\gamma k_{t+1} + (1-\gamma)h_{t+1} = \gamma k_t + (1-\gamma)h_t + \gamma z_t + (1-\gamma)\alpha_t$$
$$+ \gamma\log(\beta\gamma\theta) + (1-\gamma)\log[\beta\theta(1-\gamma)] \qquad (8.51)$$

如果 z_t 与 α_t 是不变的,由(8.51)式,物质资本与人力资本将以同样的速度(以对数形式)增长:

$$g = \gamma z + (1-\gamma)\alpha + \log\beta\theta + \gamma\log\gamma + (1-\gamma)\log(1-\gamma) \qquad (8.52)$$

我们看到,特别地, θ 越高(即经济的竞争性越强),增长率也越高。

8.6 结论

为了研究经济的竞争性如何影响经济增长率,我们在这一章考察一个不完全竞争的内生增长模型。技术进步率 A_t 与 Z_t 是外生给定的。我们发现经济的竞争性越弱,经济的增长率越低。

这个结论的直觉基础可以从命题(8.1)的证明中看到:从(8.27)与

(8.28)式中可以看到，当其他条件一样时，不完全竞争(低 θ)减少了物质资本与人力资本这两种积累要素的报酬。结果是家庭积累这些要素的激励会降低(在(8.38)式中，"边际投资倾向"与 θ 的大小成比例)。在内生增长模型中这很自然地导致低增长率。

8.7　参考文献

这一章将基本的具有两种积累要素的竞争性内生增长模型，比如文献 Lucas(1988)，扩展到了不完全竞争的框架之下。

这里技术进步是给定的。经济的竞争性对技术进步率本身的影响是一个悬而未决的问题，这一结论读者可以从许多研究结果的比较中得出，例如，文献 Aghion 和 Howitt(1998)，Grossman 和 Helpman(1991)，Romer(1990)或者 Young(1998)中所得到的不同结论。

注　释

① 为了表述的简单，我们假定式(8.3)与(8.4)的两个柯布-道格拉斯生产函数的指数是一样的。在附录中我们将给出具有不同指数的计算结果。

② 小写字母表示对应大写字母所代表变量的对数形式。

附录　不同的生产函数

这里，我们一般化本章中物质产品与人力资本具有不同生产函数形式的模型。*与前面一样，物质中间品的生产函数为：

$$Y_{jt} = Z_t K_{jt}^{\gamma} H_{jt}^{1-\gamma} \tag{8.53}$$

---

* 我们也可以考察物质资本与人力资本中间品具有不同替代程度的情况，或者我们可以增加闲暇的效用，但是这样处理会使表达式变得非常复杂。

但是现在人力资本中间品的生产函数是：

$$X_{it} = A_t K_{it}^{\varphi} H_{it}^{1-\varphi} \tag{8.54}$$

我们不需要在这里给出求解均衡的详细过程与模型的动态性，因为它们本质上与本章正文中的推导过程是一致的。所以我们仅仅给出对应的结果。首先，命题(8.1)为下面的命题所代替：

命题 8.2　均衡数量由下面的关系决定

$$\frac{K_{jt}}{K_t} = \frac{\gamma(1-\beta\theta+\beta\varphi\theta)}{\gamma+\beta\theta(\varphi-\gamma)} \tag{8.55}$$

$$\frac{K_{it}}{K_t} = \frac{\varphi(1-\gamma)\beta\theta}{\gamma+\beta\theta(\varphi-\gamma)} \tag{8.56}$$

$$\frac{H_{jt}}{H_t} = 1-\beta\theta+\beta\varphi\theta \tag{8.57}$$

$$\frac{H_{it}}{H_t} = (1-\varphi)\beta\theta \tag{8.58}$$

$$K_{t+1} = I_t = \beta\theta\frac{\gamma+\beta\theta(\varphi-\gamma)}{1-\beta\theta+\beta\theta\varphi}Y_t \tag{8.59}$$

通过上面的式子，我们能够计算出每种积累要素的增长率：

$$\begin{aligned}
k_{t+1}-k_t = {}& z_t-(1-\gamma)(k_t-h_t)+\log\beta\theta+\gamma\log\gamma \\
& +(1-\gamma)\log[\gamma+\beta\theta(\varphi-\gamma)]
\end{aligned} \tag{8.60}$$

$$\begin{aligned}
h_{t+1}-h_t = {}& a_t+\varphi(k_t-h_t)+\log\beta\theta+(1-\varphi)\log(1-\varphi) \\
& +\varphi\log\frac{(1-\gamma)\varphi}{\gamma+\beta\theta(\varphi-\gamma)}
\end{aligned} \tag{8.61}$$

如果我们考虑组合要素 $\varphi k_t+(1-\gamma)h_t$ 的变化，可以再次以最好的形式显现内生增长：

$$\begin{aligned}
\varphi k_{t+1}+(1-\gamma)h_{t+1} = {}& \varphi k_t+(1-\gamma)h_t+\varphi z_t+(1-\gamma)a_t \\
& +(1-\gamma+\varphi)\log\beta\theta+\gamma\varphi\log\gamma \\
& +\varphi(1-\gamma)\log\varphi+\varphi(1-\gamma)\log(1-\gamma) \\
& +(1-\gamma)(1-\varphi)\log(1-\varphi)
\end{aligned} \tag{8.62}$$

如果 z_t 与 α_t 分别是常数 z 与 α，物质资本与人力资本将按照相同的速度增长（以对数形式）：

$$g = \log \beta\theta + \frac{\varphi z + (1-\gamma)a}{1-\gamma+\varphi}$$
$$+ \frac{\gamma\varphi\log\gamma + (1-\gamma)(1-\varphi)\log(1-\varphi) + \varphi(1-\gamma)\log[(1-\gamma)\varphi]}{1+\varphi-\gamma}$$

(8.63)

这是(8.52)式的一般形式。

第 V 部分

名义刚性与波动

工资粘性与就业波动

9.1 引言

至今为止,我们所讨论的动态一般均衡模型仅仅存在由不完全竞争所导致的"真实"刚性。这导致了模型的动态演化仅受到真实部门生产率冲击的影响,而货币冲击对其没有任何本质的影响。在这个部分的三章中,我们将引入名义刚性,读者将会发现总需求冲击也会对就业与产出的动态演变具有重要的影响。

试图建立需求冲击有重要作用的模型的理由有以下几条:首先,几项经验研究都显示需求冲击,尤其是货币冲击,对就业与产出都有显著与持续的影响。[①] 其次,在真实经济周期的文献中,最近许多作者都令人信服地说明,在有真实冲击与货币冲击的经济模型中引入对价格的考虑,尤其是工资刚性,显著地改善了这些真实周期模型对现实经济中的许多特征事实的拟合力。这些贡献一般来说都融入到了"校准"模型之中。在本章中,我们将像前面的各章一样,遵循互补性的研究路线,并且通过考察一个具有显式解的模型,向读者清楚地解释发生作用的经济机制。

当然,有众多方式来引入名义刚性。一个非常流行的方法是假定一定程度的预置价格或预置工资。在本章我们将沿用这种方法,并遵循 Gray (1976)开创的传统来设定对工资合同的假定,即假定在每一期期初而且是在不知道该期冲击的时候签订工资合同,当然这是在理性预期的基础之上。下一章我们将分析具有更加复杂的交错调整合同的模型。

首先,我们采用 McCallum(1989)的单部门模型,并从两个方向对它进行扩展:首先,我们在模型中引入货币,并仍然保持所有市场出清的假定。我们发现这个模型具有与传统的真实经济周期模型非常类似的性质,就如同我们在第 6 章通过不完全竞争的框架所展示的一样。

接下来,我们将在预置工资的假设下研究同样的货币经济模型,预置工资的假设对结果造成了很大的影响。尤其是,此时货币冲击会对就业与产出产生影响。

最后,我们将使用这些结果来解释一些价格、真实工资和通货膨胀的特征事实,并指出预置工资假设的引入缓解了标准的瓦尔拉经济周期模型所面临的实证问题,比如真实工资过高的顺周期性以及价格过高的逆周期性。模型的解析解将使产生这些改进的机制变得非常清晰。

在大多数的章节中我们使用预置工资等于瓦尔拉工资预期值的传统假设。在 9.6 节,我们将模型扩展为一个多部门模型,工资由工会的最优化行为决定。结果显示,除了固定期限的情况,所有前面得到的结论依然成立。

9.2　模型

我们来研究每一期 t 存在两个市场的货币经济:产品以货币度量的价格为 P_t,劳动以货币度量的价格为 W_t。经济中存在两类代表性行为人:厂商与家庭。厂商具有柯布-道格拉斯生产技术:

$$Y_t = Z_t K_t^\gamma N_t^{1-\gamma} \tag{9.1}$$

K_t 是资本投入,N_t 是劳动投入,Z_t 是一个随机的技术冲击。资本在一期内完全折旧,即:

$$K_{t+1} = I_t \qquad (9.2)$$

这里 I_t 是 t 期的投资。[②]

在 t 期,代表性家庭供给劳动 N_t,消费 C_t,并在每一期的结束持有数量为 M_t 的货币。最大化家庭未来预期效用的折现:

$$U = E_0 \sum_{t=0}^{\infty} \beta^t \left[\log C_t + \omega \log \frac{M_t}{P_t} - V(N_t) \right] \qquad (9.3)$$

其中 V 是一个凸函数。在每一期 t 的开始有一个乘法性随机货币冲击,我们用 μ_t 来表示。上一期的货币持有 M_{t-1} 乘以 μ_t,那么 t 期初的货币持有为 $\mu_t M_{t-1}$。t 期家庭的预算约束为:

$$C_t + \frac{M_t}{P_t} + I_t = \frac{W_t}{P_t} N_t + \kappa_t I_{t-1} + \frac{\mu_t M_{t-1}}{P_t} \qquad (9.4)$$

其中 κ_t 是 $t-1$ 期投资在 t 期的真实收益。

9.3 瓦尔拉区域

与传统的真实经济周期模型一样,我们先研究每期两个市场都出清的基准模型,并考察技术冲击与货币冲击是如何影响经济的。

9.3-1 求解模型

在每一期,厂商对劳动的需求是竞争性的。真实工资等于劳动的边际产出:

$$\frac{W_t}{P_t} = \frac{\partial Y_t}{\partial N_t} = (1-\gamma) \frac{Y_t}{N_t} \qquad (9.5)$$

同样,资本的报酬等于资本的边际产出:

$$\kappa_t = \frac{\partial Y_t}{\partial K_t} = \gamma \frac{Y_t}{K_t} \qquad (9.6)$$

代表性家庭在跨期预算约束(9.4)式下,最大化预期效用的折现(9.3)

式。$\beta^t\lambda_t$ 为 t 期真实财富所带来的边际效用（即对应预算约束(9.4)式的拉格朗日乘子）。求解消费者效用最大化的规划，得到一阶条件：

$$\frac{1}{C_t}=\lambda_t \tag{9.7}$$

$$V'(N_t)=\lambda_t\frac{W_t}{P_t} \tag{9.8}$$

$$\lambda_t=\beta E_t(\lambda_{t+1}\kappa_{t+1}) \tag{9.9}$$

$$\lambda_t=\frac{\omega P_t}{M_t}+\beta E_t\left(\lambda_{t+1}\frac{\mu_{t+1}P_t}{P_{t+1}}\right) \tag{9.10}$$

联立(9.7)、(9.9)式、条件 $Y_t=C_t+I_t$ 与 κ_t 的定义式(9.6)，我们得到：

$$\frac{I_t}{C_t}=\beta\gamma+\beta\gamma E_t\left(\frac{I_{t+1}}{C_{t+1}}\right) \tag{9.11}$$

解得：

$$\frac{I_t}{C_t}=\frac{\beta\gamma}{1-\beta\gamma} \tag{9.12}$$

因此，

$$C_t=(1-\beta\gamma)Y_t \tag{9.13}$$

$$I_t=K_{t+1}=\beta\gamma Y_t \tag{9.14}$$

货币市场的均衡条件是家庭的货币需求 M_t 等于初始的货币持有 $\mu_t M_{t-1}$：

$$M_t=\mu_t M_{t-1} \tag{9.15}$$

利用(9.7)、(9.15)式，一阶条件(9.10)式可以重新写为：

$$\frac{M_t}{P_t C_t}=\omega+\beta E_t\left(\frac{M_{t+1}}{P_{t+1}C_{t+1}}\right) \tag{9.16}$$

可以解出：

$$\frac{M_t}{P_t C_t}=\frac{\omega}{1-\beta} \tag{9.17}$$

联立(9.13)与(9.17)式,我们得到真实货币均衡:

$$\frac{M_t}{P_t} = \frac{\omega(1-\beta\gamma)}{1-\beta} Y_t = qY_t \tag{9.18}$$

最后,结合(9.8)式、真实工资的表达式(9.5)式与消费方程(9.13)式,我们发现 N_t 是一个常数 N,N 的大小由下式给出:

$$NV'(N) = \frac{1-\gamma}{1-\beta\gamma} \tag{9.19}$$

我们考虑下面一个特别的例子:

$$V(N_t) = \frac{\xi N_t^v}{v} \tag{9.20}$$

那么由(9.19)式得到劳动的瓦尔拉数量等于:

$$N = \left[\frac{1-\gamma}{\xi(1-\beta\gamma)}\right]^{1/v} \tag{9.21}$$

9.3-2 瓦尔拉动态

为了后面与预置工资下模型的动态进行比较,我们现在简要描述瓦尔拉经济的动态演化。我们首先从"真实"变量开始,它们的动态演化过程可以用下面的方程来刻画:

$$N_t = N \tag{9.22}$$

$$Y_t = Z_t K_t^\gamma N_t^{1-\gamma} \tag{9.23}$$

$$\frac{W_t}{P_t} = (1-\gamma)\frac{Y_t}{N_t} \tag{9.24}$$

$$K_{t+1} = \beta\gamma Y_t \tag{9.25}$$

马上我们就可以得到结论:虽然经济一直处在货币冲击之下,但真实变量的波动**只**能由真实冲击产生。实际上,真实变量的动态与无货币模型的动态是完全一致的。我们可以发现仅仅引入货币并不能使货币冲击具有必要的作用。③

联立等式(9.23)与(9.25)，我们可以得到以当期及过去技术冲击表示的产出，将其写为对数的形式：④

$$y_t = n + \frac{z_t}{1 - \gamma L} + \frac{\gamma \log \beta \gamma}{1 - \gamma} \qquad (9.26)$$

L 是"滞后算子"，我们把它定义为：

$$L^j(X_t) = X_{t-j} \qquad (9.27)$$

我们可以发现这里的传导机制与只有资本积累的"纯"真实经济完全一致。我们也可以计算出名义工资与名义价格：

$$w_t = m_t + \log(1 - \gamma) - \log q - n \qquad (9.28)$$

$$p_t = m_t - \frac{z_t}{1 - \gamma L} - \log q - n - \frac{\gamma \log \beta \gamma}{1 - \gamma} \qquad (9.29)$$

在(9.18)式中我们已经定义了 q。在这里，虽然我们并不进行任何实际上的校准工作，但是我们依然注意到一些困扰真实经济周期理论研究者的变量之间的相关性。

第一个问题在这个模型中，真实工资是强顺周期的。我们结合(9.22)与(9.24)式来描述这一结论：

$$\frac{W_t}{P_t} = \frac{(1 - \gamma)Y_t}{N} \qquad (9.30)$$

W_t/P_t 与 Y_t 的相关系数等于1。虽然在 N_t 发生变动的校准模型中这一联系要弱一些，但是它仍然要比现实中所观察到的联系要强得多。

第二个问题是关于价格的。比较(9.26)与(9.29)式，可以发现在模型中，不论技术冲击与货币冲击（我们假定两者是独立的）的相对规模如何，模型中的价格一直是逆周期的。在凯恩斯时代价格一直是顺周期的，但这个结论不再令人信服。不过经济学家接纳价格在有些时期是顺周期的，在有些时期是逆周期的观点。⑤很明显，这个瓦尔拉模型并不能再现现实中价格周期波动的多样性。

第三个问题是关于通货膨胀与产出之间的联系（这个问题与菲利普斯曲线的文献有关）。虽然，通常来说两者的关系都被描述为正向联系的，但是在绝大多数合理的生产冲击假设之下,前面的瓦尔拉模型却给出了两者的逆向关系。

现在我们来看工资合同,并来考察它如何缓解了上面的问题。

9.4　工资合同

假设工资并不是由瓦尔拉市场出清决定的,而是在每一期开始的时候预先决定的,家庭在这一合同工资下供给厂商所有的劳动需求(这样的工资合同最早由 Gray(1976)引入)。

至于预置工资的高低,我们假定合同的设定标准在于事前的市场出清(以对数的形式)。这样,合同工资被预置为等于瓦尔拉工资的预期值,按照(9.28)式,有:

$$w_t = E_{t-1} w_t^* = E_{t-1} m_t + \log(1-\gamma) - \log q - n \qquad (9.31)$$

$E_{t-1} m_t$ 表示在 t 期开始,冲击还没有发生时对 m_t 的预期。

9.4-1　求解模型

因为商品市场出清和厂商对劳动的需求都是一直满足的,关于厂商的(9.5)、(9.6)式依然成立。对于家庭决策来说,在预算约束(9.4)式下最大化效用函数(9.3)式,但是现在 N_t 是**给定**的(由厂商的需求决定)而不是模型解出的。我们将会看到,除了由于 N_t 不再被家庭所决定使得(9.8)与(9.19)式不再成立之外,模型的剩余部分保持不变,也就是(9.14)与(9.18)式依然成立。将(9.1)、(9.5)、(9.14)与(9.18)式重新写为对数形式,我们得到以下的动态系统:

$$y_t = z_t + \gamma k_t + (1-\gamma) n_t \qquad (9.32)$$

$$w_t - p_t = y_t - n_t + \log(1-\gamma) \qquad (9.33)$$

$$m_t = p_t + y_t + \log q \qquad (9.34)$$

$$k_{t+1} = y_t + \log \beta \gamma \qquad (9.35)$$

9.4-2 动态

联立(9.31)与(9.34)式，我们首先得到 t 期的就业水平：

$$n_t = n + m_t - E_{t-1} m_t \qquad (9.36)$$

接下来，实际上我们可以很方便地定义 t 期的货币新息：

$$\varepsilon_{mt} = m_t - E_{t-1} m_t \qquad (9.37)$$

因此就业为：

$$n_t = n + \varepsilon_{mt} \qquad (9.38)$$

现在，我们结合(9.32)与(9.38)式，可以得到产出的表达式：

$$y_t = (1-\gamma)n + \gamma k_t + z_t + (1-\gamma)\varepsilon_{mt} \qquad (9.39)$$

与瓦尔拉模型中发生的相反，未预期到的货币冲击对就业与产出有了影响。机制非常简单。举例来说，有一个正向的货币冲击，其结果是对产品和劳动的更大需求。因为这里工资在短期是设定不变的，那么需求的上升很自然地导致了就业的上升与产出的增加。

接着，合并(9.35)与(9.39)式并进行适当的滞后处理，我们得到：

$$y_t = n + \frac{z_t + (1-\gamma)\varepsilon_{mt}}{1-\gamma L} + \frac{\gamma \log \beta \gamma}{1-\gamma} \qquad (9.40)$$

从这里我们可以发现未预期到的货币冲击的传导机制与技术冲击的传导机制相同，即通过资本积累。然而，我们必须要指出货币冲击与技术冲击的作用有一个重要的区别。一个更具持续性的技术冲击 z_t 会导致更加持久的产出变化，因为冲击项 z_t 出现在决定产出的(9.40)式中。而货币冲击并不是这样，因为在(9.40)式中出现的是货币创造 ε_{mt}，而不是货币冲击 m_t 本身。在下一章中我们将看到在更复杂的工资合同下，这个性质会发生变化。

通过简单的公式，真实工资和价格可以从产出 y_t 推出：

$$w_t - p_t = y_t - n - \varepsilon_{mt} + \log(1-\gamma) \qquad (9.41)$$

$$p_t = m_t - y_t - \log q \qquad (9.42)$$

9.5 真实工资、价格与通货膨胀的周期性波动

我们将利用前面的结论,讨论在面临技术冲击与货币冲击的时候,一些变量对冲击反应的周期性质。

9.5-1 真实工资

由于在瓦尔拉模型中真实工资和总产出的正相关性过高,因此我们从真实工资开始讨论。为了更清楚地表述两者关系,我们将产出与真实工资重新表述成下面的形式(省略了所有不重要的常数项):

$$y_t = (1-\gamma)\varepsilon_{mt} + \frac{\gamma(1-\gamma)\varepsilon_{mt-1}}{1-\gamma L} + \frac{z_t}{1-\gamma L} \tag{9.43}$$

$$w_t - p_t = -\gamma\varepsilon_{mt} + \frac{\gamma(1-\gamma)\varepsilon_{mt-1}}{1-\gamma L} + \frac{z_t}{1-\gamma L} \tag{9.44}$$

我们看到虽然所有的供给冲击以及**滞后的**货币冲击导致了真实工资与产出之间的正向联系,但**暂时的**货币冲击却造成了真实工资与产出的逆向联系。我们的模型将后一个表现凯恩斯模型特征的性质与真实经济周期模型的标准结论结合在了一起。

为了提供上面潜在相关性的一个简单的例子,我们来考虑一种(非真实的)情况:z_t 是趋势平稳的并具有以下性质:[⑥]

$$z_t = a_z t + \varepsilon_{zt} \tag{9.45}$$

ε_{zt} 与 ε_{mt} 是不相关的白噪声,并有:

$$\mathrm{var}(\varepsilon_{zt}) = \sigma_z^2, \quad \mathrm{var}(\varepsilon_{mt}) = \sigma_m^2 \tag{9.46}$$

在这种情况下,我们得到下面的相关性:

$$\mathrm{corr}(w_t - p_t,\ y_t) = \frac{\sigma_z^2 - \gamma(1-\gamma)^2\sigma_m^2}{\left[\sigma_z^2 + (1-\gamma)^2\sigma_m^2\right]^{1/2}\left[\sigma_z^2 + 2\gamma^2(1-\gamma)\sigma_m^2\right]^{1/2}}$$

$$\tag{9.47}$$

式(9.47)显示在**只有**供给冲击时，真实工资与产出之间的相关系数仍然为 1。但是，当货币冲击出现的时候，这种联系变弱了，甚至为负。现实中两者的弱相关就可以通过技术冲击与货币冲击的充分结合复制出来。

9.5-2 价格

让我们再来考察价格水平的表述，它可以被重新写为：

$$p_t = E_{t-1}m_t + \gamma\varepsilon_{mt} - \frac{\gamma(1-\gamma)\varepsilon_{mt-1}}{1-\gamma L} - \frac{z_t}{1-\gamma L} \tag{9.48}$$

比较上式与产出表达式(9.43)式，我们看到虽然所有的供给冲击与**滞后的货币冲击**都能够导致产出与价格的负相关，但是**暂时的**货币冲击反而产生了产出与价格之间的正相关。我们再次得到了传统凯恩斯特征与标准真实经济周期模型特征的结合。

为了提供描述两者潜在相关性的一个例子，我们再次以(9.45)与(9.46)式为例，并进一步添加 m_t 是趋势平稳的假定：

$$m_t = \alpha_m t + \varepsilon_{mt} \tag{9.49}$$

结果我们得到下面的相关性：[7]

$$\text{corr}(p_t, y_t) = \frac{\gamma(1-\gamma)^2\sigma_m^2 - \sigma_z^2}{[\sigma_z^2 + (1-\gamma)^2\sigma_m^2]^{1/2}[\sigma_z^2 + 2\gamma^2(1-\gamma)\sigma_m^2]^{1/2}} \tag{9.50}$$

式(9.50)显示当需求冲击是普遍的，我们可以得到顺周期的价格，而当技术冲击是普遍的，我们可以得到逆周期的价格。因此，价格在不同历史阶段的不同的周期性波动，可以简单地解释为在不同阶段经济面临不同性质的冲击。

9.5-3 通货膨胀—产出关系

最后，我们来研究宏观经济学中另一个著名的关系——通货膨胀与产出，通常来说两者被看作是正相关的，至少按照凯恩斯传统，两者的关系是这样的。我们可以计算在不同的货币冲击与技术冲击过程中两者的联系。

例如，我们可以假定两个过程是趋势平稳的((9.45)与(9.49)式)，我们得到：

$$\operatorname{corr}(\Delta p_t,\ y_t) = \frac{(1-\gamma)^{1/2}\big[\gamma(1-\gamma)^2\sigma_m^2 - \sigma_z^2\big]}{\big[\sigma_z^2 + (1-\gamma)^2\sigma_m^2\big]^{1/2}\big[2\gamma^2(3-\gamma)^2\sigma_m^2 + 2\sigma_z^2\big]^{1/2}}$$

(9.51)

在(9.51)式，以及类似的不同的货币冲击与技术冲击过程中，都显示出通货膨胀与产出的正向联系是与货币冲击的出现紧密相联的，而如果出现足够强的技术冲击，两者的联系就能够变为反向的。

9.6　内生工资形成

直到现在，我们都假定每一期工资预置为瓦尔拉工资的预期值（以对数形式）。这里，我们将说明一个非常类似的工资形成机制可以从理性的工会最大化行为中严格地推导出来。

9.6-1　模型

与前面一样，我们假定柯布—道格拉斯生产函数：

$$Y_t = Z_t K_t^\gamma N_t^{1-\gamma}$$

(9.52)

劳动 N_t 可以看作不同类型工人连续统的加总，假定 $i \in [0, 1]$：

$$N_t = \left(\int_0^1 N_{it}^\theta \mathrm{d}i\right)^{1/\theta}$$

(9.53)

每一种类型代表一个工会，工会之间通过工资 W_{it} 进行竞争。所有的工资在每一期的开始与冲击到来之前预先设定。

代表性家庭的效用最大化为：

$$U = E_0 \sum_{t=0}^\infty \beta^t \left[\log C_t + \omega \log \frac{M_t}{P_t} - V(N_t)\right]$$

(9.54)

9.6-2　工资合同：劳动需求

在任何时候厂商都会面对多样的工资合同，不同的工人类型 i 有不同的

工资 W_{it}。在给定的加总劳动供给 N_t 下，厂商将最小化成本。也就是说，将求解以下规划：

$$\min \int_0^1 W_{it} N_{it} \,\mathrm{d}i \quad \text{s.t.}$$

$$\left(\int_0^1 N_{it}^\theta \,\mathrm{d}i \right)^{1/\theta} = N_t \tag{9.55}$$

解得：

$$N_{it} = N_t \left(\frac{W_{it}}{W_t} \right)^{-1/(1-\theta)} \tag{9.56}$$

$$W_t = \left(\int_0^1 W_{it}^{-\theta/(1-\theta)} \,\mathrm{d}i \right)^{-(1-\theta)/\theta} \tag{9.57}$$

9.6-3　最优工资合同

我们现在推导一个理性的工会会选择的工资水平。为此，我们假定一个特别的劳动的效用函数：

$$V(N_t) = \frac{\xi N_t^v}{v} \tag{9.58}$$

工资合同的性质可以由下面的命题刻画：

命题 9.1　不同工会所选择的工资 W_{it} 为：

$$W_{it} = W_t, \quad \forall i \tag{9.59}$$

$$W_t = \left[\frac{\xi(1-\beta\gamma)}{\theta(1-\gamma)} \right]^{1/v} \frac{(1-\beta)(1-\gamma)}{\omega(1-\beta\gamma)} \left[E_{t-1} M_t^v \right]^{1/v} \tag{9.60}$$

证明　考察在厂商 i 工作的工人。工人必须在 t 期初选择工资 W_{it}。工人利用直到 $t-1$ 期的信息最大化预期效用的折现值：

$$\sum_{s \geqslant t} \beta^{s-t} \left[\log C_{is} + \omega \log \frac{M_{is}}{P_s} - \frac{\xi N_{is}^v}{v} \right] \tag{9.61}$$

每一期的预算约束是：

$$C_{is} + \frac{M_{is}}{P_s} + I_{is} = \frac{W_{is}}{P_s} N_{is} + \kappa_s I_{is-1} + \frac{\mu_s M_{is-1}}{P_s} \tag{9.62}$$

由给出劳动需求的(9.56)式,有:

$$N_{is} = N_s \left(\frac{W_{is}}{W_s} \right)^{-1/(1-\theta)} \tag{9.63}$$

审视这个最大化问题,我们可以发现所有的个人,无论他的类型 i,都面临着相同的情况。因此在均衡状态,我们有:

$$W_{it} = W_t, \quad \forall i \tag{9.64}$$

也就是(9.59)式。结果是所有的消费者都有相同的收入,因而每个人的消费、货币持有、投资与就业水平都是一样的:

$$C_{is} = C_s, \quad M_{is} = M_s, \quad I_{is} = I_s, \quad N_{is} = N_s, \quad \forall i \tag{9.65}$$

在约束(9.62)与(9.63)式下,最大化个人 i 的效用(9.61)式。将 N_{is} 的值(9.63)式代入(9.61)与(9.62)式。结合(9.65)式,对应的拉格朗日函数等于 $t-1$ 期的预期价值(我们省略了下面推导中不会用到的项):

$$\sum_{s \geq t} \beta^{s-t} \left\{ \log C_s - \frac{\xi}{v} \left[N_s \left(\frac{W_{is}}{W_s} \right)^{-1/(1-\theta)} \right]^v \right\}$$

$$+ \sum_{s \geq t} \beta^{s-t} \lambda_{is} \left[\frac{W_s N_s}{P_s} \left(\frac{W_{is}}{W_s} \right)^{-\theta/(1-\theta)} - C_s \right] \tag{9.66}$$

以 C_s 最大化,有:

$$\lambda_{is} = \frac{1}{C_s} \tag{9.67}$$

现在,当选择工资 W_{it} 时,家庭实际上是在最大化包括 W_{it} 的所有项的加总。由于工资在 t 期的冲击到来前就已经设定了,最大化将在直到 $t-1$ 期的所有信息的基础上进行。结果最大值是:

$$E_{t-1} \left\{ \frac{W_t N_t}{P_t C_t} \left(\frac{W_{it}}{W_t} \right)^{1-1/(1-\theta)} - \frac{\xi}{v} N_t^v \left(\frac{W_{it}}{W_t} \right)^{-v/(1-\theta)} \right\} \tag{9.68}$$

在决定个人的工资时,W_{it} 与 W_t 都是已知的,因此我们可以把它们提到预期符号之外。再由这里仍然成立的(9.5)、(9.13)与(9.17)式,可得:

$$W_t N_t = (1-\gamma) P_t Y_t = \frac{1-\gamma}{1-\beta\gamma} P_t C_t = \frac{(1-\beta)(1-\gamma)}{\omega(1-\beta\gamma)} M_t \tag{9.69}$$

包含 W_{it} 的该项（（9.68）式）变为：

$$\frac{1-\gamma}{1-\beta\gamma}\left(\frac{W_{it}}{W_t}\right)^{-\theta/(1-\theta)} - \frac{\xi}{\upsilon}\left[\frac{(1-\beta)(1-\gamma)}{\omega(1-\beta\gamma)}\right]^{\upsilon}$$

$$\left(\frac{W_{it}}{W_t}\right)^{-\upsilon/(1-\theta)} E_{t-1}\left(\frac{M_t}{W_t}\right)^{\upsilon} \qquad (9.70)$$

对 W_{it} 微分，我们得到一阶条件：

$$\frac{(1-\gamma)\theta}{1-\beta\gamma}\left(\frac{W_{it}}{W_t}\right)^{(\upsilon-\theta)/(1-\theta)} = \xi\left[\frac{(1-\beta)(1-\gamma)}{\omega(1-\beta\gamma)}\right]^{\upsilon} E_{t-1}\left(\frac{M_t}{W_t}\right)^{\upsilon} \quad (9.71)$$

就像我们前面所看到的（（9.64）式），在均衡状态，对所有的 i 有 $W_{it}=W_t$，因此（9.71）式可以简化为：

$$W_t^{\upsilon} = \frac{\xi(1-\beta\gamma)}{\theta(1-\gamma)}\left[\frac{(1-\beta)(1-\gamma)}{\omega(1-\beta\gamma)}\right]^{\upsilon} E_{t-1}M_t^{\upsilon} \qquad (9.72)$$

从上式我们马上就得到（9.60）式。　■

9.6-4　与 Gray 合同的联系

如果我们首先计算瓦尔拉工资 W_t^*，对给出预置工资的（9.60）式我们可以有一个更加直观的解释，并给出一个与使用到 9.5 节的 Gray 合同的简单联系。联立（9.5）、（9.18）与（9.21）式，我们发现：

$$W_t^* = \frac{(1-\beta)(1-\gamma)}{\omega(1-\beta\gamma)}\left[\frac{\xi(1-\beta\gamma)}{1-\gamma}\right]^{1/\upsilon} M_t \qquad (9.73)$$

现在，使用（9.73）式，（9.60）式可以简化为：

$$W_t^{\upsilon} = \frac{1}{\theta}E_{t-1}(W_t^*)^{\upsilon} \qquad (9.74)$$

很明显，预置工资的 υ 次方等于瓦尔拉工资的预期值的 υ 次方乘以"垄断加成"$1/\theta$。例如，如果 M_t 是一个对数正态分布变量，其新息 ε_{mt} 有方差 σ_m^2，那么：

$$\omega_t = E_{t-1}\omega_t^* - \frac{\log\theta}{\upsilon} + \frac{\upsilon\sigma_m^2}{2} \qquad (9.75)$$

我们可以发现,除了常数项外,从最优化视角所推导出的工资与"Gray 合同"所给出的工资是非常类似的。

9.7 结论

本章我们建立了一个具有最优化行为的代表性行为人的可计算模型,并在传统的真实周期模型中引入货币与市场非出清。可以得到以下几个结论。

首先,在模型的瓦尔拉版本中,货币冲击对真实变量没有影响。仅仅引入货币本身并不必然使货币冲击对经济产生影响。

其次,在同时存在货币与市场非出清时,情况就完全不同了。尤其是,未预期到的货币冲击对就业与产出产生作用,对产出的作用是通过资本积累并随时间进行传导的。这些影响给出了介于真实经济周期与传统凯恩斯主义之间的一个平衡观点。尤其是,货币冲击引致真实工资的逆周期与价格的顺周期,而技术冲击则引致真实工资的顺周期与价格的逆周期。通过一个随机冲击下具有严格跨期最优化基础的可计算模型,我们得到了具有"古典主义"与"凯恩斯主义"综合意味的结论。

现在我们发现即使货币冲击影响就业与产出,这些效果也是不持久的。如果折旧率非常小,就像在附录中所讨论的,货币冲击的影响将集中在第一期,而经验研究的结果显示货币冲击的影响应该是比较持久的。在下一章,我们将指出货币冲击的持久性结果可以在具有更加成熟的劳动合同的模型中得到。

9.8 参考文献

这一章基于文献 Bénassy(1995a)。另一个具有工资刚性与闭式解的模型可以参见文献 Cho,Cooley 与 Phaneuf(1997)。开创性的具有预置价格的动态一般均衡模型是文献 Svensson(1986)。

关于货币冲击效果的详细的经验研究结果可以在文献 Christiano、Eichenbaum 与 Evans(1999,2001)中找到。

早期假定所有市场出清的真实经济周期模型由 Kydland 和 Prescott (1982)与 Long 和 Plosser(1983)所发展。King 和 Plosser(1984)与 Cooley 和 Hansen(1989)在市场出清模型中引入了货币，真实经济中具有非出清市场的模型由 Danthine 和 Donaldson(1990，1991,1992)引入。接着许多研究者(Cho，1993；Cho and Cooley，1995；Hairault and Portier，1993)成功地将货币与非出清市场整合在一起，他们的文章说明引入价格刚性尤其是工资刚性，在一个受到货币与真实冲击的货币经济中，可以生成与现实经济观察极其相符的几个重要联系。

注　释

① 这方面的经验研究可以重点参考文献 Christiano、Eichenbaum 和 Evans (1999，2001)，以及该书中所列的参考文献。

② 在本章的附录中，我们使用对数线性化的资本积累方程来研究不完全折旧的情况。

③ 如前所述，货币冲击作用的缺失归因于特殊货币创造过程与货币的效用，因此结果并不具有稳健性。但是在市场出清条件下，动态货币经济中的货币冲击通常只有比较小的影响。

④ 像以前一样，我们用小写字母表示对应大写字母所代表变量的对数。

⑤ 例如文献 Cooley 和 Ohanian(1991)以及 Smith(1992)。

⑥ 虽然假定更加复杂的过程相关性依然是容易计算的，但是表达式将会变得比较复杂。

⑦ 我们可以指出真实工资与产出之间有两个相关系数，一个是价格到产出的影响，另外一个则是相反的联系。这归因于货币的特殊过程(9.49)式，它导致了工资 w_t 是完全决定的[见(9.31)式]。这种特殊的关系在一个更加一般的货币过程中并不成立。

附录　不完全折旧

这里我们考察不完全折旧的情况。为了得到闭式解，我们使用与 Hercowitz 和 Sampson(1991)中的对数线性近似的资本积累方程：

$$K_{t+1} = AK_t^{1-\delta} I_t^{\delta}, \quad 0 < \delta \leqslant 1 \tag{9.76}$$

δ 为折旧率。正文中的情况对应于 $\delta=1$ 和 $A=1$。我们来看这将如何改变分析的结果。κ_t 仍然是资本 K_t 的收益率。家庭的预算约束为：

$$C_t + \frac{M_t}{P_t} + I_t = \frac{W_t}{P_t} N_t + \kappa_t K_t + \frac{\mu_t M_{t-1}}{P_t} \tag{9.77}$$

家庭最大化它的预期效用：

$$E_0 \sum_t \beta^t \left[\log C_t + \omega \log \frac{M_t}{P_t} - V(L_t) \right] \tag{9.78}$$

受预算约束(9.77)式与资本积累方程(9.76)式约束。这个规划的拉格朗日函数是它的预期价值：

$$\sum_t \beta^t \left[\log C_t + \omega \log \frac{M_t}{P_t} - V(L_t) \right] + \sum_t \beta^t \zeta_t (AK_t^{1-\delta} I_t^{\delta} - K_{t+1})$$
$$+ \sum_t \beta^t \lambda_t \left[\frac{W_t}{P_t} N_t + \kappa_t K_t + \frac{\mu_t M_{t-1}}{P_t} - C_t - I_t - \frac{M_t}{P_t} \right] \tag{9.79}$$

消费、投资和资本的一阶条件是：

$$\lambda_t = \frac{1}{C_t} \tag{9.80}$$

$$\lambda_t = \delta A \zeta_t K_t^{1-\delta} I_t^{\delta-1} \tag{9.81}$$

$$\zeta_t = \beta E_t [\lambda_{t+1} \kappa_{t+1} + (1-\delta) AK_{t+1}^{-\delta} I_{t+1}^{\delta} \zeta_{t+1}] \tag{9.82}$$

将 $\kappa_t = \alpha Y_t / K_t$ 代入(9.82)式，并结合(9.76)、(9.80)以及(9.81)式，我们得到：

$$\frac{I_t}{C_t} = \beta\gamma\delta E_t \left(\frac{Y_{t+1}}{C_{t+1}} \right) + \beta(1-\delta) E_t \left(\frac{I_{t+1}}{C_{t+1}} \right)$$
$$= \beta\gamma\delta + [\beta\gamma\delta + \beta(1-\delta)] E_t \left(\frac{I_{t+1}}{C_{t+1}} \right) \tag{9.83}$$

可以解出：

$$\frac{I_t}{C_t} = \frac{\beta\gamma\delta}{1 - \beta(1-\delta+\gamma\delta)} \tag{9.84}$$

因此

$$C_t = \frac{1 - \beta(1 - \delta + \gamma\delta)}{1 - \beta + \beta\delta} Y_t \tag{9.85}$$

$$I_t = \frac{\beta\gamma\delta}{1 - \beta + \beta\delta} Y_t \tag{9.86}$$

现在(9.17)式依然成立,并结合(9.85)式,我们得到:

$$\frac{M_t}{P_t} = \frac{\omega[1 - \beta(1 - \delta + \gamma\delta)]}{(1 - \beta)(1 - \beta + \beta\delta)} Y_t \tag{9.87}$$

最后,(9.5)、(9.7)、(9.8)与(9.85)式给出了瓦尔拉均衡劳动 N 的数量:

$$NV'(N) = \frac{(1 - \gamma)(1 - \beta + \beta\delta)}{1 - \beta + \beta\delta - \beta\gamma\delta} \tag{9.88}$$

让我们再来看具有工资合同的情况,并定义 σ 为储蓄率,那么(9.86)式可以重新写为:

$$I_t = \sigma Y_t, \quad \sigma = \frac{\beta\gamma\delta}{1 - \beta + \beta\delta} \tag{9.89}$$

联立(9.89)式与(9.1)、(9.76)式,我们发现产出由下式决定:

$$y_t = \frac{[1 - (1 - \delta)L][z_t + (1 - \gamma)n_t]}{1 - (1 - \delta + \gamma\delta)L} + \frac{\gamma\delta\log\sigma + \gamma\log A}{\delta(1 - \gamma)} \tag{9.90}$$

就业依然由下式决定:

$$n_t = n + \varepsilon_{mt} \tag{9.91}$$

联立(9.90)与(9.91)式,我们得到产出的最终表达式:

$$y_t = n + \frac{[1 - (1 - \delta)L][z_t + (1 - \gamma)\varepsilon_{mt}]}{1 - (1 - \delta + \gamma\delta)L} + \frac{\gamma\delta\log\sigma + \gamma\log A}{\delta(1 - \gamma)} \tag{9.92}$$

上式一般化和替代了正文中的(9.40)式。

交错调整的合同与持久性

10.1 引言

上一章中，在严格的跨期随机模型中引入名义工资刚性使我们能够解释许多传统模型不能复制的特征事实。在这一阶段，我们的模型在标准真实经济周期模型的一个著名批判面前仍然是很脆弱的，也就是它们几乎不能在经济周期中产生一个内部的传导机制。例如，Cogley 和 Nason(1995)与其他一些研究者发现大部分的标准真实经济周期模型的动态包含在生产率冲击本身的动态之内。直接从一个外生给定的随机过程出发来解释所有的结果当然是不能令人满意的。

而且，当货币引入这样的模型之后，货币冲击的效果是微弱的，并在合理的参数值下显示出很弱的持久性。恰恰相反，实证研究显示产出对货币冲击的反应是非常持久的，甚至显示出了一个"驼峰型"的反应(Chritiano, Eichenbaum and Evans, 1999，2001)。

因此这一章的目的是在严格的微观基础之上建立一个具有工资合同的结构性动态模型。我们将在一个可以解出解析解的动态一般均衡模型中引入工资刚性，该模型可以使我们复制货币冲击对就业与产出产生的持续性影响。

我们首先问一个很自然的问题:我们使用何种合同? 从 20 世纪 70 年代早期开始,经济学家们已经发展了数种形式的合同,这些不同形式的合同是由 Gray(1976)、Fischer(1977)、Taylor(1979,1980)和 Calvo(1983)所发展起来的。Calvo(1983)引入的合同对我们的目的来说是最为吸引人的,因为仅仅使用一个参数,我们就可以描述经济从工资完全可变到工资完全刚性的情况。更准确地说,参数 ϕ 是一个工资合同从一期到下一期保持不变的概率。每一个新的工资合同都是在本期可得信息的基础上签订的。所以,对于 $\phi=0$,合同是完全可变的,而对 $\phi=1$ 是完全刚性的。

遵循文献 Taylor(1979,1980),Calvo 合同的一个特点是,在合同期内合同的工资是固定不变的。虽然这种设定开始看起来是有益的,因为它比其他的设定方法看起来更能够产生持久性,但是现在有两个原因使它显得并不是那么合适了。第一个原因是一个简单的实证问题:现实中多期合同一般都会在不同期签订不同的工资。第二个原因是规范性问题:在通货膨胀的环境下,如果个人必须在有不同价格水平的各期选择一个惟一的工资率,这样的合同必然导致巨大的非效率。

因此,我们现在要做的就是建立一个新的合同,并保留 Calvo 合同主要的良好性质——允许协商工资的大小依赖于时间。这将解决上面的两个问题。我们将发现这些合同同样导致了产出波动的持久性,因此 Calvo 合同的诱人性质得以保留。另外一个重要的性质是,像在本书中大部分描述一样,工资合同是从效用最大化的工会中推导出来的,而并不是假定的。

10.2 模型

10.2-1 市场与行为人

我们要研究的是一个货币经济,具有产品价格为 P_t 的产品市场与平均工资为 W_t 的劳动市场。产品市场是竞争性的,而劳动市场则是一个具有不完全竞争劳动合同的体系,这一点我们将在下面进行具体阐释。行为人是代表性的厂商、家庭与政府。

代表性的厂商有柯布-道格拉斯型的生产技术：

$$Y_t = Z_t K_t^\gamma N_t^{1-\gamma} \tag{10.1}$$

K_t 是资本，N_t 是市场中所使用劳动的加总，Z_t 是一个随机的技术冲击。资本在一期内完全折旧，使得：

$$K_{t+1} = I_t \tag{10.2}$$

I_t 是 t 期的投资。① 劳动 N_t 是劳动类型②的连续性的加总，工作类型表示为 $i \in [0, 1]$：

$$\log N_t = \int_0^1 \log N_{it}\, \mathrm{d}i \tag{10.3}$$

像我们在下面将要看到的，工作类型本质的差别在于工人在不同时期将签订不同的工资合同。每一个 N_{it} 都是另一个无限多的劳动类型 k 的加总：③

$$N_{it} = \left(\int_0^1 N_{ikt}^\theta\, \mathrm{d}k \right)^{1/\theta} \tag{10.4}$$

具有相同下标 i 的所有个人，不论他们的下标 k 是否一致，在工资合同中面临相同的处境。我们可以把下标 i 看作是一个代表性部门，而下标 k 代表这些部门中的不同厂商。因此，我们可以假定一个部门中的所有厂商，虽然它们通过价格和工资进行竞争，但是它们都在同一时间进行工资谈判。在不同部门之间谈判的时间并不必是同时的。

代表性家庭（在这一部分我们省略下标 i 与 k）供给劳动 N_t，消费为 C_t，并在每一期末持有货币 M_t。最大化具有如下跨期效用函数的预期效用的折现：

$$U = E_0 \sum_t \beta^t \left[\log C_t + \omega \log \frac{M_t}{P_t} - V(N_t) \right] \tag{10.5}$$

在 t 期初，由于有一个乘数型随机货币冲击，所有行为人从上一期持有的货币 M_{t-1} 必须乘以相同的参数 μ_t。t 期代表性家庭的预算约束是：

$$C_t + \frac{M_t}{P_t} + I_t = \frac{M_t}{P_t} N_t + \kappa_t I_{t-1} + \frac{\mu_t M_{t-1}}{P_t} \tag{10.6}$$

κ_t 是 $t-1$ 期投资在 t 期获得的报酬。

10.2-2 工资合同

让我们现在来描述工资合同。在 Calvo(1983) 的模型中，每一期所有合同中有一个随机的作废的概率，合同不作废的概率是 ϕ，作废的概率是 $1-\phi$。在后一种情况下，对应的合同工资将会在当期所有可得信息的基础上重新谈判。

我们定义 W_t 是平均工资，工资合同 X_{ts} 表示在 t 期签订并在 s 期 $(s \geqslant t)$ 仍然有效的合同（就像我们下面将会发现的，所有在 t 期签订并到 s 期仍有效的工资合同的工人，他们的工资都是一样的，所以我们不需要给 X_{ts} 加上下标 i 或 k）。文献 Calvo(1983) 的假定是 X_{ts} 对所有的 $s \geqslant t$ 都独立于 s。与此相反，我们将假定每一期这些都是可变的。

10.3 瓦尔拉区域

我们首先介绍这一经济的瓦尔拉均衡，将其作为以后的基准。这个经济实际上和前一章一样，都有相同的瓦尔拉均衡。所以我们只需要回忆重要的公式。真实工资等于劳动的边际产出：

$$\frac{W_t}{P_t} = \frac{\partial Y_t}{\partial N_t} = (1-\gamma)\frac{Y_t}{N_t} \tag{10.7}$$

消费、投资与真实货币均衡由下式给出：

$$C_t = (1-\beta\gamma)Y_t \tag{10.8}$$

$$K_{t+1} = I_t = \beta\gamma Y_t \tag{10.9}$$

$$\frac{M_t}{P_t C_t} = \frac{\omega}{1-\beta} \tag{10.10}$$

瓦尔拉就业保持不变并等于 N，它的解由下式给出：

$$NV'(n) = \frac{1-\gamma}{1-\beta\gamma} \tag{10.11}$$

瓦尔拉均衡工资 W_t^* 等于：

$$W_t^* = \frac{(1-\gamma)(1-\beta)}{(1-\beta\gamma)\omega N} M_t \tag{10.12}$$

如果 $V(N_t) = \xi N_t^v / v$，(10.11)式变为：

$$N = \left[\frac{1-\gamma}{\xi(1-\beta\gamma)}\right]^{1/v} \tag{10.13}$$

10.4　工资合同

我们现在在交错调整的工资合同下研究我们的模型。我们假定家庭,可能通过工会,决定工资水平,并供给在这一工资水平下厂商所需的劳动。我们计算每个家庭面临的劳动需求,并导出最优的工资合同,最后刻画平均工资的演变过程。

10.4-1　劳动需求

在每一期 t,厂商面临多样的工资合同,这些工资合同是在不同时点签订的。所以,对于一个给定的加总劳动供给 N_t,厂商将最小化成本。成本最小化可以分解为两步。首先厂商求解以下规划：

$$\min \int_0^1 W_{it} N_{it} \, \mathrm{d}i$$

$$\mathrm{s.t.} \int_0^1 \log N_{it} \, \mathrm{d}i = \log N_t$$

解得：

$$N_{it} = \frac{W_t N_t}{W_{it}} \tag{10.14}$$

$$\log W_t = \int_0^1 \log W_{it}\, \mathrm{d}i \tag{10.15}$$

对一个给定的 N_{it}，厂商同样选择 N_{ikt} 最小化成本，意味着它们将求解下面的规划：

$$\min \int_0^1 W_{ikt} N_{ikt}\, \mathrm{d}k$$

$$\mathrm{s.\,t.} \left(\int_0^1 N_{ikt}^{\theta}\, \mathrm{d}k \right)^{1/\theta} = N_{it}$$

解得：

$$N_{ikt} = N_{it} \left(\frac{W_{ikt}}{W_{it}} \right)^{-1/(1-\theta)} \tag{10.16}$$

$$W_{it} = \left(\int_0^1 W_{ikt}^{-\theta/(1-\theta)}\, \mathrm{d}k \right)^{-(1-\theta)/\theta} \tag{10.17}$$

联立 (10.14) 与 (10.16) 式，我们得到厂商 (i, k) 的劳动需求的最终表达式：

$$N_{ikt} = \frac{W_t N_t}{W_{it}} \left(\frac{W_{ikt}}{W_{it}} \right)^{-1/(1-\theta)} \tag{10.18}$$

在进入下面的分析之前，读者需要记住一个重要的结论：由 (10.14) 式，所有的家庭，不论它们的合同以及工资如何，都获得同样的劳动收入：

$$W_{it} N_{it} = W_t N_t, \quad \forall i \tag{10.19}$$

10.4-2 最优工资合同

从现在起劳动的效用函数假设为：

$$V(N_t) = \frac{\xi N_t^v}{v} \tag{10.20}$$

我们将在此基础上得出最优工资合同。工资合同具有以下的性质：

命题 10.1 在 t 期签订并持续到 s 期的工资合同 X_{ts} 由下式给出：

$$X_{ts} = \left[\frac{\xi(1-\beta\gamma)}{\theta(1-\gamma)} \right]^{1/v} \frac{(1-\gamma)(1-\beta)}{\omega(1-\beta\gamma)} [E_t M_s^v]^{1/v} \tag{10.21}$$

证明 因为我们仍然不知道所有家庭将签订相同的合同,我们把由家庭 (i, k) 在 t 期签订,并持续到 s 期有效的合同表示为 X_{ikts}。为了决定 X_{ikts},家庭 (i, k) 最大化预期效用的折现。我们在这里仅仅考虑在 t 期签订并在 s 期仍然有效的合同,$s \geqslant t$。因为合同在每一期都有一个继续存在的概率 ϕ,那么 t 期签订的合同以概率 ϕ^{s-1} 到 s 期仍然有效,家庭按照下面的贴现效用函数最大化预期效用:

$$E_t \sum_{s \geqslant t} \beta^{s-t} \phi^{s-t} \left[\log C_{iks} + \omega \log \frac{M_{iks}}{P_s} - \frac{\xi N_{iks}^v}{v} \right] \tag{10.22}$$

每一期的预算约束是:

$$C_{iks} + \frac{M_{iks}}{P_s} + I_{iks} = \frac{W_{iks}}{P_s} N_{iks} + \kappa_s I_{iks-1} + \frac{\mu_s M_{iks-1}}{P_s} \tag{10.23}$$

上两式中的劳动数量 N_{iks} 由刻画劳动需求的(10.18)式给出:

$$N_{iks} = \frac{W_s N_s}{W_{is}} \left(\frac{W_{iks}}{W_{is}} \right)^{-1/(1-\theta)} \tag{10.24}$$

因为我们只考虑在 t 期签订并到 s 期仍然有效的工资合同,那么 $W_{iks} = X_{ikts}$。W_{is} 等于不同家庭 i 所签订合同的平均值,参考(10.17)式可得:

$$W_{is} = \left(\int_0^1 X_{ikts}^{-\theta/(1-\theta)} \, dk \right)^{-(1-\theta)/\theta} = X_{its} \tag{10.25}$$

(10.24)式因而可以重新写为:

$$N_{iks} = \frac{W_s N_s}{X_{its}} \left(\frac{X_{ikts}}{X_{its}} \right)^{-1/(1-\theta)} \tag{10.26}$$

家庭 (i, k) 在预算约束(10.23)式和劳动需求(10.26)式下最大化预期效用(10.22)式。审视这一最大化问题,我们发现具有相同 i 的家庭面临相同的环境。所以在均衡时,我们有:

$$X_{ikts} = X_{its}, \quad \forall k \tag{10.27}$$

再根据(10.19)式,所有的消费者都有相同的收入,因而有相同的消费、货币和投资(但是他们当然都有不同的工资与就业水平):

$$C_{iks} = C_s, \quad I_{iks} = I_s, \quad M_{iks} = M_s, \quad \forall i, k \tag{10.28}$$

家庭 (i, k) 在(10.23)与(10.26)式的约束下最大化(10.22)式。我们将

N_{iks} 的值（(10.26)式）代入(10.22)与(10.23)式。考虑(10.28)式，对应的拉格朗日函数是下式的预期价值（我们省略了不会用到的项）：

$$\sum_{s \geq t} \beta^{s-t} \phi^{s-t} \left\{ \log C_s - \frac{\xi}{v} \left[\frac{W_s N_s}{X_{its}} \left(\frac{X_{ikts}}{X_{its}} \right)^{-1/(1-\theta)} \right]^v \right\}$$

$$+ \sum_{s \geq t} \beta^{s-t} \phi^{s-t} \lambda_{iks} \left[\frac{W_s N_s}{P_s} \left(\frac{X_{ikst}}{X_{its}} \right)^{-\theta/(1-\theta)} - C_s \right] \tag{10.29}$$

对 C_s 求最大化，得：

$$\lambda_{iks} = \frac{1}{C_s} \tag{10.30}$$

所以，当 t 期选择不同的工资合同 X_{ikst}，$s \geq t$，家庭最大化 t 期的预期价值即求解(10.29)式的最大值。关于工资合同 X_{ikst} 的部分，在省略了不重要的常数之后，有：

$$E_t \left\{ \frac{W_s N_s}{P_s C_s} \left(\frac{X_{ikts}}{X_{its}} \right)^{-\theta/(1-\theta)} - \frac{\xi}{v} \left(\frac{W_s N_s}{X_{its}} \right)^v \left(\frac{X_{ikts}}{X_{its}} \right)^{-v/(1-\theta)} \right\} \tag{10.31}$$

(10.7)、(10.8)与(10.10)式依然是成立的。因此有：

$$W_s N_s = (1-\gamma) P_s Y_s = \frac{1-\gamma}{1-\beta\gamma} P_s C_s = \frac{(1-\gamma)(1-\beta)}{\omega(1-\beta\gamma)} M_s \tag{10.32}$$

带有 X_{ikts} 的项(10.31)式变成：

$$\frac{1-\gamma}{1-\beta\gamma} \left(\frac{X_{ikts}}{X_{its}} \right)^{-\theta/(1-\theta)} - \frac{\xi}{v} \left[\frac{(1-\gamma)(1-\beta)}{\omega(1-\beta\gamma) X_{its}} \right]^v \left(\frac{X_{ikts}}{X_{its}} \right)^{-v/(1-\theta)} E_t(M_s^v)$$

$$\tag{10.33}$$

对 X_{ikts} 求最大化，我们得到一阶条件：

$$\frac{\theta(1-\gamma)}{1-\beta\gamma} \left(\frac{X_{ikts}}{X_{its}} \right)^{(v-\theta)/(1-\theta)} = \xi \left[\frac{(1-\gamma)(1-\beta)}{\omega(1-\beta\gamma) X_{its}} \right]^v E_t(M_s^v) \tag{10.34}$$

现在我们从(10.27)式可以知道在均衡状态，对所有 k 有 $X_{ikts} = X_{its}$。所以我们首先将(10.34)式简化为：

$$\frac{\theta(1-\gamma)}{1-\beta\gamma} = \xi \left[\frac{(1-\gamma)(1-\beta)}{\omega(1-\beta\gamma) X_{its}} \right]^v E_t(M_s^v) \tag{10.35}$$

我们看到 X_{its} 的解对于所有的行为人 i 都是相同的,我们可以用 X_{ts} 来表示。接着我们把(10.35)式重新写为:

$$\frac{\theta(1-\gamma)}{1-\beta\gamma}X_{ts}^{v}=\xi\left[\frac{(1-\gamma)(1-\beta)}{\omega(1-\beta\gamma)}\right]^{v}E_{t}M_{s}^{v} \qquad (10.36)$$

从上式我们马上可以得到(10.21)式。 ∎

由给出瓦尔拉工资 W_{s}^{*} 的(10.12)与(10.13)式,我们可以将(10.21)式重新写成一个更简洁、更直观的形式:

$$X_{ts}^{v}=\frac{1}{\theta}E_{t}(W_{s}^{*})^{v} \qquad (10.37)$$

因此 X_{ts}^{v} 等于 t 期 $(W_{s}^{*})^{v}$ 的预期值乘以"垄断加成"$1/\theta$。因此,合同工资与预期瓦尔拉工资 W_{s}^{*} 就直接联系起来了。

10.4-3 平均工资

我们将平均工资 W_{t} 表示成所有过去签订的合同 $X_{st}(s\leqslant t)$ 的函数。我们首先回忆给出 W_{t} 的(10.15)式:

$$\log W_{t}=\int_{0}^{1}\log W_{it}\mathrm{d}i \qquad (10.38)$$

由大数定理和合同的有效概率 ϕ,有 $1-\phi$ 比例的合同是 t 期签订的,$\phi(1-\phi)$ 比例的合同是 $t-1$ 期签订的……$\phi^{t-s}(1-\phi)$ 比例的合同是从 $s\leqslant t$ 期签订的。结果是(10.38)式可以重新写为:

$$\log W_{t}=(1-\phi)\sum_{s=-\infty}^{t}\phi^{t-s}\log X_{st} \qquad (10.39)$$

10.5 宏观经济的动态

10.5-1 就业动态

我们现在可以在标准的货币过程:

$$m_t - m_{t-1} = \frac{u_t}{1-\rho L} \qquad (10.40)$$

下计算工资与就业的动态。u_t 是平均值为 0 方差为 σ^2 的白噪声。我们可以通过以下的命题刻画就业的变化过程：

命题 10.2 在货币过程（10.40）式下，就业的动态为：

$$n_t = n + \frac{\phi u_t}{(1-\phi L)(1-\phi\rho L)} + \Phi \qquad (10.41)$$

$$\Phi = \frac{\log\theta}{v} - \frac{(1+\phi\rho)\phi v\sigma^2}{2(1-\phi\rho)(1-\phi\rho^2)(1-\phi)} \qquad (10.42)$$

证明 参见附录 10.3。 ∎

我们看到市场力量减少了平均就业以及就业的不确定性。（10.41）式还告诉我们，货币冲击的影响是非常持久的，这与前一章不同。我们通过计算就业与产出对货币冲击的冲击响应方程得到了冲击影响的时间范围。重要的参数当然是 ϕ 与 ρ。文献中 ρ 的取值通常是 $\rho=0.5$。至于 ϕ，让我们先来计算工资合同的平均期限：工资合同在初期签订之后到 j 期仍然有效的概率是 $(1-\phi)\phi^j$，因而我们得到平均有效期限为：

$$(1-\phi)\sum_{j=0}^{\infty} j\phi^j = \frac{\phi}{1-\phi} \qquad (10.43)$$

工资合同的平均有效期限一般认为是一到两年。两个冲击响应过程由图 10.1 与图 10.2 表示。在两图中 $\rho=0.5$。图 10.1 中 $\phi=8/9$（这对应于 2 年或 8 个季度的工资合同有效期限），而图 10.2 中 $\phi=4/5$（这对应于 1 年期限的工资合同）。

我们看到所有的反应方程都显示出了持久性，甚至在两年合同的情况下可以得到较一年合同情况下更为明显的驼峰图形。产出的反应容易推导。从（10.1）和（10.9）式，可以得到：

$$y_t = \frac{(1-\gamma)n_t}{1-\gamma L} + \frac{z_t}{1-\gamma L} + \frac{\gamma\log\beta\gamma}{1-\gamma} \qquad (10.44)$$

联立（10.44）式与 n_t 的表达式（10.41）式，我们发现：

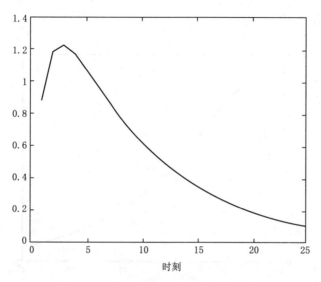

图 10.1   就业对货币冲击的反应函数

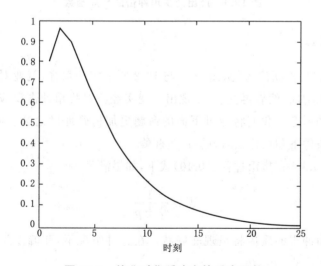

图 10.2   就业对货币冲击的反应函数

$$y_t = n + \Phi + \frac{(1-\gamma)\phi u_t}{(1-\gamma L)(1-\phi L)(1-\phi \rho L)} + \frac{z_t}{1-\gamma L} + \frac{\gamma \log \beta \gamma}{1-\gamma}$$

$$(10.45)$$

Φ 的值由(10.42)式给出。在两年合同期限的情况下,产出对货币冲击的反

157

应参见图 10.3。[④]

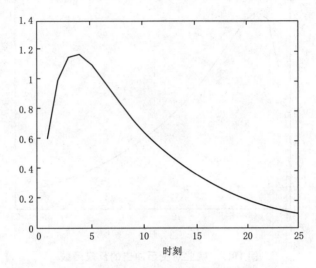

图 10.3　产出对货币冲击的反应函数

10.5-2　驼峰

如(10.41)式所隐含的,图 10.1 与 10.2 所证实的那样,就业对货币冲击的反应是先增加,然后再变小,呈现出与现实经济对货币冲击反应一样的一个"驼峰"的形态。我们将通过下面的命题更加精确地讨论这一问题,并指出在什么条件下和在什么时刻会产生驼峰。

命题 10.3　在货币过程(10.40)式下,如果满足:

$$\phi > \frac{1}{1+\rho} \tag{10.46}$$

就业对货币冲击的反应将呈现驼峰状。在这种情况下,驼峰发生在整数时间 $\hat{j}$,$\hat{j}$ 由下式给出:

$$\hat{j} < \frac{1}{\log \rho} \log\left(\frac{1-\phi}{1-\phi\rho}\right) < \hat{j} + 1 \tag{10.47}$$

证明　我们前面看到除了一个常数,

$$n_t = \frac{\phi u_t}{(1-\phi L)(1-\phi \rho L)} = \frac{\phi u_t}{1-\rho}\left[\frac{1}{1-\phi L} - \frac{\rho}{1-\phi \rho L}\right] \tag{10.48}$$

幂项 j 是下式的一个倍数：

$$\phi^j - \rho(\phi\rho)^j \tag{10.49}$$

驼峰将在整数期 j 发生，j 满足：

$$\phi^{j-1} - \rho(\phi\rho)^{j-1} < \phi^j - \rho(\phi\rho)^j > \phi^{j+1} - \rho(\phi\rho)^{j+1} \tag{10.50}$$

上面的两个不等式可以重新写为：

$$\rho^{j+1} < \frac{1-\phi}{1-\phi\rho} < \rho^j \tag{10.51}$$

两边对数化，(10.51)式变为：

$$j < \frac{1}{\log\rho}\log\left(\frac{1-\phi}{1-\phi\rho}\right) < j+1 \tag{10.52}$$

也就是(10.47)式。因为它实际上对应于一个驼峰，因此得到的 j 的值必须大于 1：

$$\frac{1}{\log\rho}\log\left(\frac{1-\phi}{1-\phi\rho}\right) > 1 \tag{10.53}$$

由此可以得到(10.46)式。 ■

10.5-3 就业变动之间的自相关性

另外一个传统模型不能复制的特征事实是产出与就业变动之间的正自相关性，至少从短期来说。我们看到通过下面的命题，这一章的模型可以复制这一性质。

命题 10.4 记 $\Delta n_t = n_t - n_{t-1}$ 为就业的变化。那么这些就业的变动从时间上来看是自相关的，这可从下式看出：

$$\mathrm{cov}(\Delta n_t, \Delta n_{t-j}) = \left[\frac{a^2\phi^j}{1-\phi^2} + \frac{b^2\zeta^j}{1-\zeta^2} + \frac{ab(\phi^j+\zeta^j)}{1-\phi\zeta}\right]\sigma_u^2 \tag{10.54}$$

其中，

$$\zeta = \phi\rho,\ a = -\frac{1-\phi}{1-\rho},\ b = \frac{1-\zeta}{1-\rho} \tag{10.55}$$

证明 参见附录 10.3。 ■

通过(10.54)式，我们实际上可以清楚地计算出在不同滞后下的自相关性。滞后一期的自相关性相对比较简单：

$$\mathrm{corr}(\Delta n_t, \Delta n_t - 1) = \frac{\phi + \phi\rho + \phi^2\rho - 1}{2} \tag{10.56}$$

对于足够大的 ϕ 与 ρ 自相关性明显是正的。对更多期的滞后，表达式立即变得非常复杂，但是计算机可以很容易地描绘出自相关的轮廓。图 10.4 描绘了不同期的滞后时就业变动的自相关性，该图与图 10.1 具有相同的参数。我们看到对于较少期的滞后，自相关确实是正的。

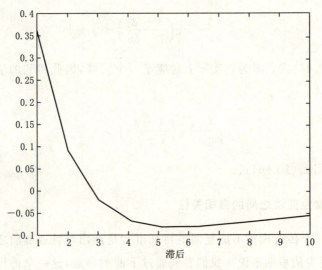

图 10.4　就业变动的自相关性

10.6　结论

在这一章我们发展了一种新的交错调整工资合同的形式，它的内涵与文献 Calvo(1983)非常接近。我们清晰地模型化了最大化的工会，并将这些合同整合到了一个严格的经济周期模型之中。自始至终，我们都能够得到最优工资合同与由此产生的宏观经济动态结果的闭式解。我们发现我们可以得到一个强的传导机制，尤其是产生一个就业与产出对货币冲击的驼峰型反应，或短期滞后下的就业与产出波动的正自相关性。这些性质可以从实际数据中观察到，但是传统的真实经济周期模型却难以与之吻合。

从我们的闭式解显示出，参数 ϕ 这一描述合同"生存率"的变量，是 Calvo 与我们的模型的基础，并且它是使我们的模型能够产生一个内生传导机制的核心。特别地，这一领域的大部分文献的差异都可以归结于这一参数的不同取值（或明显或隐含）。

10.7 参考文献

这一章基于文献 Bénassy(2000)，这篇文章中发展了用于本章所使用的新的合同形式。使用 Taylor 合同（这种合同隐含地对应于 $\phi=2/3$）对这一问题进行早期探索的是 Ascari(2000)。从持久性的角度来比较价格与工资合同的分析由文献 Andersen(1998) 展开。

一个详细的货币冲击效果的经验研究参见文献 Christiano、Eichenbaum 和 Evans(1999，2001)。它们的结果特别地显示出产出的反应是持久与驼峰型的。后一篇论文说明在解释数据方面，工资的交错调整比价格的交错调整更好。Cogley 和 Nason(1995) 审视了对标准真实周期模型的不同修正是否有助于得到一个持久的、驼峰型的产出反应以及在短期滞后的情况下产出变动的正自相关性。

具有不同形式的交错调整价格或工资合同的校准动态一般均衡模型可以在文献 Chari，Kehoe 和 McGrattan(2000)，Collard 和 Ertz(2000)，Jeanne (1998) 与 Yun(1996) 中找到。这些作者都得到了相当不同的结论，但是本章的模型可以使我们方便地解释这些差异。

注　释

① 不完全折旧的情况在附录 10.1 中考察。

② 在这一章我们将始终使用工作类型的加总形式以保证表述的简洁。另外一

种（可能更加直观）加总产出类型的方法将在附录 10.2 中描述。结果在本质上都是相同的，除了一个不重要的常数。

③ 严格地说，我们应该使用像 k_i 这样的表示方法，但是这将使表达式更加复杂，而且并不能变得更加易懂。用两个下标表示工人，看起来会使现在的情况变得复杂，但是实际上这将是导出一个简单结论的关键之处，这一点读者将在后面有所体会。

④ 在更一般的不完全折旧的情况下，产出的反应函数的表达式可以参看附录 10.1。

附录 1　不完全折旧

我们现在考察不完全折旧的情况。为了得到一个闭式解，我们使用附录 9.1 中的对数线性近似的资本积累方程：

$$K_{t+1} = A K_t^{1-\delta} I_t^{\delta} \tag{10.57}$$

我们将会看到，解的许多重要性质依然不变。尤其是瓦尔拉均衡是一样的。另外，在我们需要考察的具有工资合同的情况下，投资方程仍然是一样的：

$$I_t = \sigma Y_t, \quad \sigma = \frac{\beta \gamma \delta}{1 - \beta + \beta \delta} \tag{10.58}$$

结合（10.58）、（10.1）与（10.57）式，产出为：

$$y_t = \frac{[1 - (1-\delta)L][z_t + (1-\gamma)n_t]}{1 - (1-\delta+\gamma\delta)L} + \frac{\gamma\delta \log \sigma + \gamma \log A}{\delta(1-\gamma)} \tag{10.59}$$

它替换了正文中的（10.44）式。我们将（10.41）式给出的，这里依然成立的 n_t 的值代入（10.59）式，可以得到产出的最终表达式：

$$y_t = n + \Phi + \frac{[1 - (1-\delta)L](1-\gamma)\phi u_t}{[1 - (1-\delta+\gamma\delta)L](1-\phi L)(1-\phi\rho L)}$$
$$+ \frac{[1 - (1-\delta)L]z_t}{1 - (1-\delta+\gamma\delta)L} + \frac{\gamma\delta \log \sigma + \gamma \log A}{\delta(1-\gamma)} \tag{10.60}$$

这是正文（10.45）式的一般化。

附录 2 产出种类的加总

在这一部分，我们将简要介绍，当部门与厂商加总产出类型，而不是像正文中的那样加总劳动类型时，第 10 章的分析必须进行修正。

在第 10 章中，不同的部门 i 由不同的厂商 k 组成。产出 Y_t 是不同产出类型 $i \in [0, 1]$ 连续性的加总：

$$\log Y_t = \int_0^1 \log Y_{it} \, \mathrm{d}i \tag{10.61}$$

部门产量 Y_{it} 是不同产出类型 k 的加总：

$$Y_{it} = \left(\int_0^1 Y_{ikt}^\theta \, \mathrm{d}k \right)^{1/\theta} \tag{10.62}$$

所有具有相同下标 i 的厂商都面临相同的工资合同，并在同一时间进行谈判。厂商有相同的柯布-道格拉斯技术：

$$Y_{ikt} = Z_t K_{ikt}^\gamma N_{ikt}^{1-\gamma} \tag{10.63}$$

K_{ikt} 是资本，N_{ikt} 是生产中投入的劳动，Z_t 是一个共同的随机技术冲击。

代表性家庭完全相同，所以我们略去描述。瓦尔拉均衡由相同的（10.7）至（10.13）式刻画。瓦尔拉工资是：

$$W_t^* = \frac{(1-\beta)(1-\gamma)}{(1-\beta\gamma)\omega} \left[\frac{\xi(1-\beta\gamma)}{1-\gamma} \right]^{1/v} M_t \tag{10.64}$$

劳动需求

这里的劳动需求可以直接从商品的需求中推导出来。使用与正文中一样的方法，我们发现部门与厂商的需求是：

$$Y_{it} = \frac{P_t Y_t}{P_{it}} \tag{10.65}$$

$$Y_{ikt} = Y_{it} \left(\frac{P_{ikt}}{P_{it}} \right)^{-1/(1-\theta)} \tag{10.66}$$

这里价格 P_t 与 P_{it} 分别是：

$$\log P_t = \int_0^1 \log P_{it}\, \mathrm{d}i \tag{10.67}$$

$$P_{it} = \left(\int_0^1 P_{ikt}^{-\theta/(1-\theta)}\, \mathrm{d}k\right)^{-(1-\theta)/\theta} \tag{10.68}$$

结合(10.65)与(10.66)式，我们发现对部门 i 中的厂商 k 的产品需求是：

$$Y_{ikt} = \frac{P_t Y_t}{P_{it}}\left[\frac{P_{ikt}}{P_{it}}\right]^{-1/(1-\theta)} \tag{10.69}$$

竞争性厂商 (i, k) 最大化利润 $P_{ikt}Y_{ikt} - W_{ikt}N_{ikt} - R_t K_{ikt}$，$P_{ikt}$，$W_{ikt}$，$R_t$ 都是外生的，R_t 是资本的名义收益。这就得到了常见的一阶条件：

$$W_{ikt}N_{ikt} = (1-\gamma)P_{ikt}Y_{ikt} \tag{10.70}$$

$$R_t K_{ikt} = \gamma P_{ikt}Y_{ikt} \tag{10.71}$$

将上两式与生产方程(10.63)式、产品需求方程(10.69)式结合起来，我们得到了厂商 (i, k) 的劳动需求的最终表达式：

$$N_{ikt} = \Omega_{it} W_{ikt}^{-(1-\gamma\theta)/(1-\theta)} \tag{10.72}$$

$$\Omega_{it} = [\gamma^{\gamma\theta}(1-\gamma)^{1-\gamma\theta}R_t^{-\gamma\theta}(P_t Y_t)^{1-\theta}P_{it}^\theta Z_t^\theta]^{1/(1-\theta)} \tag{10.73}$$

工资合同

我们继续假设特定的劳动效用函数：

$$V(N_t) = \frac{\xi N_t^v}{v} \tag{10.74}$$

使用与命题(10.1)相同的方法，我们发现最优的工资合同由下式给出，它代替了正文中的(10.21)式：

$$X_{ts} = \frac{(1-\beta)(1-\gamma)}{(1-\beta\gamma)\omega}\left[\frac{\xi(1-\gamma\theta)(1-\beta\gamma)}{\theta(1-\gamma)^2}\right]^{1/v}[E_t M_s^v]^{1/v} \tag{10.75}$$

我们实际上可以给出一个比(10.75)式更加直观的形式。由(10.64)式，我们可以将其重新写为：

$$X_{ts}^v = \frac{1-\gamma\theta}{\theta(1-\gamma)} E_t[W_s^*]^v \qquad (10.76)$$

上式很容易解释。ε 是劳动需求弹性的绝对值。由（10.72）式，$\varepsilon=(1-\gamma\theta)/(1-\theta)$。根据通常的垄断竞争公式，与之相联的加成系数是：

$$\frac{\varepsilon-1}{\varepsilon} = \frac{1-\gamma\theta}{\theta(1-\gamma)} \qquad (10.77)$$

因此，我们看到 X_{ts}^v 等于 t 期 $[W_s^*]^v$ 的预期值乘以垄断加成系数。

现在使用附录 10.3 中同样的方法，我们发现就业由下式给出：

$$n_t = n + \frac{\phi u_t}{(1-\phi L)(1-\phi\rho L)} + \Phi \qquad (10.78)$$

$$\Phi = \frac{1}{v}\log\left[\frac{\theta(1-\gamma)}{1-\gamma\theta}\right] - \frac{(1+\phi\rho)\phi v\sigma^2}{2(1-\phi\rho)(1-\phi\rho^2)(1-\phi)} \qquad (10.79)$$

我们看到，除了 Φ 表达式的第一部分，其他都与正文部分完全一致，因此我们就不重复对应的分析了。

附录 3 命题（10.2）与（10.4）的证明

命题（10.2）的证明

我们首先计算由（10.39）式给出的加总工资的大小：

$$w_t = \log W_t = (1-\phi)\sum_{s=-\infty}^{t} \phi^{t-s}\log X_{st} \qquad (10.80)$$

通过给出新谈判工资大小的（10.21）式，可得：

$$w_t = \frac{1}{v}\log\left[\frac{\xi(1-\beta\gamma)}{\theta(1-\gamma)}\right] + \log\left[\frac{(1-\gamma)(1-\beta)}{\omega(1-\beta\gamma)}\right] + (1-\phi)\sum_{s=-\infty}^{t}\phi^{t-s}\frac{\log[E_s M_t^v]}{v} \qquad (10.81)$$

用 $j=t-s$ 进行代换，上式变为：

$$w_t = \frac{1}{v}\log\left[\frac{\xi(1-\beta\gamma)}{\theta(1-\gamma)}\right] + \log\left[\frac{(1-\gamma)(1-\beta)}{\omega(1-\beta\gamma)}\right]$$
$$+ (1-\phi)\sum_{j=0}^{\infty}\phi^j\log[E_{t-j}M_t^v]^{1/v} \qquad (10.82)$$

由于货币变量遵循对数正态分布，我们使用标准的表达式：

$$\log[E_{t-j}(M_t^v)]^{1/v} = E_{t-j}(m_t) + v\frac{\mathrm{var}_{t-j}(m_t)}{2} \tag{10.83}$$

其中

$$m_t = m_{t-j} + \frac{u_{t-j+1}}{1-\rho L} + \cdots + \frac{u_t}{1-\rho L} \tag{10.84}$$

依次计算平均值与方差：

$$E_{t-j}m_t = m_{t-j} + \frac{\rho u_{t-j}}{1-\rho L} + \cdots + \frac{\rho^j u_{t-j}}{1-\rho L} = m_{t-j} + \frac{\rho(1-\rho^j)u_{t-j}}{(1-\rho)(1-\rho L)} \tag{10.85}$$

$$m_t - E_{t-j}m_t = (1+\cdots+\rho^{j-1})u_{t-j+1} + (1+\cdots+\rho^{j-2})u_{t-j+2} + \cdots + u_t$$
$$= \frac{1-\rho^j}{1-\rho}u_{t-j+1} + \frac{1-\rho^{j-1}}{1-\rho}u_{t-j+2} + \cdots + u_t \tag{10.86}$$

$$\mathrm{var}_{t-j}(m_t) = \sigma^2\left[\left(\frac{1-\rho^j}{1-\rho}\right)^2 + \left(\frac{1-\rho^{j-1}}{1-\rho}\right)^2 + \cdots + 1\right]$$
$$= \frac{\sigma^2}{(1-\rho)^2}\left[j - \frac{2\rho(1-\rho^j)}{1-\rho} + \frac{\rho^2(1-\rho^{2j})}{1-\rho^2}\right] \tag{10.87}$$

结合（10.83）、（10.85）与（10.87）式，我们得到：

$$\log[E_{t-j}(M_t^v)]^{1/v} = m_{t-j} + \frac{\rho(1-\rho^j)u_{t-j}}{(1-\rho)(1-\rho L)}$$
$$+ \frac{v\sigma^2}{2(1-\rho)^2}\left[j - \frac{2\rho(1-\rho^j)}{1-\rho} + \frac{\rho^2(1-\rho^{2j})}{1-\rho^2}\right] \tag{10.88}$$

将（10.88）式代入（10.82）式，我们发现工资等于：

$$w_t = (1-\phi)\sum_{j=0}^{\infty}\phi^j\left[m_{t-j} + \frac{\rho(1-\rho^j)u_{t-j}}{(1-\rho)(1-\rho L)}\right]$$
$$+ (1-\phi)\sum_{j=0}^{\infty}\phi^j\frac{v\sigma^2}{2(1-\rho)^2}\left[j - \frac{2\rho(1-\rho^j)}{1-\rho} + \frac{\rho^2(1-\rho^{2j})}{1-\rho^2}\right]$$
$$+ \frac{1}{v}\log\left[\frac{\xi(1-\beta\gamma)}{\theta(1-\gamma)}\right] + \log\left[\frac{(1-\gamma)(1-\beta)}{\omega(1-\beta\gamma)}\right] \tag{10.89}$$

我们分开计算第一项与第二项：

$$(1-\phi)\sum_{j=0}^{\infty}\phi^{j}\left[m_{t-j}+\frac{\rho(1-\rho^{j})u_{t-j}}{(1-\rho)(1-\rho L)}\right]$$

$$=m_{t}-\frac{\phi u_{t}}{(1-\phi L)(1-\phi\rho L)} \tag{10.90}$$

$$(1-\phi)\sum_{j=0}^{\infty}\phi^{j}\frac{v\sigma^{2}}{2(1-\rho)^{2}}\left[j-\frac{2\rho(1-\rho^{j})}{1-\rho}+\frac{\rho^{2}(1-\rho^{2j})}{1-\rho^{2}}\right]$$

$$=\frac{(1+\phi\rho)\phi v\sigma^{2}}{2(1-\phi\rho)(1-\phi\rho^{2})(1-\phi)} \tag{10.91}$$

最后,将(10.90)式与(10.91)式代入(10.89)式,我们得到工资：

$$w_{t}=m_{t}-\frac{\phi u_{t}}{(1-\phi L)(1-\phi\rho L)}+\frac{(1+\phi\rho)\phi v\sigma^{2}}{2(1-\phi\rho)(1-\phi\rho^{2})(1-\phi)}$$

$$+\frac{1}{v}\log\frac{\xi(1-\beta\gamma)}{\theta(1-\gamma)}+\log\frac{(1-\gamma)(1-\beta)}{\omega(1-\beta\gamma)} \tag{10.92}$$

为了计算就业,从式(10.7)、(10.8)、(10.10)有：

$$n_{t}=m_{t}-w_{t}+\log\frac{(1-\gamma)(1-\beta)}{\omega(1-\beta\gamma)} \tag{10.93}$$

由(10.13)式我们有瓦尔拉就业：

$$n=\frac{1}{v}\log\frac{1-\gamma}{\xi(1-\beta\gamma)} \tag{10.94}$$

结合(10.92)、(10.93)与(10.94)式,我们得到了就业的最终表达式：

$$n_{t}=n+\frac{\phi u_{t}}{(1-\phi L)(1-\phi\rho L)}+\frac{\log\theta}{v}-\frac{(1+\phi\rho)\phi v\sigma^{2}}{2(1-\phi)(1-\phi\rho)(1-\phi\rho^{2})}$$

$$\tag{10.95}$$

■

命题(10.4)的证明

我们看到前面的就业为,除了一个常数项：

$$n_t = \frac{\phi u_t}{(1-\phi L)(1-\phi \rho L)} \tag{10.96}$$

就业的变动 Δn_t 是：

$$\Delta n_t = \frac{\phi(1-L)u_t}{(1-\phi L)(1-\phi \rho L)} = \frac{1-\phi\rho}{1-\rho}\frac{u_t}{1-\phi\rho L} - \frac{1-\phi}{1-\rho}\frac{u_t}{1-\phi L} \tag{10.97}$$

化为下面的形式：

$$\Delta n_t = \left[\frac{a}{1-\phi L} + \frac{b}{1-\zeta L}\right]u_t \tag{10.98}$$

其中：

$$\zeta = \phi\rho, \ a = \frac{1-\phi}{1-\rho}, \ b = \frac{1-\zeta}{1-\rho} \tag{10.99}$$

所以

$$\Delta n_t = a\sum_{i=0}^{\infty}\phi^i u_{t-i} + b\sum_{i=0}^{\infty}\zeta^i u_{t-i} \tag{10.100}$$

因此

$$\Delta n_{t-j} = a\sum_{i=0}^{\infty}\phi^i u_{t-j-i} + b\sum_{i=0}^{\infty}\zeta^i u_{t-j-i} \tag{10.101}$$

为了计算 Δn_t 与 Δn_{t-j} 的协方差，我们重新表述 Δn_t，略去所有小于 j 的滞后冲击，因为它们都与 Δn_{t-j} 不相关：

$$\Delta n_t = a\sum_{k=j}\phi^k u_{t-k} + b\sum_{k=j}^{\infty}\zeta^k u_{t-k} \tag{10.102}$$

令 $k=i+j$：

$$\Delta n_t = a\phi^j\sum_{i=0}^{\infty}\phi^i u_{t-j-i} + b\zeta^j\sum_{i=0}^{\infty}\zeta^i u_{t-j-i} \tag{10.103}$$

结合（10.101）与（10.103）式，我们得到：

$$\text{cov}(\Delta n_t, \Delta n_{t-j}) = \frac{a^2\phi^j}{1-\phi^2} + \frac{b^2\zeta^j}{1-\zeta^2} + \frac{ab(\phi^j+\zeta^j)}{1-\phi\zeta} \tag{10.104}$$

11

市场力量、自愿交换与失业波动

11.1 引言

在前面两章中我们模型的假定延续了凯恩斯主义宏观经济模型的传统，即供给与需求不一致，需求总是可以得到满足而供给者调整供给。虽然这个假定有很长的传统，但很明显它是一个简化，并且它违反了我们在第1章与第3章中所遵循的自愿交换的假说。

因此读者有理由追问如果不使用这种简化方式，那么结果将如何被修正。在这一章我们需要做的就是建立一个模型，在模型中工会根据它所代表的工人预期效用最大化来预先制定工资，并且厂商之间是垄断竞争的，自愿交换的假定也得到满足。

如我们将要看到的，这一修正自动引入了非线性的就业决定方式。正像其他学者所发现的一样，在宏观经济中存在非线性的现象，尤其是就业。因此这一章的模型使我们能够很自然地形式化这些自身带有有趣结果的非线性现象。例如，我们将发现一个具有更大方差的冲击会引致一个更高水平的失业。

11.2　模型

我们考察一个迭代模型。所有的家庭有同样的效用函数，对 t 期出生的家庭有：

$$U_t = \alpha \log C_t + (1-\alpha)\log C'_{t+1} \tag{11.1}$$

C_t 是年轻时的消费，C'_{t+1} 是老年时的消费。消费品由竞争性的厂商使用中间品 $j \in [0,1]$ 生产，生产函数为：

$$Y_t = \left(\int_0^1 Y_{jt}^\theta \mathrm{d}j\right)^{1/\theta} \tag{11.2}$$

中间品 $j \in [0,1]$ 由垄断竞争的厂商生产，生产函数为：

$$Y_{jt} = Z_t N_{jt}^v \tag{11.3}$$

Z_t 是所有厂商 j 都要面对的技术冲击。

为了简化某些计算，我们像第 5 章一样，再次把家庭分为劳动者与资本家。中间品厂商的利润分配给年轻的资本家。年轻的工人供给固定数量的劳动，劳动在不同的中间品部门中平均分配，所以在每个部门 j 的劳动供给是固定的且为 N_0。

11.3　具有可变工资的均衡

我们首先考察在其他市场给定下工资的决定情况，这意味着此时冲击大小已经获知，我们以此作为基准模型。预置工资与名义刚性的情况将在下一部分进行研究。

11.3-1　家庭与总需求

M_t 是经济中的货币数量。货币完全由老年人持有，并全部消费掉，即：

$$C'_t = \frac{M_t}{P_t} \tag{11.4}$$

由效用函数(11.1)式，年轻的个人，不论是工人或资本家，都消费收入的 α 部分。因为他们总的真实收入等于 Y_t，我们有：

$$C_t = \alpha Y_t \tag{11.5}$$

现在，由于产品市场总是出清的，我们有 $Y_t = C_t + C'_t$，结合(11.4)与(11.5)式，得到：

$$Y_t = \frac{M_t}{(1-\alpha)P_t} \tag{11.6}$$

11.3-2 最终品厂商

竞争性的最终品厂商最大化利润：

$$P_t \left(\int_0^1 Y_{jt}^\theta \mathrm{d}j \right)^{1/\theta} - \int_0^1 P_{jt} Y_{jt} \mathrm{d}j \tag{11.7}$$

它给出了中间品 j 的需求：

$$Y_{jt} = Y_t \left(\frac{P_{jt}}{P_t} \right)^{-1/(1-\theta)} \tag{11.8}$$

其中总价格 P_t 由常见的 CES 函数给出：

$$P_t = \left(\int_0^1 P_{jt}^{-\theta/(1-\theta)} \mathrm{d}j \right)^{-(1-\theta)/\theta} \tag{11.9}$$

11.3-3 中间品厂商

在生产函数(11.3)式与需求函数(11.8)式的约束下，中间品厂商 j 最大化利润。也就是求解下面的规划：

$$\max P_{jt} Y_{jt} - W_{jt} N_{jt}$$

$$\mathrm{s.t.}\ Y_{jt} = Z_t N_{jt}^v$$

$$Y_{jt} \leqslant Y_t \left(\frac{P_{jt}}{P_t} \right)^{-1/(1-\theta)}$$

由该规划的解，可以得到厂商 j 的劳动需求为：

$$N_{jt} = \left(\frac{\theta v P_t Z_t^\theta Y_t^{1-\theta}}{W_{jt}} \right)^{1/(1-\theta v)} \tag{11.10}$$

11.3-4　工会

由效用函数(11.1)式，厂商 j 中工人的效用除了常数项外是相同的，等于常数 $\log(W_{jt}N_{jt}/P_t)$。所以在设定工资 W_{jt} 时，厂商 j 的工会将在劳动需求(11.10)与最大劳动供给 N_0 的约束下最大化该效用的值。求解下面的规划：

$$\max \log\left(\frac{W_{jt}N_{jt}}{P_t} \right)$$

$$\text{s.t. } N_{jt} \leqslant \left(\frac{\theta v P_t Z_t^\theta Y_t^{1-\theta}}{W_{jt}} \right)^{1/(1-\theta v)}$$

$$N_{jt} \leqslant N_0$$

因为从(11.10)式来看，$W_{jt}N_{jt}/P_t$ 随 N_{jt} 的上升而上升，并且低于 N_0 的就业不会产生负效用，因此工会将一直选择工资 W_{jt} 以使 $N_{jt} = N_0$ 即：

$$W_{jt} = \theta v P_t Z_t^\theta Y_t^{1-\theta} N_0^{\theta v - 1} \tag{11.11}$$

我们发现上式的值并不依赖于 j，所以所有的工会将选择相同的工资，用 W_t 表示。

11.3-5　宏观经济均衡

宏观经济均衡可以这样进行描述：

$$N_{jt} = N_0, \quad \forall j \tag{11.12}$$

$$Y_t = Z_t N_0^v \tag{11.13}$$

结合(11.6)、(11.11)、(11.12)与(11.13)式，我们得到名义与真实工资的简单表达式：

$$W_t = \frac{\theta v M_t}{(1-\alpha)N_0} \tag{11.14}$$

$$\frac{W_t}{P_t} = \theta v Z_t N_0^{v-1} \tag{11.15}$$

11.4　预置工资

我们假定工资由工会在期初不知道冲击大小时预先设定的。为了计算随后的动态均衡,我们定义 $\Phi(m_t)$ 为 t 期货币的累积密度函数。均衡由下面的命题描述:

命题 11.1　在不同部门 j 的工会的工资与就业策略为:

$$w_{jt} = w_t, \ n_{jt} = n_t, \ \forall j \tag{11.16}$$

$$w_t = \bar{\omega}_t - n_0 + \log \theta v - \log(1-\alpha) \tag{11.17}$$

$$n_t = n_0 + \min(0, \ m_t - \bar{\omega}_t) \tag{11.18}$$

其中货币冲击的临界值 $\bar{\omega}_t$,由下式给出:

$$\Phi(\bar{\omega}_t) = 1 - \theta v \tag{11.19}$$

证明　可变工资情况下的部分分析在这里依然是成立的,特别地,厂商 j 的劳动需求仍由(11.10)式给出。当然,由于工资是预置的,劳动需求可能会超过劳动供给 N_0。所以实际的交易量是:

$$N_{jt} = \min\left[N_0, \ \left(\frac{\theta v P_t Z_t^{\theta} Y_t^{1-\theta}}{W_{jt}}\right)^{1/(1-\theta v)}\right] \tag{11.20}$$

现在让我们定义不同种类劳动的加总:①

$$N_t = \left(\int_0^1 N_{jt}^{\theta v}\right)^{1/\theta v} \tag{11.21}$$

结合(11.2)、(11.3)与(11.21)式,我们很容易计算出:

$$Y_t = Z_t N_t^v \tag{11.22}$$

把(11.6)式与(11.22)式放在一起,我们得到:

$$P_t Z_t^\theta Y_t^{1-\theta} = \frac{M_t N_t^{-\theta v}}{1-\alpha} \qquad (11.23)$$

(11.20)式变为：

$$N_{jt} = \min\left\{ N_0, \left[\frac{\theta v M_t N_t^{-\theta v}}{(1-\alpha) W_{jt}} \right]^{1/(1-\theta v)} \right\} \qquad (11.24)$$

我们用 $\Psi(M_t)$ 定义(11.21)与(11.24)式所组成的系统关于 n_t 的解，或按照对数的形式：

$$n_t = \psi(m_t) \qquad (11.25)$$

以对数的形式，(11.2)式变为：

$$(1-\theta v)n_{jt} = \min\big[(1-\theta v)n_0, \, m_t - \theta v \psi(m_t)$$
$$- w_{jt} + \log \theta v - \log(1-\alpha) \big] \qquad (11.26)$$

我们定义 $\bar{\omega}_{jt}$ 为 m_t 的临界值，在 m_t 等于此值时，厂商 j 的劳动需求等于 n_0。从(11.26)式我们马上得到：

$$(1-\theta v)n_0 = \bar{\omega}_{jt} - \theta v \psi(\bar{\omega}_{jt}) - w_{jt} + \log \theta v - \log(1-\alpha) \qquad (11.27)$$

下面我们在两个区域中计算工会的目标函数 $E(w_{jt} + n_{jt} - p_t)$。我们把 $\bar{\omega}_{jt}$ 作为工作变量，下面我们将要看到，这是因为给出最优 $\bar{\omega}_{jt}$ 的条件非常简单。

从(11.27)式我们计算 j 部门的工资：

$$w_{jt} = \bar{\omega}_{jt} - \theta v \psi(\bar{\omega}_{jt}) + \log \theta v - \log(1-\alpha) - (1-\theta v)n_0 \qquad (11.28)$$

结合(11.6)、(11.22)与(11.25)式，我们得到总价格的值：

$$p_t = m_t - v\psi(m_t) - z_t - \log(1-\alpha) \qquad (11.29)$$

两个可能的 n_{jt} 的值由(11.26)式给出，在考虑了(11.28)式中 w_{jt} 的值后，它变为：

$$n_{jt} = n_0 + \min\left[0, \frac{m_t - \theta v \psi(m_t) - \bar{\omega}_{jt} + \theta v \psi(\bar{\omega}_{jt})}{1-\theta v} \right] \qquad (11.30)$$

结合(11.28)、(11.29)与(11.30)式,我们发现工会的最大值 $E(w_{jt}+n_{jt}-p_t)$ 可以表示成下式,其中 $\phi(m_t)$ 是货币对数的密度函数:

$$E(w_{jt}+n_{jt}-p_t)=Ez_t+\int_{\bar{\omega}_{jt}}^{\infty}\left[\bar{\omega}_{jt}-\theta v\psi(\bar{\omega}_{jt})\right]\phi(m_t)\mathrm{d}m_t$$

$$+\int_{-\infty}^{\bar{\omega}_{jt}}\left[\frac{m_t-\theta v\psi(m_t)-\theta v\bar{\omega}_{jt}+\theta^2 v^2\psi(\bar{\omega}_{jt})}{1-\theta v}\right]\phi(m_t)\mathrm{d}m_t$$

$$+\int_{-\infty}^{+\infty}\left[v\psi(m_t)-m_t+\log\theta v+\theta vn_0\right]\phi(m_t)\mathrm{d}m_t \quad (11.31)$$

对 $\bar{\omega}_{jt}$ 求导,我们得到一阶条件:

$$\left[1-\theta v\psi'(\bar{\omega}_{jt})\right]\left[\int_{\bar{\omega}_{jt}}^{\infty}\phi(m_t)\mathrm{d}m_t-\frac{\theta v}{1-\theta v}\int_{-\infty}^{\bar{\omega}_{jt}}\phi(m_t)\mathrm{d}m_t\right]=0$$

$$(11.32)$$

由(11.21)与(11.24)式,我们可以发现 ψ 的导数在 0 到 1 之间[②],因此第一个括号的内容可以忽略。随之(11.32)式可以重新写为:

$$(1-\theta v)\left[1-\Phi(\bar{\omega}_{jt})\right]-\theta v\Phi(\bar{\omega}_{jt})=0 \quad (11.33)$$

前面我们定义了 Φ 是 m_t 的累积分布。马上可以得到最优 $\bar{\omega}_{jt}$ 的条件:

$$\Phi(\bar{\omega}_{jt})=1-\theta v \quad (11.34)$$

我们看到所有的部门将选择一样的 $\bar{\omega}_{jt}$,我们定义其为 $\bar{\omega}_t$。由此得到了(11.19)式。其次,由 $\bar{\omega}_{jt}$ 的定义 $\psi(\bar{\omega}_{jt})=n_0$,具有相同的 $\bar{\omega}_t$ 的(11.28)式就变为(11.17)式。最后当(11.24)式有一个一致的工资时,我们有:

$$n_t=\min[n_0,m_t-w_t+\log\theta v-\log(1-\alpha)] \quad (11.35)$$

上式与(11.17)式一起可以得到(11.18)式。■

我们看到工会的工资政策非常简单:工会选择工资的高低使处在失业区域的概率为 $1-\theta v$。这个概率也是劳动需求得到满足的概率。也就是说,劳动市场竞争性越弱(即 θ 越低),从市场的角度来看需求满足的概率就越高。在附录11.1我们继续在一个存在可储藏商品的市场中研究这一问题。

11.5　宏观经济均衡

我们将研究一个具有特殊的货币冲击分布的宏观均衡。让我们假定 m_t 在区间 $[-\sigma, \sigma]$[3] 上均匀分布，因此该区间上的密度函数是 $\phi(m_t) = 1/2\sigma$。就业由下式给出：

$$n_{jt} - n_0 = \min(0, m_t - \bar{\omega}_t) \tag{11.36}$$

一个反映失业情况的不错的近似是：

$$E(n_0 - n_t) = \int_{-\infty}^{\bar{\omega}_t} (\bar{\omega}_t - m_t) \phi(m_t) \, dm_t \tag{11.37}$$

很容易计算位于 $\bar{\omega}_t = (1 - 2\theta v)\sigma$ 之上的均匀分布，有：

$$E(n_0 - n_t) = \int_{-\infty}^{\bar{\omega}_t} (\bar{\omega}_t - m_t) \frac{1}{2\sigma} \, dm_t = \frac{1}{2\sigma} \left[\bar{\omega}_t m_t - \frac{m_t^2}{2} \right]_{-\sigma}^{\bar{\omega}_t} \tag{11.38}$$

$$E(n_0 - n_t) = (1 - \theta v)^2 \sigma \tag{11.39}$$

我们看到了平均失业的指标值随货币冲击的分散而增加。我们可以对就业的绝对水平作类似的计算：

$$N_t = N_0 \min[1, \exp(m_t - \bar{\omega}_t)] \tag{11.40}$$

失业率 $(N_0 - N_t)/N_0$ 的预期值是：

$$E\left(\frac{N_0 - N_t}{N_0}\right) = \int_{-\sigma}^{\bar{\omega}_t} [1 - \exp(m_t - \bar{\omega}_t)] \frac{1}{2\sigma} \, dm_t$$

$$= 1 - \theta v + \frac{\exp[-2(1 - \theta v)\sigma] - 1}{2\sigma} \tag{11.41}$$

我们可以继续计算预期失业如何随着货币冲击的分布变化而变化。令 $\chi = 2(1 - \theta v)\sigma$。那么：

$$\frac{\partial}{\partial \sigma} E\left(\frac{N_0 - N_t}{N_0}\right) = \frac{1 - e^{-\chi} - \chi e^{-\chi}}{2\sigma^2} > 0 \tag{11.42}$$

因此,从(11.39)与(11.42)式,我们发现平均失业率随货币冲击的方差上升而增加。

11.6 结论

在这一章我们在自愿交换的假定下建立了一个工会理性决定工资的简单的动态模型。我们看到在这种情况下,价格(或工资)制定者将理性地选择一个价格,这个价格与通常的假设相反,它是使另外一方的行为人以某个正的概率被配给。这个概率显著依赖于行为人定价的市场力量。在附录中将显示出产品的可储藏性有重要的作用。

引入自愿交换的另一个结果是产生了非对称性与非线性。因为这样的非线性在许多学者所提供的数据中都能观察到,所以这可能是得到该结论的一种特别自然与现实的方法。

11.7 参考文献

这一章建立在文献 Bénassy(1995b)的基础上。一个早期的具有自愿交换与不完全竞争定价的动态随机模型是文献 Svensson(1986)。

Portier 与 Puch(2000)强调了冲击的方差与就业和产出的平均水平之间的联系。不同宏观序列的非线性,尤其是在本书提到的就业与产出的序列,由以下几位学者所证实:Neftci(1984),Rothman(1991),Acemoglu 与 Scott(1994),Altug,Ashley 与 Patterson(1999),Koop 与 Potter(1999)。

Mills(1962),Zabel(1972)与 Bénassy(1982)都研究了附录中的存货问题。

注　释

① 在现阶段 N_t 只是为了计算方便而设定的一个中间变量。在将要出现的对称均衡中,它当然等于就业。

② 实际上 ψ 在一些点上有不连续的导数，因此在这些点我们使用左导数与右导数来表示。

③ 一个非零均值的 m_t 可以得到同样的最终结果。这种货币的均匀分布的方差是 $\sigma^2/3$。

附录 可储藏性与配给的概率

我们这里建立的是一个纯粹的微观模型，它解释了为何消费者配给的概率在可储藏的产品市场中要比在不可储藏的产品市场（如劳动市场）小得多，也因此解释了在这种情况下为何需求总是被满足的"传统"假设更有可能被满足。

让我们考虑一个用单位可变成本 c 生产可储藏产品的厂商。P_t 是厂商制定的产品价格，Q_t 是产品产量，D_t 是产品需求，I_t 是厂商在期初持有的存货。我们假定厂商必须在需求知道以前决定产出，因而也就决定持有存货的效用。销售量是供给与需求的较小值，这里供给包括现期的生产与过去的存货：

$$S_t = \min(Q_t + I_t, \ D_t) \tag{11.43}$$

存货以 $1-\varphi$ 的速度腐坏。所以下一期的存货为：

$$I_{t+1} = \varphi(Q_t + I_t - S_t) \tag{11.44}$$

我们假定需求方程是随机的，并有一个乘数性的随机项：

$$D_t = \xi_t g(P_t) \tag{11.45}$$

ξ_t 是独立同分布的随机变量，其概率密度为 $\phi(\xi_t)$，累积密度函数为 $\Phi(\xi_t)$。厂商最大化利润的折现：

$$\max E_0\left\{\sum_{t=0}^{\infty}\beta^t(P_t s_t - cQ_t)\right\} \tag{11.46}$$

解答

我们使用传统的动态规划求解方法来解这一问题。为此我们建立存货

178

的价值方程,记为 $V(I)$。为了发现刻画 $V(I)$ 的递归方程,我们注意到厂商可能处在两个区域中的其中之一:交易量等于需求 $\xi_t g(P_t)$ 的过度供给状态,与交易量等于供给 $Q_t + I_t$ 的过度需求状态。这两种状态的转折发生在供给等于需求时,此时随机冲击 ξ_t 的值为:

$$\xi_t = \frac{Q_t + I_t}{g(P_t)} \tag{11.47}$$

结果是,$V(I)$ 可以用下面的递归方程刻画(因为该问题是静态的,我们省略了时间标量):

$$V(I) = \max \left\{ \int_0^{(Q+I)/g(P)} \left[P\xi g(P) + \beta V(\varphi[Q+I-\xi g(P)]) \right] \phi(\xi)\,\mathrm{d}\xi \right.$$
$$\left. + \int_{(Q+I)/g(P)}^{\infty} \left[P(Q+I) + \beta V(0) \right] \phi(\xi)\,\mathrm{d}\xi - cQ \right\} \tag{11.48}$$

假设 P 与 Q 有一个内点解,也就是说 I 足够小使当期产出为正,这时 (11.48) 式右边的 P 和 Q 的偏导数等于零,我们得到最优的价格—产出策略。这就可以得到下面两式:

$$\int_0^{(Q+I)/g(P)} \left[g(P) + Pg'(P) - \beta\varphi g'(P)V'(\varphi[Q+I-\xi g(P)]) \right]\xi\phi(\xi)\,\mathrm{d}\xi$$
$$+ \int_{(Q+I)/g(P)}^{\infty} (Q+I)\phi(\xi)\,\mathrm{d}\xi = 0 \tag{11.49}$$

$$\int_0^{(Q+I)/g(P)} \beta\gamma V'(\varphi[Q+I-\xi g(P)])\phi(\xi)\,\mathrm{d}\xi + \int_{(Q+I)/g(P)}^{\infty} P\phi(\xi)\,\mathrm{d}\xi - c = 0$$
$$\tag{11.50}$$

我们马上可以指出上两式实际上分别是给出 $Q+I$ 与 P 的方程。这意味着对一个小于临界值 $\hat{I}$(下面我们仍将如此假设)的存货值 I,最优的价格独立于 I,而且最优的产出为:

$$Q = \hat{I} - I \tag{11.51}$$

将最优策略代入 (11.48) 式,我们发现 $V'(I) = c$ 对所有 $I \leqslant \hat{I}$ 都成立。接着我们把该值代入 (11.49) 与 (11.50) 式,得到下面两个方程,这就分别决定了最优的 P 与 $\hat{I}$:

$$\int_0^{\hat{I}/g(P)} \left[g(P) + Pg'(P) - \beta\varphi c g'(P) \right] \xi\phi(\xi)\,\mathrm{d}\xi$$

$$+ \int_{\hat{I}/g(P)}^{\infty} \hat{I}\phi(\xi)\,\mathrm{d}\xi = 0 \tag{11.52}$$

$$\int_0^{\hat{I}/g(P)} \beta\varphi c\phi(\xi)\,\mathrm{d}\xi + \int_{\hat{I}/g(P)}^{\infty} P\phi(\xi)\,\mathrm{d}\xi - c = 0 \tag{11.53}$$

使用累积密度函数 Φ，(11.53)式能够写为更加简单的形式：

$$\Phi\left[\frac{\hat{I}}{g(P)} \right] = \frac{P-c}{P-\beta\varphi c} \tag{11.54}$$

因此需求者配给的概率是：

$$1 - \Phi\left[\frac{\hat{I}}{g(p)} \right] = 1 - \frac{P-c}{P-\beta\varphi c} = \frac{(1-\beta\varphi)c}{P-\beta\varphi c} \tag{11.55}$$

当然，因为 P 是一个内生变量，所以这并不是结尾。为了得到配给概率的有效边界，让我们像正文中一样假定一个等弹性的需求曲线：

$$g(P) = p^{-1/(1-\theta)} \tag{11.56}$$

在这一参数设置下，(11.52)式可以改写为：

$$\int_0^{\hat{\xi}} (\beta\varphi c - \theta P)\xi\phi(\xi)\,\mathrm{d}\xi + \int_{\hat{\xi}}^{\infty} (1-\theta)P\hat{\xi}\phi(\xi)\,\mathrm{d}\xi = 0 \tag{11.57}$$

这里 $\hat{\xi} = \hat{I}/g(P)$。因为 $\xi \leqslant \hat{\xi}$ 在区间 $[0, \hat{\xi}]$ 上，(11.57)式就意味着：

$$\int_0^{\hat{\xi}} (\beta\varphi c - \theta P)\phi(\xi)\,\mathrm{d}\xi + \int_{\hat{\xi}}^{\infty} (1-\theta)P\phi(\xi)\,\mathrm{d}\xi \leqslant 0 \tag{11.58}$$

以概率 Φ 表示，上式可以重新写为：

$$(\beta\varphi c - \theta P)\Phi + (1-\theta)P(1-\Phi) \leqslant 0 \tag{11.59}$$

联立(11.54)与(11.59)式，我们得到：

$$P \geqslant \frac{c}{\theta} \tag{11.60}$$

因此价格高于"传统"值 c/θ。在将(11.60)式代入(11.54)式之后，我们最终得到：

$$\Phi \geqslant \frac{1-\theta}{1-\beta\varphi\theta} \tag{11.61}$$

上式给出了配给概率 $1-\Phi$ 的上边界：

$$1-\Phi \leqslant \frac{\theta(1-\beta\varphi)}{1-\beta\varphi\theta} \tag{11.62}$$

我们看到耐心(高 β 值)与耐储藏性(高 φ 值)导致了非常低的理性概率。这就对这样产品的需求是非配给性这一通常假设给出了一个合理的近似。

第 Ⅵ 部分

经济政策

12

名义刚性和主动政策主义

12.1　引言

　　名义刚性是否给主动政策主义提供了一个理性基础；并且如果该论点成立，主动政策应该采取何种具体形式。这一直是宏观经济理论界争论的一个重要议题。

　　直到 20 世纪 70 年代，凯恩斯主义作为一种广为接受的观点，认为工资或者价格刚性确实为积极的逆周期的需求政策提供了一个良好的微观基础。在工资或者价格刚性条件下，未预期的负向需求冲击确实造成了资源非充分利用，因此政府此时可能通过实施充分的需求刺激来治理这种资源的非充分利用（正向冲击时则相反）。

　　凯恩斯的政府主动政策观点随着 20 世纪 70 年代初期理性预期学说的到来而遇到前所未有的巨大挑战，其中有两个批评对凯恩斯主动政策观点的威胁性最大。

　　首先是卢卡斯批评（Lucas, 1972）：大部分显示主动政策有效性的凯恩斯模型是非"结构化"模型，即没有严格的微观基础作为支撑。这个批评是十分中肯的，凯恩斯模型中的许多总量方程直接引入了一些先验假设，由此造成整个模型的

"非结构化"。因此对主动政策有效性的考察要求必须从具有明确的行为人的模型结构出发。

其次一个批评由 Sargent 和 Wallace(1975，1976)提出：绝大多数凯恩斯模型的主动政策有效性实际上来自于模型中隐含的假定政府相对于私人部门的"信息优势"。即政府可以对某些"近期"的冲击做出政策响应，而私人部门却被锁定在"过去"的名义工资或价格契约当中。[①] 如果政府对冲击比私人部门并不具有更多信息优势，政府主动政策将呈现"无效"。这个批评切中要害，绝大多数凯恩斯模型，甚至基于理性预期构建的一些模型均显得脆弱（Fischer 1977 年的论文便是一个著名的例子）。进一步讲，如果享有信息优势的政府部门具有向私人部门公布更多信息的义务，那么惟有当私人部门未能接受更多的信息时，政府才有义务干预经济。

本章旨在构建一个具有预置工资的严格最优化模型，重新检验上述议题。在此模型中，经济系统受到来自需求和供给两方面的随机冲击，政府部门对私人部门具有如前所述的"信息劣势"。更准确地讲，模型假定：(1)政府部门采取主动政策的信息基础并不优于私人部门行动的信息基础；(2)私人部门设置工资在政府同期政策决定**之后**。这就是说，当私人部门被锁定于固定的名义工资契约的同时，政府并不能对私人部门进行"惊扰"。

尽管做出上述设定，我们仍然发现采取主动政策才是最优的。尽管经济系统每期在工资预先设定**之后**才接受需求或供给随机冲击，我们设计的最优主动政策仍然可以成功地保持整个经济系统的充分就业。

12.2 模型

为使得论证清晰，我们首先从一个简单模型出发。在此模型中，政府仅有一种政策工具——财政政策。我们首先假设预置工资等于预期的瓦尔拉价格，这是传统假设。在此后两章中，我们发现此模型所得出的最优政策形式是一个稳健的结果：无论第 13 章引入其他工资预置形式（效用最大化的工会决定工资）、还是在第 14 章中共同决定的货币财政政策，甚至引入附加的冲击与预置的价格，我们仍然得出相同的最优政策形式。模型具体设定如下：

12.2-1　迭代模型

我们选取一个引入货币并具有生产的迭代模型（Samuelson，1958）。由于本章仅考虑总量税形式的财政政策，因此迭代模型非常适用。如果我们选取无限期生存的经济人模型，则李嘉图等价成立，从而使得我们当前的财政政策分析难以进行。

12.2-2　行为人

整个经济系统包括代表性厂商、家庭和政府。

t 时期出生的家庭仅生存两个时期：在 t 时期提供劳动 N_t 并消费 C_t，在 $t+1$ 时期消费 C'_{t+1}。它们以经济中惟一的资产形式货币进行储蓄。[②] 家庭最大化其效用函数的期望值：

$$U_t = \alpha_t \log C_t + \log C'_{t+1} - (1+\alpha_t) N_t \qquad (12.1)$$

其中 α_t 为一正的随机变量，它的变动代表需求冲击，由此可得，家庭 t 期的消费倾向为 $\alpha_t / (1+\alpha_t)$。劳动负效用系数 $(1+\alpha_t)$ 的选择旨在产生一个无政府干预环境下的不变的瓦尔拉劳动供给数量（参见 12.3 节）。因此 α_t 的变化表示纯粹的真实需求冲击。

代表性厂商的生产函数设定如下：

$$Y_t = Z_t N_t \qquad (12.2)$$

其中 Y_t 代表产出，N_t 代表劳动投入，Z_t 代表对所有厂商共同的技术冲击。厂商所有权属于年轻家庭并分配厂商利润。为使得表述简洁，我们假设两种类型的冲击 α_t 和 Z_t 为独立同分布变量。

政府仅有一种政策工具：通过向老年家庭征税来增加或减少经济系统的货币存量。[③] 政府征税仅依赖于私人部门已知的变量。

12.2-3　时间顺序

由于 Sargent 和 Wallace 提出的政府部门相对私人部门的信息优势是所有争论的焦点，因此有必要将行动和信息发生的顺序澄清如下：

进入 t 时期的老年家庭持有从上期带来的货币量为 Ω_{t-1}。首先政府课征**名义**④税收 T_t,因此老年家庭这时的货币持有量 Ω_t 为:

$$\Omega_t = \Omega_{t-1} - T_t \qquad (12.3)$$

政府课税政策只能对过去经济系统的变化作出反应。为反映此事实,我们假定政府税收为至 $t-1$ 期的可观测宏观经济变量的函数,并且这些经济变量为私人部门已知。

其次,私人部门在获悉当期冲击 α_t 和 Z_t 之前根据预期市场出清值进行工资预置。最后,当期冲击成为共同知识,交易在此基础上进行。

如引言中所述,由于固定工资契约于政府课税**之后**签订,政府并无机会使用政策对私人部门进行"惊扰"。而且由于 t 期的税收数量根据至 $t-1$ 期的信息确定,因此政府并不享有对私人部门的信息优势。

12.3 瓦尔拉均衡

为与预置工资情形进行比较结果,首先求解该经济的瓦尔拉均衡。

令 P_t 和 W_t 分别表示 t 期的价格与名义工资。真实工资等于劳动的边际生产率:

$$\frac{W_t}{P_t} = Z_t \qquad (12.4)$$

老年家庭拥有货币 Ω_t,并全部用光。因此其消费量 C'_t 为:

$$C'_t = \frac{\Omega_t}{P_t} \qquad (12.5)$$

接下来写出出生在 t 期的年轻家庭的最优规划。它在年轻时收到利润 $\Pi_t = P_t Y_t - W_t N_t$,并在年老时支付税收 T_{t+1},其货币储蓄为 S_t。因此年轻家庭的最优规划如下:

$$\max E_t \left[\alpha_t \log C_t + \log C'_{t+1} - (1 + \alpha_t) N_t \right]$$

$$\text{s.t. } P_t C_t + S_t = W_t N_t + \Pi_t$$

$$P_{t+1} C'_{t+1} = S_t - T_{t+1}$$

由于 T_{t+1} 为至 t 期的变量的函数,因此该家庭决定劳动供给及产品需求时,税收量 T_{t+1} 为已知。该规划的一阶条件可推出如下结果:

$$P_t C_t = \frac{\alpha_t}{1+\alpha_t}(W_t N_t + \Pi_t - T_{t+1}) = \frac{\alpha_t}{1+\alpha_t}(P_t Y_t - T_{t+1}) \quad (12.6)$$

$$N_t^s = \frac{W_t - \Pi_t + T_{t+1}}{W_t} \quad (12.7)$$

方程(12.6)为常见的消费函数,方程(12.7)为瓦尔拉劳动供给函数。最后,产品市场的均衡条件如下:

$$C_t + C_t' = Y_t = Z_t N_t \quad (12.8)$$

方程(12.4)到(12.8)决定了所有变量的均衡值,它们依赖于 Ω_t 和 $\Omega_{t+1} = \Omega_t - T_{t+1}$。可以容易地解出:

$$C_t = \frac{\alpha_t Z_t}{1+\alpha_t}, \quad C_t' = \frac{Z_t \Omega_t}{(1+\alpha_t)\Omega_{t+1}} \quad (12.9)$$

$$N_t = \frac{1}{1+\alpha_t}\left(\alpha_t + \frac{\Omega_t}{\Omega_{t+1}}\right) \quad (12.10)$$

$$W_t^* = (1+\alpha_t)\Omega_{t+1}, \quad P_t^* = \frac{(1+\alpha_t)\Omega_{t+1}}{Z_t} \quad (12.11)$$

从方程(12.10)可得如 12.2 节所述,如果不存在税收,即 $\Omega_{t+1} = \Omega_t$,瓦尔拉的劳动数量将固定不变并等于 1。

12.4 最优性

12.4-1 最优标准

为评价瓦尔拉情形及非瓦尔拉情形中不同政府政策的最优性,需要一个最优性标准。显然,对于一个无限期界的迭代模型,帕累托最优性准则的考察并不充分。因此我们采用专门用于迭代模型的萨缪尔森最优标准(Samuelson, 1967, 1968; Abel, 1987),即假定在 t 期政府最大化下述期望效用的贴现和：

$$V_t = E_t \sum_{s=t-1}^{\infty} \beta^{s-t} U_s \qquad (12.12)$$

由于出生于 $t-1$ 期的家庭将存活至 t 期，因此期望效用的贴现和自 $s=t-1$ 期开始。其中 $\beta=1$ 情形对应于最大化代表性家庭的期望效用。参数 β 的作用与无限期界生存的消费者模型中家庭贴现率的作用一样。

重新整理(12.12)式中各项，我们发现除了常数外，最优标准 V_t 可以更方便地表示为：

$$V_t = E_t \sum_{s=t}^{\infty} \beta^{s-t} \Delta_s \qquad (12.13)$$

$$\Delta_t = \alpha_t \log C_t + \frac{\log C_t}{\beta} - (1+\alpha_t) N_t \qquad (12.14)$$

12.4-2 瓦尔拉情形下的最优政策

我们首先考察瓦尔拉情形下的最优政策。为发现这一最优政策，我们简单地把(12.9)和(12.10)式决定的均衡值代入由(12.13)和(12.14)式所定义的最优标准中。对应于 t 期的 Δ_t 项等于：

$$\Delta_t = \alpha_t \log\left[\frac{\alpha_t Z_t}{1+\alpha_t}\right] + \frac{1}{\beta} \log\left[\frac{Z_t \Omega_t}{(1+\alpha_t)\Omega_{t+1}}\right] - \left(\alpha_t + \frac{\Omega_t}{\Omega_{t+1}}\right) \quad (12.15)$$

对 Ω_{t+1}/Ω_t 求最大化，可得瓦尔拉区域下的最优政策：

$$\frac{\Omega_{t+1}}{\Omega_t} = \beta \qquad (12.16)$$

观测最优政策(12.16)式，可以注意到两件事情。其一，最优政策形式为货币总量的增长率等于贴现率 β，这一形式就是弗里德曼的著名论文《最优货币数量》(*Optimal Quantity of Money*, 1969)中提出的著名的"弗里德曼规则"的一种形式。其二，由于(12.16)式定义的最优政策不依赖于任何过去的或当前的经济变量，这显然是一个非主动性政策。在下一章中，我们将会发现预置工资的引入会使得结论发生重大变化。

12.5 预置工资

我们首先假定工人与厂商在已知的信息基础上(该信息集合并**不包括**当期随机冲击 α_t 和 Z_t)于 t 期初签订工资契约,并在此预置工资的基础上,家庭提供厂商所需的劳动量。为避免引入其他的扭曲,模型假设预置工资为瓦尔拉均衡工资的预期值[⑤],即名义工资遵循(12.11)式预先决定:

$$W_t = E_{t-1} W_t^* = E_{t-1}\big[(1 + \alpha_t)\Omega_{t+1}\big] \qquad (12.17)$$

12.5-1 预置工资均衡

除由(12.7)式所代表的家庭劳动供给线不再有效外,(12.4)到(12.8)式均衡方程仍然成立。用(12.17)式代替(12.7)式,并联立这些方程,我们发现预置工资均衡可以被如下的就业和消费水平所刻画:

$$N_t = \frac{\alpha_t \Omega_{t+1} + \Omega_t}{W_t} \qquad (12.18)$$

$$C_t = \frac{\alpha_t \Omega_{t+1} Z_t}{W_t} \qquad (12.19)$$

$$C_t' = \frac{\Omega_t Z_t}{W_t} \qquad (12.20)$$

12.5-2 非主动政策的次优性

为表明非主动政策的次优性,我们现在考察在预置工资情形下,如果政府采用瓦尔拉市场出清下最优的政策(12.16)式,将会造成何种经济后果。根据(12.16)和(12.17)式,预置工资 W_t 等于:

$$W_t = \beta(1 + \alpha_a)\Omega_t \qquad (12.21)$$

其中

$$\alpha_a = E(\alpha_t) \qquad (12.22)$$

下标 a 表示"平均"。式(12.18)、(12.19)和(12.20)导出以下值：

$$N_t = \frac{1 + \beta\alpha_t}{\beta(1 + \alpha_a)} \qquad (12.23)$$

$$C_t = \frac{\alpha_t Z_t}{1 + \alpha_a} \qquad (12.24)$$

$$C'_t = \frac{Z_t}{\beta(1 + \alpha_a)} \qquad (12.25)$$

易知(12.23)到(12.25)式定义的分配甚至不是一个帕累托最优配置。考察劳动市场，联立(12.7)、(12.16)、(12.21)和(12.23)式可导出劳动市场的供需差异：

$$N_t - N_t^s = \frac{\alpha_t - \alpha_a}{1 + \alpha_a} \qquad (12.26)$$

因此整个经济系统要么出现非充分就业(当 $\alpha_t < \alpha_a$ 时)，要么出现过度就业(当 $\alpha_t > \alpha_a$ 时)，两种情况均导致经济非效率。下面模型将解释为什么主动政策可以做得好得多。

12.6 主动政策的最优性

12.6-1 最优政策

最优政策应满足两个条件：(1) T_t 或 Ω_t 应仅为至 $t-1$ 期的变量的函数；(2)此政策所导致的经济均衡将最大化在(12.12)到(12.14)式中的效用函数 V_t。

为了用简单的方法找到最优政策，我们把"固定工资均衡"下的 C_t、C'_t 和 N_t(由(12.18)到(12.20)式)代入最优标准(12.14)式。在 t 期，政府在(12.17)式的约束下最大化以下数量的期望值：

$$\alpha_t \log\left(\frac{\alpha_t \Omega_{t+1} Z_t}{W_t}\right) + \frac{1}{\beta}\log\left(\frac{\Omega_t Z_t}{W_t}\right) - (1 + \alpha_t)\left(\frac{\alpha_t \Omega_{t+1}}{W_t} + \frac{\Omega_t}{W_t}\right) \quad (12.27)$$

在此规划中，Ω_t 来自于上一期，工资根据(12.17)式预先给定，而 Ω_{t+1} 的选

择必依赖于直到 t 期并包含 t 期的所有冲击的值。我们的计算结果表明，(12.17)式实际上并不构成一个硬约束，因此可以直接对 Ω_{t+1} 和 W_t 求解(12.27)式的最大化。由于该规划对 Ω_{t+1}、Ω_t 和 W_t 为零次齐次，因此进一步等价于求解比例 Ω_{t+1}/W_t 和 W_t/Ω_t 的最优条件。首先对 Ω_{t+1}/W_t 最大化(12.27)式，得出：

$$\Omega_{t+1} = \frac{W_t}{1+\alpha_t} \qquad (12.28)$$

结合(12.11)与(12.28)式可得：

$$W_t^* = (1+\alpha_t)\Omega_{t+1} = W_t \qquad (12.29)$$

运用政策规则(12.28)的话，t 时期的瓦尔拉工资完全被预先设定，并**独立于 t 期的冲击** α_t 和 Z_t。结果等于期望值 W_t^* 的合同工资 W_t 总等于市场出清值，因而政策(12.28)式下的经济总是处于充分就业状态。

现在代入 Ω_{t+1}/W_t，可以得到预期 Δ_t 表达式，忽略常数项可得：

$$\frac{1}{\beta}\log\left(\frac{\Omega_t}{W_t}\right) - \frac{(1+\alpha_a)\Omega_t}{W_t} \qquad (12.30)$$

对 W_t/Ω_t 求该式最大化得：

$$W_t = \beta(1+\alpha_a)\Omega_t \qquad (12.31)$$

结合(12.28)和(12.31)式，最终推出如下最优货币政策：

$$\frac{\Omega_{t+1}}{\Omega_t} = \frac{\beta(1+\alpha_a)}{(1+\alpha_t)} \qquad (12.32)$$

规则(12.32)不仅包含了凯恩斯成分，也包含了弗里德曼成分。如果需求冲击不存在，即 α_t 不变，方程(12.32)式变为 $\Omega_{t+1} = \beta\Omega_t$，这就是我们在瓦尔拉情形下发现的最优的弗里德曼规则(12.16)式。然而，我们也会看到一旦需求冲击存在，最优政策则以逆周期的方式对冲击进行响应：今天的负向需求冲击(较低的 α_t)将导致明天更低的或者负的税收(较低的 T_{t+1} 以及由此而来的较高的 Ω_{t+1})，正向需求则相反。该最优规则因此为一主动政策。

12.6-2　一个直觉性解释

尽管在不知道当期冲击的情况下预置工资，相对于私人部门不具有信息优势的政府却仍然能够成功稳定经济。这个结果多少有些令人吃惊。我们将给出这一令人瞩目结果的一个简单的经济学解释。家庭消费函数(12.6)式可重新表示如下:

$$P_t C_t = \frac{\alpha_t}{1 + \alpha_t}(P_t Y_t - T_{t+1}) \qquad (12.33)$$

假定工资契约签订后,经济系统受到负向需求冲击(一个较低的 α_t)。如果政府并未进行政策响应,从消费函数(12.33)式可得出产品需求及劳动力需求将**减少**,从而导致非充分就业。现在假设知道政府将采取逆周期的政策(12.32)式,私人部门预计未来课税 T_{t+1} 将会降低,根据上式这一预期税收效应将会反向**增加**劳动需求及产品需求。当政策规则按照(12.32)式进行实施时,这两种相反方向的效应正好相互抵消,从而导致经济总是处于充分就业状态。当然,零失业率结果是由于我们模型的特殊设定形式造成的,但正如附录12.3所示,主动性政策的最优性结论将是一个稳健的命题。

12.6-3 政策实施

政策(12.32)式是冲击 α_t 的函数。但是冲击仅为家庭的私人信息,不是政府可直接观测的变量。因此必须检验最优政策的可实施性,即是否可以通过其他可为政府观测的宏观变量提取所需要的随机冲击信息 α_t。我们将看到这是可行的。

将最优政策(12.32)式代入预置工资均衡下的工资和就业水平((12.17)和(12.18)式),得到:

$$W_t = \beta(1 + \alpha_a)\Omega_t \qquad (12.34)$$

$$N_t = \frac{\beta(1 + \alpha_a)}{1 + \alpha_t}\frac{\alpha_t \Omega_t}{W_t} + \frac{\Omega_t}{W_t} \qquad (12.35)$$

联立上式,得出就业是当期冲击的函数:

$$N_t = \frac{\alpha_t}{1 + \alpha_t} + \frac{1}{\beta(1 + \alpha_a)} \qquad (12.36)$$

因此,冲击 α_t 可以从当期就业推算出来:

$$\frac{1}{1+\alpha_t} = 1 - N_t + \frac{1}{\beta(1+\alpha_a)} \qquad (12.37)$$

政策函数(12.32)式可以直接改写为可观测的就业水平的函数：

$$\frac{\Omega_{t+1}}{\Omega_t} = 1 + \beta(1+\alpha_a) - \beta(1+\alpha_a)N_t \qquad (12.38)$$

上述形式表明最优政策确为可观测宏观经济变量的函数，因此最优政策具有可实施性。

12.7 结论

本章通过构造一个预置工资模型，其中家庭运用理性预期最大化效用，这表明：尽管政府部门相对私人部门并不具有信息优势，采取主动的逆周期财政政策仍然是最优的。在我们模型的设定下，经济系统甚至总是处于充分就业状态。

一个经常对传统的主动性政策提出的异议是可以执行主动性政策的政府可能具有通货膨胀倾向。此类批评对本模型导出的最优政策并不适用，因为模型中所有名义变量的平均增长率为 β，因此遵循一个非递增的趋向。传统的稳定就业与稳定价格导致的冲突在此并不存在。

12.8 参考文献

本章主要基于 Bénassy(1997b，2001)。

相对私人部门不具信息优势的政府对于稳定就业无能为力的"非有效"命题由 Sargent 和 Wallace(1975，1976)提出。

相对私人部门不具信息优势的政府仍可以在稳定经济方面有所作为的重要思想随后由 Turnovsky(1980)，Weiss(1980)，King(1982，1983)和 Andersen(1986)提出。所有这些文献均将理性预期机制的复杂处理引入模型框架中，否则这些模型就十分传统，其中供需函数及政府目标函数均是先验给定的。因此这些命题是否在从个人最优化出发的模型框架下仍然成立便是一个悬而未决的问题。

从 Friedman(1969)开始出现的"弗里德曼规则"已被大量的经济学研究者在无限期界生存的代表性行为人的模型框架中证实。这些研究者包括 Dornbusch 和 Frankel(1973)，Grandmont 和 Younès(1973)，Brock(1975)以及其他很多研究者。在迭代模型框架下"弗里德曼规则"的推导参见文献 Abel(1987)。

也有一些研究显示在不具有名义刚性的瓦尔拉框架下主动性政策有用（例如 Bulow and Polemarchakis，1983）。为了关注名义刚性的关键影响,我们没有采取此类框架。

注　释

① 附录 12.1 给出了 Sargent-Wallace 论据的一个简单模型。

② 由于仅有一种金融资产,我们所称的货币（记为 Ω_t）必须理解为通常迭代模型中的金融资产净总和。尽管为方便起见我们仍将其称为"货币",但是其经济含义应理解为所有金融资产。第 14 及 15 章对货币及生息资产做出了明确的区分。

③ 仅向老年人征税旨在简化模型表述。附录 12.2 给出了当老年人与年轻人同时被课税时的模型结果。

④ 在第 2 章和第 4 章中 T 表示真实税收,在本章和以后三章中 T 表示名义税收。

⑤ 在第 13 章中,我们研究了工资由具有市场力量的最大化工会预置的情形。

附录 1　Sargent-Wallace 论断

在这里,我们给出 Sargent-Wallace 论断的一个特别简单的形式。这一论断表明:如果政府相对私人部门不具有信息优势,则政府部门不应采用主动性政策。尽管该论断在更加复杂的模型框架下仍然成立,但其基本思想保持一致。为表述简洁,我们考察一个高度简化的模型。

模型

设定经济有如下的简单生产函数(以下所有变量均采用对数形式):

$$y_t = n_t \tag{12.39}$$

劳动供给是给定的:

$$n_t^s = n_0 \tag{12.40}$$

需求曲线采用一个简单的对数线性形式:

$$y_t = m_t + v_t - p_t \tag{12.41}$$

其中 v_t 代表货币流通速度。模型的解法相当简单。首先价格等于工资:

$$p_t = w_t \tag{12.42}$$

因此劳动需求为:

$$n_t = m_t + v_t - w_t \tag{12.43}$$

令劳动需求等于固定的劳动供给,从而得到瓦尔拉工资:

$$w_t^* = m_t + v_t - n_0 \tag{12.44}$$

如本章正文中所示,现假定预置工资等于上述瓦尔拉工资的期望值:

$$w_t = E_{t-1}(w_t^*) = E_{t-1}(m_t) + E_{t-1}(v_t) - n_0 \tag{12.45}$$

联立(12.43)及(12.45)式,立刻得到就业水平:

$$n_t = n_0 + (m_t - E_{t-1}m_t) + (v_t - E_{t-1}v_t) \tag{12.46}$$

我们假设政策目标为稳定就业(我们即将推出的政策实际上同时可以稳定价格)。根据政府行动时可用信息不同,我们将考察两种不同的情形。

传统的凯恩斯主义分析

在传统凯恩斯分析框架下,比如 IS-LM 模型中,实际上隐含地假定政府干预时可以采用至 t 期并包括 t 期的所有信息。因此一个最优政策的形式如下:

$$m_t = \mu - v_t \tag{12.47}$$

在此政策干预下,就业水平为:

$$n_t = n_0 \tag{12.48}$$

至此，我们看到：政府可以完全消除就业波动。但显而易见，政府主动政策的有效性是建立在政府部门相对于私人部门具有巨大信息优势基础上的。私人部门预置工资仅依赖于 $t-1$ 期的信息集，政府干预依赖的信息集却包括所有 t 期的随机冲击信息。

非有效性结果

我们假设，如 Sargent 和 Wallace 建议的，政府只能使用 $t-1$ 期的信息。因此(12.46)式中 $m_t - E_{t-1}m_t$ 和 $v_t - E_{t-1}v_t$ 两项相互独立。如果政府为了减少就业波动，它所能够采用的最佳行为是一种完全可以预测的政策：

$$m_t = E_{t-1}m_t \tag{12.49}$$

在(12.49)式条件下，就业水平为：

$$n_t = n_0 + (v_t - E_{t-1}v_t) \tag{12.50}$$

无论政府采用何种政策形式，总是存在一个就业波动下限，即由当期货币流通速度随机冲击新息 $v_t - E_{t-1}v_t$ 所造成的就业变化部分。这就是著名的"非有效性"结果。

我们可以发现尽管政府不可能完全消除失业波动，但在这个非常简单的模型中，政府却完全可以在如(12.49)式所刻画的政策集中选择下述政策形式消除价格波动：

$$m_t = \mu - E_{t-1}v_t \tag{12.51}$$

附录 2　课征所有家庭

为表述简洁，第 12 章的正文曾假定政府每期仅对老年家庭课税。现在我们考察如果政府每期对青年和老年家庭都征税，结果是否变化。

假设青年和老年家庭在 t 期被征以相同的税收 T_t。在 t 期出生的青年家庭在当前交付 T_t，在未来时交付 T_{t+1}。因此它的最优规划如下：

$$\max E_t\left[\alpha_t \log C_t + \log C'_{t+1} - (1+\alpha_t)N_t\right] \quad \text{s.t.}$$

$$P_t C_t + S_t = W_t N_t + \Pi_t - T_t$$

$$P_{t+1} C'_{t+1} = S_t - T_{t+1}$$

利用一阶条件可得：

$$P_t C_t = \frac{\alpha_t}{1+\alpha_t}(P_t Y_t - T_t - T_{t+1}) \tag{12.52}$$

$$N_t^s = \frac{W_t - \Pi_t + T_t + T_{t+1}}{W_t} \tag{12.53}$$

仍然采用 Ω_t 表示老年家庭被课税之后的货币持有量，因此老年家庭货币持有量 Ω_t 的变动方程为：

$$\Omega_{t+1} = \Omega_t - T_t - T_{t+1} \tag{12.54}$$

联立(12.52)、(12.53)和(12.54)式，以及在这里仍然成立的(12.4)、(12.5)和(12.8)式，可以导出瓦尔拉均衡如下：

$$C_t = \frac{\alpha_t Z_t}{1+\alpha_t}, \quad C'_t = \frac{Z_t \Omega_t}{(1+\alpha_t)\Omega_{t+1}} \tag{12.55}$$

$$N_t = \frac{1}{1+\alpha_t}\left(\alpha_t + \frac{\Omega_t}{\Omega_{t+1}}\right) \tag{12.56}$$

$$W_t^* = (1+\alpha_t)\Omega_{t+1} \tag{12.57}$$

这与(12.9)到(12.11)式完全一致。

瓦尔拉情形下的最优政策

为了找到瓦尔拉情形下的最优政策，我们可以简单把如(12.55)和(12.56)式所示的均衡解代入最优标准(12.13)和(12.14)式。t 期的 Δ_t，等于：

$$\Delta_t = \alpha_t \log\left(\frac{\alpha_t Z_t}{1+\alpha_t}\right) + \frac{1}{\beta}\log\left[\frac{Z_t \Omega_t}{(1+\alpha_t)\Omega_{t+1}}\right] - \left(\alpha_t + \frac{\Omega_t}{\Omega_{t+1}}\right) \tag{12.58}$$

这与第12.4节的最大化问题一样，因此得到相同的政策规则：

$$\frac{\Omega_{t+1}}{\Omega_t} = \beta \tag{12.59}$$

预置工资均衡

预置工资等于：

$$W_t = E_{t-1} W_t^* = E_{t-1} \left[(1 + \alpha_t) \Omega_{t+1} \right] \tag{12.60}$$

联立(12.2)、(12.4)、(12.5)、(12.52)、(12.54)和(12.60)式可以刻画预置工资均衡，可得：

$$N_t = \frac{\alpha_t \Omega_{t+1} + \Omega_t}{W_t} \tag{12.61}$$

$$C_t = \frac{\alpha_t \Omega_{t+1} Z_t}{W_t} \tag{12.62}$$

$$C_t' = \frac{\Omega_t Z_t}{W_t} \tag{12.63}$$

最优主动性政策

在 t 期，政府最大化下式的期望值：

$$\alpha_t \log\left(\frac{\alpha_t \Omega_{t+1} Z_t}{W_t}\right) + \frac{1}{\beta} \log\left(\frac{\Omega_t Z_t}{W_t}\right) - (1 + \alpha_t)\left(\frac{\alpha_t \Omega_{t+1}}{W_t} + \frac{\Omega_t}{W_t}\right) \tag{12.64}$$

这与第 12.6 节最大化问题一样，从而得到相同的最优主动性规则如下：

$$\frac{\Omega_{t+1}}{\Omega_t} = \frac{\beta(1 + \alpha_a)}{(1 + \alpha_t)} \tag{12.65}$$

附录3 一个关于稳健性的讨论

本章模型设定劳动负效用(方程(12.1))及生产函数(方程(12.2))对劳动均为线性的，我们现在简要地说明：本章所得出的主动性政策的最优性结论并不依赖于这些线性假定，即使在非线性设定下，主动性政策的最优性结论仍然成立。设定更一般的非线性的劳动负效用及生产函数如下：

$$U_t = \alpha_t \log C_t + \log C'_{t+1} - (1 + \alpha_t) N_t^a,\ a \geqslant 1 \qquad (12.66)$$

$$Y_t = Z_t N_t^b,\ 0 < b \leqslant 1 \qquad (12.67)$$

所有在正文中的模型框架下得出的命题均可以通过类似的方式在非线性模型中获得，惟一重要的差异是函数在更一般的设定下我们无法得到模型的显式解。在此情形下，我们仅能得到下述政府最优政策形式：

$$\frac{\Omega_{t+1}}{\Omega_t} = \Phi(\alpha_t,\ Z_t,\ a,\ b) \qquad (12.68)$$

由于我们已经在正文中考察了 $a = 1$ 和 $b = 1$ 的情况，我们进一步可以得到：

$$\Phi(\alpha_t,\ Z_t,\ 1,\ 1) = \frac{\beta(1 + \alpha_a)}{1 + \alpha_t} \qquad (12.69)$$

由于这一规划的连续性，我们可知：如果 a 和 b 充分地接近 1，那么最优政策反应函数接近于 $\beta(1 + \alpha_a)/(1 + \alpha_t)$，这意味着对需求冲击的"主动性"政策响应。这表明正文中主动性政策的最优性结论是稳健的，并不依赖于某些线性设定。

13

不完全竞争与主动性政策

13.1 引言

前一章表明,即使在"结构化"模型中,并且满足 Sargent 和 Wallace(1975)信息约束的条件下,名义刚性仍给主动性政策提供了一个坚实的理性基础。为了论述简明,在前一章模型中曾设定了传统的假设,即预置工资等于预期劳动市场出清价格。本章将采用另外一种工资预置形式:由追求效用最大化的工会预先设定工资。在此假设下,尽管模型变得较为复杂,但关于主动性政策合意性的基本讨论仍然成立。

13.2 模型

同前一章一样,我们仍然选取一个迭代模型。代表性家庭具有如下相同的效用函数:

$$U_t = \alpha_t \log C_t + \log C'_{t+1} - (1 + \alpha_t) N_t \qquad (13.1)$$

最终产品的生产是由竞争性厂商通过标记为 $j \in [0, 1]$ 的中

间品来生产的,最终产品的生产函数如下:

$$Y_t = \left(\int_0^1 Y_{jt}^\theta \, \mathrm{d}j \right)^{1/\theta} \tag{13.2}$$

中间品 j 由标记为 $j \in [0,1]$ 的中间品厂商生产,中间品生产函数如下:

$$Y_{jt} = Z_t N_{jt} \tag{13.3}$$

其中 Z_t 是所有厂商面临的共同技术冲击。中间品厂商 j 面临的工资 W_{jt} 由该厂商所对应的工会决定。

最后,政府对所有类型收入课征税率为 τ_t 的比例税。采用这种税收规则(而非上一章的总额税)的目的在于获得模型的闭式解。家庭在老年时交纳税收,但税基为其年轻时的全部收入。因此本章所采用的税率与前一章所采用的税收的关系为:

$$T_{t+1} = \tau_{t+1} P_t Y_t = \tau_{t+1} (W_t N_t + \Pi_t) \tag{13.4}$$

13.3 一些基本关系

由于我们将在可变工资和预置工资的两种情形下考察这一模型,因此本小节将首先给出在两种情形下均成立的一些基本关系。

13.3-1 宏观经济关系

首先考察在可变工资及预置工资情形下均成立的一些宏观经济关系:

命题 13.1 消费与产出水平将由以下公式给出:

$$P_t C_t' = \Omega_t \tag{13.5}$$

$$P_t C_t = \alpha_t \Omega_{t+1} \tag{13.6}$$

$$P_t Y_t = \alpha_t \Omega_{t+1} + \Omega_t \tag{13.7}$$

$$\Omega_{t+1} = \Omega_t - T_{t+1} \tag{13.8}$$

证明 处于老年的家庭将用光其全部货币财富 Ω_t,由此(13.5)式成立。

年轻家庭面临的最大化问题如下：

$$\max E_t \left[\alpha_t \log C_t + \log C'_{t+1} - (1 + \alpha_t) N_t \right]$$

$$\text{s.t. } P_t C_t + S_t = W_t N_t + \Pi_t$$

$$P_{t+1} C'_{t+1} = S_t - \tau_{t+1} (W_t N_t + \Pi_t)$$

对任何给定 N_t、C_t 和 C'_{t+1} 的最优解满足下式：

$$P_t C_t = \frac{\alpha_t}{1 + \alpha_t} (1 - \tau_{t+1}) (W_t N_t + \Pi_t) \qquad (13.9)$$

$$P_{t+1} C'_{t+1} = \frac{1}{1 + \alpha_t} (1 - \tau_{t+1}) (W_t N_t + \Pi_t) \qquad (13.10)$$

利用定义(13.4)，(13.9)式可变为：

$$P_t C_t = \frac{\alpha_t}{1 + \alpha_t} (1 - \tau_{t+1}) P_t Y_t = \frac{\alpha_t}{1 + \alpha_t} (P_t Y_t - T_{t+1}) \qquad (13.11)$$

对(13.5)式与(13.11)式求和，可得：

$$P_t Y_t = (1 + \alpha_t) \Omega_t - \alpha_t T_{t+1} \qquad (13.12)$$

由 $\Omega_{t+1} = \Omega_t - T_{t+1}$ 可以得到(13.7)式。将这个方程代入(13.11)式就得到(13.6)式。

13.3-2 劳动需求

下面我们将给出中间品生产厂商的劳动需求：

命题 13.2 部门 j 的劳动需求为：

$$N_{jt} = \frac{Y_t}{Z_t} \left(\frac{W_{jt}}{W_t} \right)^{-1/(1-\theta)} \qquad (13.13)$$

其中：

$$W_t = \left(\int_0^1 W_{jt}^{-\theta/(1-\theta)} \, \mathrm{d}j \right)^{-(1-\theta)/\theta} \qquad (13.14)$$

证明　让我们从生产最终产品的厂商开始。完全竞争的最终产品生产商最大化它们的利润，从中可以导出：

$$Y_{jt} = Y_t \left(\frac{P_{jt}}{P_t} \right)^{-1/(1-\theta)} \tag{13.15}$$

$$P_t = \left(\int_0^1 P_{jt}^{-\theta/(1-\theta)} \, \mathrm{d}j \right)^{-(1-\theta)/\theta} \tag{13.16}$$

中间品厂商在其需求曲线(13.15)的约束下最大化利润,即它要求解以下规划:

$$\max P_{jt} Y_{jt} - W_{jt} N_{jt}$$

$$\mathrm{s.\,t.} \ Y_{jt} = Z_t N_{jt}$$

$$Y_{jt} = Y_t \left(\frac{P_{jt}}{P_t} \right)^{-1/(1-\theta)}$$

其解为:

$$P_{jt} = \frac{W_{jt}}{\theta Z_t} \tag{13.17}$$

联立(13.14)、(13.16)和(13.17)式可得一个类似的总量关系:

$$P_t = \frac{W_t}{\theta Z_t} \tag{13.18}$$

现在我们可以求出劳动需求,联立(13.3)和(13.15)式可得:

$$N_{jt} = \frac{Y_{jt}}{Z_t} = \frac{Y_t}{Z_t} \left(\frac{P_{jt}}{P_t} \right)^{-1/(1-\theta)} \tag{13.19}$$

最后联立(13.17)、(13.18)和(13.19)式可得(13.13)式。　■

13.4　可变价格与工资

我们首先考察一个价格和工资均可变情况下的均衡,并将其作为基准。

13.4-1　工资设定

我们考察工会同时决定劳动工资及劳动数量的情形。利用(13.9)式和

(13.10)式，并忽略常数项可得：

$$E_t(\alpha_t \log C_{jt} + \log C'_{jt+1}) = (1 + \alpha_t)\log(W_{jt}N_{jt} + \Pi_t) \qquad (13.20)$$

因此工会面临如下效用最大化问题：

$$\max(1 + \alpha_t)\log(W_{jt}N_{jt} + \Pi_t) - (1 + \alpha_t)N_{jt}$$

$$\text{s.t. } N_{jt} = \frac{Y_t}{Z_t}\left(\frac{W_{jt}}{W_t}\right)^{-1/(1-\theta)}.$$

关于 W_{jt} 的一阶条件如下：

$$\theta W_{jt} = \frac{Y_t W_t}{Z_t}\left(\frac{W_{jt}}{W_t}\right)^{-\theta/(1-\theta)} + \Pi_t \qquad (13.21)$$

由于该规划是对称性的，因此所有厂商面临相同的工资，并雇用相同数量的劳动：

$$W_{jt} = W_t, \ N_{jt} = N_t, \ \forall j \qquad (13.22)$$

将(13.22)式代入(13.21)式，并利用(13.7)式可得：

$$W_{jt} = W_t = \frac{P_t Y_t}{\theta} = \frac{\Omega_t + \alpha_t \Omega_{t+1}}{\theta} \qquad (13.23)$$

13.4-2 一般均衡

联立(13.18)式和(13.23)式就得到总价格水平：

$$P_t = \frac{\Omega_t + \alpha_t \Omega_{t+1}}{\theta^2 Z_t} \text{ *} \qquad (13.24)$$

联立(13.5)、(13.6)和(13.7)式可以得到消费水平及劳动数量：

$$C_t = \frac{\alpha_t \Omega_{t+1}}{P_t} = \theta^2 Z_t \frac{\alpha_t \Omega_{t+1}}{\Omega_t + \alpha_t \Omega_{t+1}} \qquad (13.25)$$

$$C'_t = \frac{\Omega_t}{P_t} = \theta^2 Z_t \frac{\Omega_t}{\Omega_t + \alpha_t \Omega_{t+1}} \qquad (13.26)$$

---

* 原文为 $P_t = \frac{\Omega_t + \alpha_t \Omega_{t+1}}{\theta Z_t}$，疑误。——译者注

$$N_t = \theta^2 \qquad (13.27)$$

我们注意到参数 θ 在上述三个公式中均以平方项的形式出现，这是由于 $1/\theta$ 实际上不仅代表产品市场，而且同时代表劳动市场的垄断程度的一个指标。

13.4-3 最优政策

下面求解可变工资及价格情形下的最优政策：

命题 13.3 可变价格及工资情形下最优政策为：

$$\frac{\Omega_{t+1}}{\Omega_t} = \beta \qquad (13.28)$$

证明 最优政策将是下述最大化问题的解：

$$\max E_t \left\{ \alpha_t \log C_t + \frac{1}{\beta} \log C_t' - (1 + \alpha_t) N_t \right\} \qquad (13.29)$$

其中 C_t、C_t' 和 N_t 由公式(13.25)到(13.27)给出。这等价于最大化下式的期望值：

$$\alpha_t \log \left(\frac{\alpha_t \Omega_{t+1}}{\Omega_t + \alpha_t \Omega_{t+1}} \right) + \frac{1}{\beta} \log \left(\frac{\Omega_t}{\Omega_t + \alpha_t \Omega_{t+1}} \right) - (1 + \alpha_t) \theta^2 \qquad (13.30)$$

它的解即为政策(13.28)式。 ■

13.5 预置工资

下面假定每个厂商 j 中的工资水平 W_{jt} 在每期期初由效用最大化的工会设定。

13.5-1 工资预置

在预置工资情形下，厂商 j 的工会在获悉当期冲击**前**，通过固定工资 W_{jt} 来获得期望效用的最大化，其面临的最大化问题如下：

$$\max E_{t-1}\big[(1+\alpha_t)\log(W_{jt}N_{jt}+\Pi_t)-(1+\alpha_t)N_{jt}\big]$$

$$\text{s.t. } N_{jt}=\frac{Y_t}{Z_t}\Big(\frac{W_{jt}}{W_t}\Big)^{-1/(1-\theta)}$$

将 N_{jt} 的值代入目标函数，并对 W_{jt} 求导得到下述一阶条件：

$$E_{t-1}\left[\frac{\theta(1+\alpha_t)Y_t(W_{jt}/W_t)^{-1/(1-\theta)}}{W_{jt}Y_t(W_{jt}/W_t)^{-1/(1-\theta)}+Z_t\Pi_t}\right]=E_{t-1}\left[\frac{(1+\alpha_t)Y_t}{W_{jt}Z_t}\Big(\frac{W_{jt}}{W_t}\Big)^{-1/(1-\theta)}\right] \tag{13.31}$$

上式对于 j 是对称的，因此所有工会都会选择相同的工资 $W_{jt}=W_t$。(13.31)式因而化为：

$$E_{t-1}\left[\frac{\theta(1+\alpha_t)Y_t}{Z_t(W_tN_t+\Pi_t)}\right]=E_{t-1}\left[\frac{(1+\alpha_t)Y_t}{W_tZ_t}\right] \tag{13.32}$$

最终化简为：

$$\theta^2(1+\alpha_a)=E_{t-1}\big[(1+\alpha_t)N_t\big] \tag{13.33}$$

13.5-2 预置工资均衡

由此我们得到一个对称均衡，该均衡由(13.5)、(13.6)、(13.7)、(13.18)和(13.33)式定义。联立前四式，得到如下的消费水平及劳动数量：

$$C_t=\frac{\alpha_t\Omega_{t+1}}{P_t}=\frac{\theta\alpha_t\Omega_{t+1}Z_t}{W_t} \tag{13.34}$$

$$C'_t=\frac{\Omega_t}{P_t}=\frac{\theta\Omega_tZ_t}{W_t} \tag{13.35}$$

$$N_t=\frac{\theta(\Omega_t+\alpha_t\Omega_{t+1})}{W_t} \tag{13.36}$$

将关于 N_t 的表达式(13.36)代入(13.33)式，可得到工资水平：

$$W_{jt}=W_t=E_{t-1}\left[\frac{(1+\alpha_t)(\Omega_t+\alpha_t\Omega_{t+1})}{\theta(1+\alpha_a)}\right] \tag{13.37}$$

13.6 最优政策

政府最优政策可由如下命题给出：

命题 13.4 在预置工资情形下，最优政策是主动性的并采用以下形式：

$$\frac{\Omega_{t+1}}{\Omega_t} = \frac{\beta(1+\alpha_a)}{1+\alpha_t} \qquad (13.38)$$

证明 最优政策由下列期望效用最大化问题给出：

$$E_{t-1}\left[\alpha_t \log\left(\frac{\theta\alpha_t\Omega_{t+1}Z_t}{W_t}\right) + \frac{1}{\beta}\log\left(\frac{\theta\Omega_t Z_t}{W_t}\right)\right] - E_{t-1}\left[\frac{\theta(1+\alpha_t)(\Omega_t+\alpha\Omega_{t+1})}{W_t}\right] \qquad (13.39)$$

其约束条件为(13.37)式的工资方程。因此其拉格朗日函数为：

$$E_{t-1}\left[\alpha_t \log\left(\frac{\theta\alpha_t\Omega_{t+1}Z_t}{W_t}\right) + \frac{1}{\beta}\log\left(\frac{\theta\Omega_t Z_t}{W_t}\right) - \frac{\theta(1+\alpha_t)(\Omega_t+\alpha_t\Omega_{t+1})}{W_t}\right]$$
$$+ \lambda_t\left[W_t - E_{t-1}\left(\frac{(1+\alpha_t)(\Omega_t+\alpha_t\Omega_{t+1})}{\theta(1+\alpha_a)}\right)\right] \qquad (13.40)$$

首先对 Ω_{t+1} 求导，得到下述一阶条件：

$$\frac{\alpha_t}{\Omega_{t+1}} - \frac{\theta\alpha_t(1+\alpha_t)}{W_t} - \frac{\lambda_t(1+\alpha_t)\alpha_t}{(1+\alpha_a)\theta} = 0 \qquad (13.41)$$

我们看到解的形式应为：

$$\Omega_{t+1} = \frac{\psi\Omega_t}{1+\alpha_t} \qquad (13.42)$$

将(13.42)式代入(13.37)式可得工资水平：

$$W_t = \frac{(1+\alpha_a+\psi\alpha_a)\Omega_t}{\theta(1+\alpha_a)} \qquad (13.43)$$

现在将(13.42)和(13.43)式代入(13.39)式，得到下述最大化问题：

$$\max E_{t-1} \left\{ \alpha_t \log\left[\frac{\theta^2(1+\alpha_a)\alpha_t\psi Z_t}{(1+\alpha_t)(1+\alpha_a+\psi\alpha_a)}\right] + \frac{1}{\beta}\left[\frac{\theta^2(1+\alpha_a)Z_t}{1+\alpha_a+\psi\alpha_a}\right] \right\}$$

$$-\frac{\theta^2(1+\alpha_a)}{1+\alpha_a+\psi\alpha_a}E_{t-1}(1+\alpha_t+\psi\alpha_t) \tag{13.44}$$

化简并消除无关项，上述最大化问题变为：

$$\max \alpha_a \log\left(\frac{\psi}{1+\alpha_a+\psi\alpha_a}\right) + \frac{1}{\beta}\log\left(\frac{1}{1+\alpha_a+\psi\alpha_a}\right) - \theta^2(1+\alpha_a)$$

$$\tag{13.45}$$

对 ψ 求导，得到：

$$\psi = \beta(1+\alpha_a) \tag{13.46}$$

联立(13.42)与(13.46)式，得到最优政策(13.38)式。∎

命题(13.4)表明运用逆周期的主动性政策仍然是最优的。

13.7 结论

前一章中模型假设预置工资等于预期的瓦尔拉价格，采用逆周期的主动性政策具有最优性。本章则假设由追求效用最大化的工会设定工资，尽管模型变得有一点复杂，但是仍然获得相同性质的结论。

在以下两章中，我们将对此模型进行多个方向上的一般化。为表述简洁，我们将仍然采用第 12 章中较为简单的预置工资（或价格）模型框架。

14

最优政策组合

14.1 引言

本章将对第 12 章的分析作几个方向上的重要扩展。首先,我们将同时考虑货币政策与财政政策,即最优"政策组合"的决定问题。显而易见,如果把货币政策引入模型的话,第 12 章中我们所得出的最优政策形式会发生重大变动,那么关于主动性政策的合意性的结论的意义将是有限的。因此我们在这里引入"现金先行"作为持币动机,并在此基础上研究财政政策与货币政策的最优组合。我们将会发现:尽管代数运算变得更加繁琐,但是所得结论基本相同。

第二个方向上的重要扩展与第一个扩展紧密相关:现金先行约束的采用可使我们很自然地引入另外一种随机冲击,即货币流通速度冲击。由于我们已经成功地研究了实际需求冲击的政策响应形式,货币流通速度冲击的引入将使我们能够解决一个问题,即主动性政策是否应对不同类型的需求冲击采用相同的响应形式。

第三个方向上的扩展旨在探讨名义刚性的本质。迄今为止,我们仅研究了名义工资刚性,因此在价格刚性情况下考察我们以往结论是否并且怎样发生变化显得尤为必要。

本章将采用一个带有技术冲击、货币冲击和真实需求冲击的动态经济模型，以考察最优货币与财政政策组合的特征。正如我们已经在第 12 章中所揭示的，本章模型结果表明，即使采用结构化模型并满足 Sargent-Wallace 信息约束条件，逆周期的主动性财政政策仍然是最优政策组合的组成部分。具体结论如下：

在瓦尔拉可变工资与可变价格情形下，最优货币政策是令名义利率为 0 而最优财政政策是令金融资产增长率为 β（β 为贴现率）。于是我们得到弗里德曼规则（Friedman，1969），它们显然是非主动性政策。

在预置工资情形下，最优货币政策是令名义利率为 0，但最优财政政策具有主动性与逆周期性，即财政转移支付与过去的需求冲击负相关，如第 12 章所示。

在预置价格情形下，最优货币政策不变。财政政策对需求冲击负向响应，对技术冲击正向响应。

14.2 模型

我们考察一个引入货币并具有生产的叠代模型。这里货币与其他生息资产有明确区分。现金先行约束导致两种资产的共存。整个经济系统包括代表性的厂商、家庭和政府。

14.2-1 行为人

如第 12 章，家庭具有下述效用函数：

$$U_t = \alpha_t \log C_t + \log C'_{t+1} - (1 + \alpha_t) N_t \tag{14.1}$$

其中 α_t 为一正的随机变量。家庭在生命中各个时期均受到现金先行约束。这样 t 期出生的家庭所受到的约束就可以表示为：

$$m_t \geqslant \omega_t P_t C_t, \quad m'_{t+1} \geqslant \omega_{t+1} P_{t+1} C'_{t+1} \tag{14.2}$$

其中 ω_t 为货币流通速度的倒数，是一个随机冲击。总货币存量为 $M_t = m_t + m'_t$。至少年轻家庭需要借钱来满足现金先行约束，因为它们出生的时候没有任何金融资产。借贷利率为 i_t，由政府给定。

代表性厂商的生产函数如下：

$$Y_t = Z_t N_t \qquad\qquad (14.3)$$

同第 12 章一样,模型假设冲击 α_t、ω_t 和 Z_t 为随机的独立同分布变量。

14.2-2 政府政策

现在政府拥有两种政策工具。通过规定名义利率 i_t 来制定货币政策。通过对老年家庭课征数量为 T_t 的名义税收来制定财政政策。

由于本模型同时具有货币与债券,我们必须进一步规定这两种资产哪种作为课税对象。本章模型假定课税数量为 T_t 对应于数量为 $-T_t$ 的货币创造。鉴于"传统"的财政政策对应于债券的创造或者毁灭,因此我们的财政政策不同于"传统"的财政政策。[1]

最后模型假定中央银行将其利润重新分配给年轻家庭。[2]

14.2-3 时间顺序

每期事件按以下三步发生：

（1）政府决定两个政策变量,利率 i_t 和税收 T_t。我们假设 i_t 和 T_t 是到 $t-1$ 期为止的宏观经济变量的函数(因此并**不**包括 t 期披露的任何变量或冲击)。

（2）私人部门在获悉 t 期冲击 α_t、ω_t 和 Z_t 之前,根据对应的瓦尔拉期望值制定名义工资(或价格)。

（3）在私人部门获悉冲击之后,实际市场交易在此信息基础上发生。

14.3 一般均衡关系

在下面的讨论中,我们将分别计算瓦尔拉市场出清、预置工资、预置价格三种情形下的最优政策。在这三种情况下,我们需要知道一些宏观经济变量的均衡值。我们在下述命题中归纳出这些在下文中将得到应用的一般均衡关系。

命题 14.1 在我们所考虑的三种均衡下，下列均衡关系总是成立的：

$$P_t Y_t = \frac{(1 + i_t)\Omega_t + \alpha_t \Omega_{t+1}}{1 + \omega_t i_t} \tag{14.4}$$

$$P_t C_t = \frac{\alpha_t \Omega_{t+1}}{1 + \omega_t i_t} \tag{14.5}$$

$$P_t C'_t = \frac{(1 + i_t)\Omega_t}{1 + \omega_t i_t} \tag{14.6}$$

$$\Omega_{t+1} = \Omega_t - T_{t+1} \tag{14.7}$$

如果产品市场出清，则进一步可得：

$$\frac{W_t}{P_t} = Z_t \tag{14.8}$$

如果劳动市场出清，则可得：

$$W_t = (1 + \alpha_t)\Omega_{t+1} \tag{14.9}$$

证明 首先考察处于 t 期的老年家庭。令 Ω_t 为老年家庭**被课税** T_t 后的 t 期初的金融资产。如果老年家庭消费为 C'_t，它必须持有现金 $\omega_t P_t C'_t$，以利率 i_t 借出 $\Omega_t - \omega_t P_t C'_t$，并在期末支出 $(1 - \omega_t) P_t C'_t$，因此其剩余金融财富等于：

$$(1 + i_t)\Omega_t - (1 + \omega_t i_t) P_t C'_t \tag{14.10}$$

当然老年家庭在生命终止时不会留下任何财产，因此（14.10）式给出老年家庭第二期的消费：

$$P_t C'_t = \frac{1 + i_t}{1 + \omega_t i_t}\Omega_t \tag{14.11}$$

由于老年家庭从中央银行借入 $\omega_t P_t C'_t - \Omega_t$，因此中央银行所获利润为 $i_t(\omega_t P_t C'_t - \Omega_t)$。

其次考察生于 t 期的年轻家庭所面临的最大化问题。它年轻时获得工资收入 $W_t N_t$，来自生产厂商的利润收入 $\Pi_t = P_t Y_t - W_t N_t$，来自中央银行的利润收入 Φ_t。它将在年老时被课税 T_{t+1}。如果其在生命第一期消费为 C_t，则在其生命第二期所拥有的金融财富数量为：

$$\Omega_{t+1} = (W_t N_t + \Pi_t + \Phi_t - T_{t+1}) - (1 + \omega_t i_t) P_t C_t \tag{14.12}$$

利用(14.11)式,可得 $\log C'_{t+1}$ 的期望值与 $\log \Omega_{t+1}$ 仅差一个不重要的常数项,因此年轻家庭在它生命的第一期面临如下效用最大化问题:

$$\max \alpha_t \log C_t + \log \Omega_{t+1} - (1+\alpha_t)N_t \quad \text{s.t.}$$

$$\Omega_{t+1} = (W_t N_t + \Pi_t + \Phi_t - T_{t+1}) - (1+\omega_t i_t)P_t C_t$$

利用一阶条件可得:

$$P_t C_t = \frac{\alpha_t}{1+\alpha_t} \frac{W_t N_t + \Pi_t + \Phi_t - T_{t+1}}{1+\omega_t i_t}$$

$$= \frac{\alpha_t}{1+\alpha_t} \frac{P_t Y_t + \Phi_t - T_{t+1}}{1+\omega_t i_t} \tag{14.13}$$

$$N_t^s = \frac{W_t - \Pi_t - \Phi_t + T_{t+1}}{W_t} \tag{14.14}$$

由于年轻家庭借入 $\omega_t P_t C_t$,因此中央银行所获利润为 $\omega_t i_t P_t C_t$。加总中央银行从青年家庭及老年家庭所获利润,可知央行总利润如下:

$$\Phi_t = i_t(\omega_t P_t C_t + \omega_t P_t C'_t - \Omega_t) \tag{14.15}$$

产品市场均衡条件如下:

$$C_t + C'_t = Y_t = Z_t N_t \tag{14.16}$$

其中(14.11)、(14.12)、(14.13)、(14.15)和(14.16)式无论在何种情形下均成立,联立这些方程可得(14.4)到(14.7)式。如果产品市场出清,真实工资 W_t/P_t 等于劳动的边际生产率 Z_t((14.8)式)。如果劳动市场出清,则(14.14)式成立。将它和式(14.4)、(14.5)、(14.6)、(14.15)联立,可得(14.9)式。■

14.4 最优性

14.4-1 最优标准

我们采用与前两章同样的最优标准:

$$V_t = E_t \sum_{s=t}^{\infty} \beta^{s-t} \Delta_s \tag{14.17}$$

其中

$$\Delta_t = \alpha_t \log C_t + \frac{\log C'_t}{\beta} - (1 + \alpha_t) N_t \qquad (14.18)$$

14.4-2 刻画最优状态

我们首先推导"最优"(first-best)配置。每期资源约束为：

$$C_t + C'_t = Z_t N_t \qquad (14.19)$$

为获得最优配置，我们在(14.19)式约束下最大化 Δ_t((14.18)式)。"最优"配置马上就可以被刻画出来：

$$C_t = \frac{\alpha_t Z_t}{1 + \alpha_t} \qquad (14.20)$$

$$C'_t = \frac{Z_t}{\beta(1 + \alpha_t)} \qquad (14.21)$$

$$N_t = \frac{1}{1 + \alpha_t}\left(\alpha_t + \frac{1}{\beta}\right) \qquad (14.22)$$

14.5 瓦尔拉均衡

同前面两章一样，我们首先考察瓦尔拉情形下的最优政策。

14.5-1 求解均衡价格和工资

在瓦尔拉均衡中，方程(14.4)到(14.9)均成立。联立这些方程，得到瓦尔拉均衡值：

$$W_t^* = (1 + \alpha_t)\Omega_{t+1} \qquad (14.23)$$

$$P_t^* = \frac{(1 + \alpha_t)\Omega_{t+1}}{Z_t} \qquad (14.24)$$

$$C_t = \frac{\alpha_t Z_t}{(1 + \alpha_t)(1 + \omega_t i_t)} \qquad (14.25)$$

$$C'_t = \frac{(1+i_t)\Omega_t Z_t}{(1+\alpha_t)(1+\omega_t i_t)\Omega_{t+1}} \qquad (14.26)$$

$$N_t = \frac{(1+i_t)\Omega_t + \alpha_t \Omega_{t+1}}{(1+\alpha_t)(1+\omega_t i_t)\Omega_{t+1}} \qquad (14.27)$$

其中 W_t^* 和 P_t^* 为瓦尔拉工资与价格。从(14.27)式可以得出，如果政府政策为"中性"的，即如果 $i_t = 0$ 且 $T_{t+1} = 0$（因此 $\Omega_{t+1} = \Omega_t$），劳动的瓦尔拉数量将保持不变并等于 1。

14.5-2 瓦尔拉情形下的最优政策

为了下面与名义刚性情形下的结论作比较，我们首先计算瓦尔拉情形下的最优政策并将其作为基准。瓦尔拉情形下的最优政策可由以下命题刻画：

命题 14.2 在瓦尔拉工资和价格情形下，最优货币与财政政策可由以下方程给出：

$$i_t = 0 \qquad (14.28)$$

$$\frac{\Omega_{t+1}}{\Omega_t} = \beta \qquad (14.29)$$

证明 直觉告诉我们，在最优政策下，瓦尔拉均衡将是最优配置。因此可通过令最优配置情形下的 C_t 和 C'_t（(14.20)与(14.21)式）与瓦尔拉情形下对应值相等（(14.25)与(14.26)式）来找到最优政策，由此得到如下条件：

$$C_t = \frac{\alpha_t Z_t}{(1+\alpha_t)(1+\omega_t i_t)} = \frac{\alpha_t Z_t}{1+\alpha_t} \qquad (14.30)$$

$$C'_t = \frac{(1+i_t)\Omega_t Z_t}{(1+\alpha_t)(1+\omega_t i_t)\Omega_{t+1}} = \frac{Z_t}{\beta(1+\alpha_t)} \qquad (14.31)$$

对(14.30)与(14.31)式进行化简，可得条件(14.28)与(14.29)式。∎

与第 12 章中的单一弗里德曼规则不同，根据(14.28)和(14.29)式，我们现在有两个弗里德曼规则：设定名义利率为 0，并设定货币数量的增长率等于贴现率 β。这两个规则均源自弗里德曼的论文《最优货币数量》(*Optimal Quantity of Money*, 1969)。在我们的模型当中，这两个规则可以分别由货币当局和财政当局独立执行。

特别需要指出的是,由于我们关注于"主动性政策与非主动性政策"的争论,鉴于(14.28)和(14.29)式不依赖于任何过去的或当前的经济事件,因此瓦尔拉情形下的政策完全是非主动性政策。

在以下将要探讨的预置工资和预置价格情形下,我们会发现这些讨论将会发生重大变动。

14.6 预置工资

我们首先考察预置工资,并假设预置工资等于瓦尔拉工资的期望值:

$$W_t = E_{t-1} W_t^* \tag{14.32}$$

其中 W_t^* 的表达式由(14.23)式给出。因此预置工资等于:

$$W_t = E_{t-1}\left[(1+\alpha_t)\Omega_{t+1}\right] \tag{14.33}$$

14.6-1 预置工资均衡

在预置工资均衡下,(14.4)到(14.8)式成立。因此预置工资均衡可由以下关系刻画:

$$C_t = \frac{\alpha_t \Omega_{t+1} Z_t}{(1+\omega_t i_t)W_t} \tag{14.34}$$

$$C_t' = \frac{(1+i_t)\Omega_t Z_t}{(1+\omega_t i_t)W_t} \tag{14.35}$$

$$N_t = \frac{(1+i_t)\Omega_t + \alpha_t\Omega_{t+1}}{(1+\omega_t i_t)W_t} \tag{14.36}$$

14.6-2 最优政策

最优财政和货币政策可由以下命题刻画:

命题 14.3 在预置工资情形下,最优货币与财政政策可由以下方程刻画:

$$i_t = 0 \tag{14.37}$$

$$\frac{\Omega_{t+1}}{\Omega_t} = \frac{\beta(1 + \alpha_a)}{1 + \alpha_t} \tag{14.38}$$

其中

$$\alpha_a = E(\alpha_t) \tag{14.39}$$

证明　为了简单地获得最优政策,我们采用一种稍为迂回的方法。利用(14.35)式所示 C_t' 独立于需求冲击 α_t 这一事实。具体分为两步:(1)计算基于 C_t' 独立于 α_t 这个约束的可能的最优解;(2)我们将会发现由(14.37)与(14.38)式定义的政策事实上将导致第一步得出的最优状况,所以这个解也确实是最优政策。

先做第 1 步。在资源可行性集合 $C_t + C_t' = Z_t N_t^{*}$ 与 C_t' 独立于需求冲击 α_t 的约束下最大化"t 期的效用"Δ_t 的期望值:

$$\Delta_t = \alpha_t \log C_t + \frac{1}{\beta} \log C_t' - (1 + \alpha_t) N_t {}^{**} \tag{14.40}$$

先将资源可行性约束代入(14.40)式。可得:

$$\alpha_t \log C_t + \frac{1}{\beta} \log C_t' - (1 + \alpha_t) \frac{C_t + C_t'}{Z_t} \tag{14.41}$$

由于对 C_t 没有任何约束,因此马上可以得到它的最优值:

$$C_t = \frac{\alpha_t Z_t}{1 + \alpha_t} \tag{14.42}$$

忽略常数项,我们可以最大化下式的期望值:

$$\frac{1}{\beta} \log C_t' - (1 + \alpha_t) \frac{C_t'}{Z_t} \tag{14.43}$$

惟一的约束是 C_t' 独立于 α_t。这就相当于对于冲击 Z_t 的每个值,对 α_t 求上

---

* 原文为 $C_t + C_t' = Z_t L_t$,疑误。——译者注

** 原文为 $\Delta_t = \alpha_t \log C_t + \frac{1}{\beta} \log C_t' - (1 + \alpha_t) L_t$,疑误。——译者注

式期望值的最大化，即最大化下式：

$$\frac{1}{\beta}\log C'_t - (1+\alpha_a)\frac{C'_t}{Z_t} \tag{14.44}$$

很快得到：

$$C'_t = \frac{Z_t}{\beta(1+\alpha_a)} \tag{14.45}$$

再做第 2 步。证实政策（14.37）与（14.38）式的确导致了由（14.42）与（14.45）定义的配置。令由（14.34）与（14.35）式规定的变量等于由第 1 步获得的解（（14.42）与（14.45）式）：

$$C_t = \frac{\alpha_t \Omega_{t+1} Z_t}{(1+\omega_t i_t)W_t} = \frac{\alpha_t Z_t}{1+\alpha_t} \tag{14.46}$$

$$C'_t = \frac{(1+i_t)\Omega_t Z_t}{(1+\omega_t i_t)W_t} = \frac{Z_t}{\beta(1+\alpha_a)} \tag{14.47}$$

利用（14.46）式，并与瓦尔拉工资 W_t^*（（14.23）式）相比较，可得：

$$W_t = \frac{(1+\alpha_t)\Omega_{t+1}}{1+\omega_t i_t} = \frac{W_t^*}{1+\omega_t i_t} \tag{14.48}$$

根据 $W_t = E_{t-1}W_t^*$，获得一致性的惟一方法就是令 $i_t = 0$（（14.37）式）。将 $i_t = 0$ 代入（14.46）和（14.47）式可得：

$$\Omega_{t+1} = \frac{W_t}{1+\alpha_t} \tag{14.49}$$

$$W_t = \beta(1+\alpha_a)\Omega_t \tag{14.50}$$

联立（14.49）和（14.50）式可得最优财政政策（14.38）式。■

最优货币—财政政策由（14.37）与（14.38）式给出。"公开市场操作"规则等同于瓦尔拉情形（$i_t = 0$），但是最优财政政策（14.38）式却是逆周期的主动性政策：现在的负向需求冲击（较低的 α_t）将导致未来的货币扩张（较低的 T_{t+1}），正向需求冲击与之相反。

由于 $i_t = 0$，（14.48）式可化为：

$$W_t = W_t^* \tag{14.51}$$

这意味着无论冲击为何值,尽管工资是预先设定的,但是劳动市场总能出清!

我们注意到尽管引入了货币政策,结果却与第12章中仅有财政政策的情形下所得结果极为相似。这实际上并不奇怪。首先,货币流通速度冲击 ω_t 完全可以为零名义利率政策吸收。其次,在 $i_t = 0$ 的情况下,货币资产与非货币资产变得无差异,因此等价于处理一个第12章中的更为简单的叠代模型。

因此,作为可观测变量的函数的政策表达式(14.38)将与12.6-3节中发现的结果完全一致,即:

$$\frac{\Omega_{t+1}}{\Omega_t} = 1 + \beta(1 + \alpha_a) - \beta(1 + \alpha_a)N_t \qquad (14.52)$$

14.7 预置价格

迄今我们仅处理了名义工资刚性情形。为保持论证的完备性,本节将考察价格刚性情形。这里我们将假设预置价格而非预置工资服从:

$$P_t = E_{t-1}P_t^* \qquad (14.53)$$

其中 P_t^* 由(14.24)式给出。因此:

$$P_t = E_{t-1}\left[\frac{(1 + \alpha_t)\Omega_{t+1}}{Z_t}\right] \qquad (14.54)$$

14.7-1 求解均衡

在预置价格情形下,代表厂商供给行为的(14.8)式不再成立。其他均衡方程(14.4)、(14.5)、(14.6)、(14.7)和(14.9)成立。联立这些方程,可得预置价格均衡中的数量值:

$$C_t = \frac{\alpha_t\Omega_{t+1}}{(1 + \omega_t i_t)P_t} \qquad (14.55)$$

$$C_t' = \frac{(1 + i_t)\Omega_t}{(1 + \omega_t i_t)P_t} \qquad (14.56)$$

$$N_t = \frac{(1 + i_t)\Omega_t + \alpha_t \Omega_{t+1}}{(1 + \omega_t i_t)P_t Z_t} \qquad (14.57)$$

14.7-2 最优政策

最优财政和货币政策可由以下命题刻画：

命题 14.4 在预置价格情形下，最优货币与财政政策为

$$i_t = 0 \qquad (14.58)$$

$$\frac{\Omega_{t+1}}{\Omega_t} = \frac{\beta(1 + \alpha_a)Z_t}{(1 + \alpha_t)Z_a} \qquad (14.59)$$

其中

$$\alpha_a = E(\alpha_t), \frac{1}{Z_a} = E\left(\frac{1}{Z_t}\right) \qquad (14.60)$$

证明 采用 14.6 节所用方法，注意(14.56)式所示 C_t' 的值独立于需求冲击 α_t 及技术冲击 Z_t 的事实。在资源可行性集合 $C_t + C_t' = Z_t N_t$ 与 C_t' 独立于 α_t 及 Z_t 的约束下，我们可以最大化 Δ_t 的期望值：

$$\Delta_t = \alpha_t \log C_t + \frac{1}{\beta} \log C_t' - (1 + \alpha_t)N_t \qquad (14.61)$$

可以得到：

$$C_t = \frac{\alpha_t Z_t}{1 + \alpha_t}, \ C_t' = \frac{Z_a}{\beta(1 + \alpha_a)} \qquad (14.62)$$

如果政策组合的确导致了这些结果，那么它就是最优的。令(14.55)与(14.56)式等于我们在(14.62)式中发现的值：

$$C_t = \frac{\alpha_t \Omega_{t+1}}{(1 + \omega_t i_t)P_t} = \frac{\alpha_t Z_t}{1 + \alpha_t} \qquad (14.63)$$

$$C_t' = \frac{(1 + i_t)\Omega_t}{(1 + \omega_t i_t)P_t} = \frac{Z_a}{\beta(1 + \alpha_a)} \qquad (14.64)$$

利用(14.63)式导出 P_t,并与瓦尔拉工资 P_t^*((14.24)式)相比较,可得:

$$P_t = \frac{(1+\alpha_t)\Omega_{t+1}}{(1+\omega_t i_t)Z_t} = \frac{P_t^*}{1+\omega_t i_t} \tag{14.65}$$

因为 $P_t = E_{t-1}P_t^*$,获得一致性的惟一方法就是令 $i_t = 0$((14.58)式)。将 $i_t = 0$ 代入(14.63)和(14.64)式可得:

$$\Omega_{t+1} = \frac{P_t Z_t}{1+\alpha_t} \tag{14.66}$$

$$P_t = \frac{\beta(1+\alpha_a)\Omega_t}{Z_a} \tag{14.67}$$

联立(14.66)和(14.67)式最终可得最优财政政策(14.59)式。

"公开市场操作"规则再一次等同于瓦尔拉情形($i_t = 0$)。最优财政政策(14.59)式对于需求冲击 α_t 采用逆周期的响应方式,这一点同预置工资情形下的结果一样。进一步,最优财政政策相对于技术冲击 Z_t 却是正向响应的。这似乎有些顺周期政策的味道,但如果我们从劳动市场视角出发,则会改变这种错觉:在价格刚性情形下,一个正向技术冲击实际上造成了劳动需求的一个**负向**冲击。为了恢复劳动市场均衡,进行需求扩张是很自然的,因此就劳动市场而言,该政策将是逆周期的。

预置价格情形下的最优政策与预置工资情形下的最优政策具有相同的主要特性。由于 $i_t = 0$,(14.65)式可化为:

$$P_t = P_t^* \tag{14.68}$$

这意味着尽管价格是在冲击显现之前设定的,但是在以上最优政策下,产品市场总能出清! 然而,比较(14.62)与(14.21)式,最优政策并不能实现最优配置状态(预置工资情况下也是如此)。因此名义刚性的确造成了一些残余效率损失,但是最优政策已经大大减少了这一损失。

14.7-3 政策实施

我们仍可用可观测的变量来表示政策(14.59)式。由于 $Z_t = Y_t/N_t$,因此技术冲击 Z_t 是可观测的。至于需求冲击,联立(14.3)、(14.54)、(14.57)、

(14.58)和(14.59)式可得:

$$\frac{1}{1+\alpha_t} = 1 - \frac{\beta(1+\alpha_a)Y_t - Z_a}{\beta(1+\alpha_a)Z_t} \tag{14.69}$$

将上式代入(14.59)式,可将最优财政政策表示为:

$$\frac{\Omega_{t+1}}{\Omega_t} = 1 + \beta(1+\alpha_a)\frac{Z_t}{Z_a} - \beta(1+\alpha_a)\frac{Y_t}{Z_a} \tag{14.70}$$

14.8　结论

本章通过构造一个简单的、但严格的附带三种类型冲击(技术冲击、货币冲击和真实需求冲击)的动态模型,探讨了市场出清、预置工资、预置价格三种情形下的财政政策和货币政策的最优组合。

工资或价格刚性是否为主动性政策提供了依据,这一重要问题的探讨激发了上述研究。答案显然是肯定的。我们发现,无论在预置工资还是预置价格情形下,最优政策均是主动性的。鉴于我们的模型满足(1)具有微观基础和(2)充分地满足 Sargent 和 Wallace(1975)的信息约束条件,因此我们的讨论可以免受此类批评。由于模型中瓦尔拉情形下的最优政策为非主动性的弗里德曼规则,因此主动性政策主义的最优性并不是模型先验设定的显然属性。

由于不是任意的随机冲击与名义刚性组合都会导致主动性政策主义,因此应当进一步明确我们的讨论。

首先,财政政策与货币政策具有明显区别:最优货币政策总是令名义利率为0,因此这一部分完全是非主动性的。另一方面,无论价格或工资是刚性的,最优财政政策总是逆周期地响应真实需求冲击α_t。

其次,在凯恩斯主义模型中我们最常见到政府逆向响应所有类型的需求冲击。这里我们必须区分两种需求冲击:货币流通速度冲击ω_t和真实需求冲击α_t。结果表明仅对真实需求冲击α_t做出响应的主动性财政政策才是必要的。至于货币流动速度冲击ω_t,无论在名义工资刚性或价格刚性下,令名义利率为0就足以将此类冲击全部吸收。

最后,我们应当注意到对某一类冲击的最优反应非常依赖于刚性的类型。例如,在名义工资刚性情形下,财政政策并不对技术冲击进行响应,但是价格刚性情形下,最优政策却要对技术冲击进行正向响应。

因此,尽管我们得出名义刚性的确给主动性政策主义提供了一个坚实基础,但是政府采取这些政策之前,必须得对刚性及冲击的类型有充分的了解。

14.9 参考文献

本章主要基于文献 Bénassy(1998)。Ireland(1996)研究过类似的问题,由于他的研究侧重于我们所涉及的冲击类型的子集,因此他所得到的结论与我们的结论稍有不同。

现金先行模型由 Clower(1967)提出。Abel(1987)与 Crettez、Michel 和 Wigniolle(1999)均在叠代模型框架下发现了弗里德曼规则。

注 释

① 由于财政赤字自动"货币化",因此我们的财政政策比较像一种标准财政政策与货币政策的混合物。为表述简单,我们仍然称此为财政政策。

② 本假设旨在简化计算,对模型结论并无重大影响。不具有此假设的相同模型参见文献 Bénassy(1998)。

15

货币规则与财政政策

15.1 引言

在前面三章我们已经探讨了最优政府政策。在充分考虑 Sargent 和 Wallace（1975）提出的信息约束的基础上，我们单独考察了财政政策（第 12 与第 13 章），也分析了货币和财政政策组合（第 14 章）。然而，近年来一个研究热点却是对最优货币规则的探讨。这类研究旨在发现实施最优的稳定性政策的货币当局应该遵循的利率政策。与从前关于稳定性政策研究的论文及我们的研究思路不同，许多这类研究存在一个共同的特征：它们往往忽略财政政策的存在。鉴于在前面各章所发现的财政政策对于最优稳定性政策组合的重要性，一个自然而然的问题就是，对财政政策的忽略是否会导致最优货币政策形式的重大变化。本章结果表明的确如此。

忽略财政政策的一个常用托词是财政政策的实施时滞较长，而货币政策实施起来则相当快。我们将通过引入一个财政政策与货币政策的行动时间差异，从而将此问题考虑在内。如同其他关于货币规则的文献，我们假设货币政策可以响应所有的当期随机冲击。财政政策则相反，同前述各章一样，我们假设其只能响应过去的冲击。因此货币政策具有一个明显的信息优势。

我们的结果表明：首先，单独研究货币政策将很可能导致政策设计的重大扭曲。举例而言，尽管单独考虑货币政策时，货币政策是主动的，但是将货币和财政政策通盘考虑的时候，却发现最优货币政策变成了非主动性规则。

其次，最优财政—货币政策组合可以获得好得多的政策效果。当然，由于我们加入了另一个政策工具，这个结果应该在预料之中。但是我们将会看到财政—货币组合所产生的稳定性质要远远优于单独最优货币政策所获的相应性质。

15.2　模型

15.2-1　市场与行为人

我们考察一个引入货币并具有生产的迭代模型。整个经济系统包括代表性厂商、家庭和政府。出生于 t 期的家庭在 t 期工作 N_t 且消费 C_t，在 $t+1$ 期消费 C'_{t+1}。因此，家庭将最大化它们效用函数 U_t 的期望值：

$$U_t = \alpha_t \log C_t + \log C'_{t+1} - (1+\alpha_t)N_t \tag{15.1}$$

其中 α_t 为一正的独立同分布随机变量。家庭在生命中每期都受到如下现金先行约束：

$$m_t \geqslant \omega_t P_t C_t, \ m'_{t+1} \geqslant P_{t+1} C'_{t+1} \tag{15.2}$$

其中 ω_t 为货币流通速度的倒数，它是一个随机冲击。约束(15.2)表明老年家庭在生命最后一期必须支付 100％ 的现金。经济系统的货币量为 $M_t = m_t + m'_t$。

代表性厂商的生产函数如下：

$$Y_t = Z_t N_t \tag{15.3}$$

其中 Y_t 代表产出，N_t 代表劳动投入，Z_t 代表对所有厂商共同的技术冲击。我们假定厂商所有权属于年轻家庭并向它们分配由厂商生成的利润。

如同前一章，政府拥有两种政策工具：设定利率 i_t（货币政策）和通过对老年家庭课征数量为 T_t 的名义税收（财政政策）。与前文一样，我们仍假设中央银行将其利润 Φ_t 分配给年轻家庭。

15.2-2 对比

我们将对比在预置工资情形下两套不同的最优政策。我们称之为"最优货币规则"与"最优政策组合"。

在推导最优货币规则的过程中，我们将按照近来的研究思路忽略财政政策。因此我们要么假设财政转移支付为零，要么假设它对应于一个以固定（可能是最优的）速度增长的金融资产。另一方面，我们仍如近来相关文献一样，假设中央银行可以对**当期**冲击作出响应。这显然赋予中央银行强大的信息优势。

在推导最优政策组合的过程中，我们假设政府除可采用货币政策外，同时可以采用财政政策，但财政政策仅对过去冲击作出响应，并不能对任何当前冲击作出响应。

15.2-3 最优标准

为了评价政府政策的最优性，我们采用与前面几章中相同的最优标准：

$$V_t = E_t \sum_{s=t-1}^{\infty} \beta^{s-t} U_s \tag{15.4}$$

如前所示，V_t 可写为：

$$V_t = E_t \sum_{s=t}^{\infty} \beta^{s-t} \Delta_s \tag{15.5}$$

其中

$$\Delta_t = \alpha_t \log C_t + \frac{\log C'_t}{\beta} - (1+\alpha_t) N_t \tag{15.6}$$

15.3 一般均衡关系

在以下最优政策的探讨中，我们需要利用一些宏观经济变量的均衡关系。这些一般均衡关系由以下命题刻画。

命题 15.1　如果产品市场出清,下列均衡关系成立:

$$P_t Y_t = \frac{\alpha_t \Omega_{t+1}}{1 + \omega_t i_t} + \Omega_t \tag{15.7}$$

$$P_t C_t = \frac{\alpha_t \Omega_{t+1}}{1 + \omega_t i_t} \tag{15.8}$$

$$P_t C_t' = \Omega_t \tag{15.9}$$

$$\Omega_{t+1} = \Omega_t - T_{t+1} \tag{15.10}$$

$$\frac{W_t}{P_t} = Z_t \tag{15.11}$$

如果劳动市场出清,进一步有:

$$W_t = (1 + \alpha_t)\Omega_{t+1} \tag{15.12}$$

证明　首先考察处于 t 期的老年家庭。令 Ω_t 为老年家庭**被课税** T_t 后的 t 期初的金融财富。由于受到 100% 的先行现金约束,所以老年家庭的消费为:

$$P_t C_t' = \Omega_t \tag{15.13}$$

其次考察生于 t 期的年轻家庭的最优化问题。在年轻的时候,它获得工资收入 $W_t N_t$,来自厂商的利润收入 $\Pi_t = P_t Y_t - W_t N_t$,来自中央银行的利润收入 Φ_t,并在年老时被课税 T_{t+1}。如果其在生命第一期消费为 C_t,则在它生命第二期所拥有的金融财富为:

$$\Omega_{t+1} = (W_t N_t + \Pi_t + \Phi_t - T_{t+1}) - (1 + \omega_t i_t)P_t C_t \tag{15.14}$$

利用 (15.13) 式,可得 $\log C_{t+1}'$ 的期望值与 $\log \Omega_{t+1}$ 仅差一个常数项。因此年轻家庭在其生命第一期面临如下效用最大化问题:

$$\max \alpha_t \log C_t + \log \Omega_{t+1} - (1 + \alpha_t)N_t$$

$$\text{s.t. } \Omega_{t+1} = (W_t N_t + \Pi_t + \Phi_t - T_{t+1}) - (1 + \omega_t i_t)P_t C_t$$

一阶条件为:

$$P_t C_t = \frac{\alpha_t}{1+\alpha_t} \frac{W_t N_t + \Pi_t + \Phi_t - T_{t+1}}{1+\omega_t i_t}$$

$$= \frac{\alpha_t}{1+\alpha_t} \frac{P_t Y_t + \Phi_t - T_{t+1}}{1+\omega_t i_t} \tag{15.15}$$

$$N_t^s = \frac{W_t - \Pi_t - \Phi_t + T_{t+1}}{W_t} \tag{15.16}$$

年轻家庭从中央银行借入 $\omega_t P_t C_t$，因此中央银行所获利润为：

$$\Phi_t = i_t \omega_t P_t C_t \tag{15.17}$$

产品市场出清条件如下：

$$C_t + C_t' = Y_t = Z_t N_t \tag{15.18}$$

其中(15.13)、(15.14)、(15.15)、(15.17)和(15.18)式无论在何种情形下均成立，联立这些方程，可得(15.7)到(15.10)式。由于产品市场出清，真实工资 W_t/P_t 等于劳动的边际生产率（(15.11)式）。如果劳动市场出清，则(15.16)式成立。与(15.7)、(15.8)和(15.17)式联立可得方程(15.12)。 ■

15.4 预置工资均衡

我们依然按传统假设预置工资等于瓦尔拉工资的期望值，即：

$$W_t = E_{t-1} W_t^* \tag{15.19}$$

其中 W_t^* 由(15.12)式给出，因此预置工资等于：

$$W_t = E_{t-1}[(1+\alpha_t)\Omega_{t+1}] \tag{15.20}$$

在预置工资均衡中，(15.7)到(15.11)式成立。因此各种数量由以下关系决定：

$$C_t = \frac{\alpha_t \Omega_{t+1} Z_t}{(1+\omega_t i_t) W_t} \tag{15.21}$$

$$C'_t = \frac{\Omega_t Z_t}{W_t} \qquad (15.22)$$

$$N_t = \frac{\alpha_t \Omega_{t+1}}{(1+\omega_t i_t)W_t} + \frac{\Omega_t}{W_t} \qquad (15.23)$$

15.5　最优货币规则

我们即将进行的计算是研究最优货币规则的学生常做的练习。我们将在货币政策可以对任何冲击响应,而财政政策是完全"消极的"这个假设前提下推导最优利率政策。令税收等于名义资产的一个固定比例可以形式化后一个假设:

$$\Omega_{t+1} = \Omega_t - T_{t+1} = \gamma \Omega_t \qquad (15.24)$$

命题 15.2　在(15.24)式所示的财政政策下,最优利率规则如下:

$$i_t = \max\left[0, \frac{\alpha_t - \alpha_a}{(1+\alpha_a)\omega_t}\right] \qquad (15.25)$$

其中

$$\alpha_a = E(\alpha_t) \qquad (15.26)$$

并且 γ 的最优值为:

$$\gamma = \beta \qquad (15.27)$$

证明　联立(15.20)和(15.24)式,可得工资水平:

$$W_t = E_{t-1}[(1+\alpha_t)\Omega_{t+1}] = \gamma(1+\alpha_a)\Omega_t \qquad (15.28)$$

将上式代入(15.21)、(15.22)和(15.23)式,可得预置工资均衡的 C_t、C'_t 和 N_t 的值:

$$C_t = \frac{\alpha_t Z_t}{(1+\omega_t i_t)(1+\alpha_a)} \qquad (15.29)$$

$$C'_t = \frac{Z_t}{\gamma(1+\alpha_a)} \qquad (15.30)$$

$$N_t = \frac{\alpha_t}{(1+\omega_t i_t)(1+\alpha_a)} + \frac{1}{\gamma(1+\alpha_a)} \tag{15.31}$$

将上述关于消费和劳动的值代入最优标准 Δ_t（(15.6)式）。对每个冲击，政府将对 i_t 求解下式的最大化

$$\Delta_t = \alpha_t \log\left[\frac{\alpha_t Z_t}{(1+\omega_t i_t)(1+\alpha_a)}\right] + \frac{1}{\beta}\log\left[\frac{Z_t}{\gamma(1+\alpha_a)}\right]$$
$$- \frac{1+\alpha_t}{1+\alpha_a}\left(\frac{\alpha_t}{1+\omega_t i_t} + \frac{1}{\gamma}\right) \tag{15.32}$$

约束条件为 $i_t \geqslant 0$。其解为(15.25)式。为求得最优的 γ，我们对 γ 最大化 Δ_t 的期望值(15.32)式。由此可得(15.27)式。

我们首先注意到最优利率规则是高度非线性的：当需求冲击高于平均水平时（$\alpha_t \geqslant \alpha_a$），利率政策将减轻需求冲击。当需求冲击为紧缩性冲击时，约束 $i_t \geqslant 0$ 导致利率完全是消极的。

其次我们可以计算上述利率规则稳定劳动市场的效果。我们已经求出了劳动需求(15.31)式。现在我们求解劳动供给：

$$N_t^s = \frac{W_t - \Pi_t - \Phi_t + T_{t+1}}{W_t}$$
$$= \frac{1+\gamma\alpha_a}{\gamma(1+\alpha_a)} - \frac{\alpha_t \omega_t i_t}{(1+\alpha_a)(1+\omega_t i_t)} \tag{15.33}$$

比较(15.31)和(15.33)式，可得：

$$N_t - N_t^s = \frac{\alpha_t - \alpha_a}{1+\alpha_a} \tag{15.34}$$

显而易见，利率政策无法恢复就业的均衡。下文中我们将会看到，即使是财政政策面临严格得多的信息约束，货币和财政政策的组合仍可以解决这一问题。

15.6　最优政策组合

最优政策组合可由以下命题刻画：

命题 15.3 在预置工资情形下,最优政策组合为:

$$i_t = 0 \tag{15.35}$$

$$\frac{\Omega_{t+1}}{\Omega_t} = \frac{\beta(1+\alpha_a)}{1+\alpha_t} \tag{15.36}$$

证明 为更简单地获得最优政策,我们采用第 14 章中证明命题(14.3)与命题(14.4)的方法。首先注意(14.22)式所示 C_t' 的值独立于需求冲击 α_t。我们必须首先在这一约束下求解可能的最优状态。为此,在可行性约束 $C_t + C_t' = Z_t N_t$ 与 C_t' 独立于 α_t 的条件下最大化"t 期效用"Δ_t 的期望值:

$$\Delta_t = \alpha_t \log C_t + \frac{1}{\beta} \log C_t' - (1+\alpha_t) N_t \tag{15.37}$$

可得如下结果:

$$C_t = \frac{\alpha_t Z_t}{1+\alpha_t}, \ C_t' = \frac{Z_t}{\beta(1+\alpha_a)} \tag{15.38}$$

现在,如果一个政策允许政府实现这些结果,那么它就是最优政策。为了找到这个政策,令(15.21)与(15.22)式中的结果等于我们在(15.38)式得到的结果:

$$C_t = \frac{\alpha_t \Omega_{t+1} Z_t}{(1+\omega_t i_t) W_t} = \frac{\alpha_t Z_t}{1+\alpha_t} \tag{15.39}$$

$$C_t' = \frac{(1+i_t) \Omega_t Z_t}{(1+\omega_t i_t) W_t} = \frac{Z_t}{\beta(1+\alpha_a)} \tag{15.40}$$

利用(15.39)式,并与瓦尔拉工资 W_t^* (15.12)式的值相比较,可得:

$$W_t = \frac{(1+\alpha_t)\Omega_{t+1}}{1+\omega_t i_t} = \frac{W_t^*}{1+\omega_t i_t} \tag{15.41}$$

由于 $W_t = E_{t-1} W_t^*$,获得一致性的惟一方法是令 $i_t = 0$((15.35)式)。再将 $i_t = 0$ 代入(15.39)和(15.40)式,可得:

$$\Omega_{t+1} = \frac{W_t}{1+\alpha_t} \tag{15.42}$$

$$W_t = \beta(1+\alpha_a)\Omega_t \tag{15.43}$$

联立(15.42)和(15.43)式可得最优财政政策(15.36)式。 ■

233

最优政策组合由(15.35)与(15.36)式给出。我们发现最优政策组合是逆周期的主动性财政政策与消极的货币政策($i_t=0$)的结合。由于$i_t=0$，方程(15.41)可化为：

$$W_t=W_t^*$$ (15.44)

这意味着无论冲击为何值，尽管工资是预先设定的，但是劳动市场总能出清！

15.7 对比

我们来对比最优政策组合与最优货币规则。表(15.1)给出了最突出的特征。通过该表，我们可以清楚地发现本章引言中曾经强调的两点：

(1) 两个实验中的最优政策的性质发生了本质的变化。在最优政策组合中，货币政策是"非主动性"的(尽管零名义利率政策起到吸收货币冲击的关键作用)，财政政策却是主动的。在最优货币规则中，相反地，利率政策变为主动性模式(尽管呈现一种非对称主动性模式)。由此可以看出财政政策的忽略将会导致"利率主动性主义"。

(2) 财政政策的忽略将会导致非常的次优结果。在最优政策组合可以完全消除劳动市场失衡的同时，最优货币规则无法消除由冲击带来的劳动市场失衡。所以这种单一政策模式看来的确会导致次优结果。

表 15.1

	最优政策组合	最优货币规则
财政政策	$\dfrac{\Omega_{t+1}}{\Omega_t}=\dfrac{\beta(1+\alpha_a)}{1+\alpha_t}$	$\dfrac{\Omega_{t+1}}{\Omega_t}=\beta$
货币政策	$i_t=0$	$i_t=\max\left[0,\dfrac{\alpha_t-\alpha_a}{(1+\alpha_a)\omega_t}\right]$
$N_t-N_t^s$	$N_t-N_t^s=0$	$N_t-N_t^s=\dfrac{\alpha_t-\alpha_a}{1+\alpha_a}$

15.8 结论

本章表明,仅关注最优货币政策而忽略财政政策将会导致高度扭曲和次优结果。忽略财政政策的一个常用托词便是,不像货币政策,财政政策的实施时滞较长。虽然这是一个理由,但在这里却并不适用,因为我们考虑了财政政策的一期滞后反应。下一步所要做的工作将是如果财政政策的滞后结构发生变化,本章的结果将会如何修正。鉴于我们得到很强的结论,财政与货币政策的必要互补性思路是不可能被轻易摈弃的。

15.9 参考文献

本章主要基于文献 Bénassy(1999)。

自从 Taylor(1993)的论文发表后,货币规则的研究便流行起来。早先的研究可参见文献 Clarida、Gali 和 Gertler(1999),Erceg、Henderson 和 Levin(2000),McCallum(1999)及 Taylor(1999a,b)。

参考文献

Abel, Andrew B., 1987, "Optimal Monetary Growth", *Journal of Monetary Economics*, 19:437—450.

Acemoglu, Daron, and Andrew Scott, 1994, "Asymmetries in the Cyclical Behaviour of U. K. Labour Markets", *Economic Journal*, 104:1303—1323.

Aghion, Philippe, and Peter W. Howitt, 1992, "A Model of Growth Through Creative Desruction", *Econometrica*, 60:323—351.

Aghion, Philippe, and Peter W. Howitt, 1998, *Endogenous Growth Theory*, Cambridge: MIT Press.

Altug, Sumru, Richard A. Ashley, and Douglas M. Patterson, 1999, Are Technology Shocks Nonlinear? *Macroeconomic Dynamics*, 3:506—533.

Andersen, Torben M., 1985a, "Price and Output Responsiveness to Nominal Changes Under Differential Information", *European Economic Review*, 29:63—87.

Andersen, Torben M., 1985b, "Price Dynamics Under Imperfect Information", *Journal of Economic Dynamics and Control*, 9:339—361.

Andersen, Torben M., 1986a, "Differential Information and the Role for an Active Stabilization Policy", *Economica*, 53:321—338.

Andersen, Torben M., 1986b, "Pre-set Prices, Differential Information and Monetary Policy", *Oxford Economic Papers*, 38:456—480.

Andersen, Torben M., 1994, *Price Rigidity: Causes and Macroeconomic Implications*, Oxford: Oxford University Press.

Andersen, Torben M., 1998, "Persistency in Sticky Price Models", *European Economic Review*, 42:593—603.

Arnsperger, Christian, and David de la Croix, 1993, "Bargaining and Equilibrium Unemployment: Narrowing the Gap Between New Keynesian and 'Disequilibrium' Theories", *European Journal of Political Economy*, 9:163—190.

Arrow, Kenneth J., 1959, "Toward a Theory of Price Adjustment", In M. Abramowitz, ed., *The Allocation of Economic Resources*, Stanford: Stanford University Press: 41—51.

Arrow, Kenneth J., and Gérard Debreu, 1954, "Existence of an Equilibrium for a Competitive Economy", *Econometrica*, 22:265—290.

Arrow, Kenneth J., and Frank H. Hahn, 1971, *General Competitive Analysis*, San Francisco: Hoiden-Day.

Ascari, Guido, 2000, "Optimising Agents, Staggered Wages and Persistence in the Real Effects of Money Shocks", *Economic Journal*, 110:664—686.

Balasko, Yves, 1979, "Budget-constrained Pareto-efficient Allocations", *Journal of Economic Theory*, 21:359—379.

Ball, Laurence, and David Romer, 1990, "Real Rigidities and the Nonneutrality of Money", *Review of Economic Studies*, 57:183—203.

Barro, Robert J., 1972, "A theory of Monopolistic Price Adjustment", *Review of Economic Studies*, 34:17—26.

Barro, Robert J., and Herschel I. Grossman, 1971, "A General Disequilibrium Model of Income and Employment", *American Economic Review*, 61:82—93.

Barro, Robert J., and Herschel I. Grossman, 1974, "Suppressed Inflation and the Supply Multiplier", *Review of Economic Studies*, 41:87—104.

Barro, Robert J., and Herschel I. Grossman, 1976, *Money, Employment and Inflation*, Cambridge: Cambridge University Press.

Bean, Charles, 1984, "Optimal Wage Bargains", *Economica*, 51:141—149.

Bean, Charles, 1989, "Capital Shortages and Persistent Unemployment", *Economic Policy*, 8:11—53.

Bellman. Richard, 1957, *Dynamic Programming*, Princeton: Princeton University Press.

Bénassy, Jean-Pascal, 1973, "Disequilibrium Theory", Ph. D. Dissertation and Working Paper, University of California, Berkeley, Hungarian translation in

Szygma，1974.

Bénassy. Jean-Pascal，1975a，"Neo-Keynesian Disequilibrium Theory in a Monetary Economy"，*Review of Economic Studies*，42：503—523.

Bénassy，Jean-Pascal，1975b，"Disequilibrium Exchange in Barter and Monetary Economies"，*Economic Inquiry*，13：131—156.

Bénassy，Jean-Pascal，1976a，"The Disequilibrium Approach to Monopolistic Price Setting and General Monopolistic Equilibrium"，*Review of Economic Studies*，43：69—81.

Bénassy，Jean-Pascal，1976b，"Théorie Néokeynésienne du déséquilibre dans une Économie Monétaire"，*Cahiers du Séminaire d'Econométrie*，17：81—113.

Bénassy，Jean-Pascal，1976c，"Théorie du Déséguilibre et Fondements Microéconomiques de la Macroécononmie"，*Revue Economique*，27：755—804.

Bénassy，Jean-Pascal（1977a），"A Neo-Keynesian Model of Price and Quantity Determination in Disequilibrium"，In G. Schwödiauer，ed.，*Equilibrium and Disequilibrium in Economic Theory*，Boston：Reidel.

Bénassy，Jean-Pascal，1977b，"On Quantity Signals and the Foundations of Effective Demand Theory"，*Scandinavian Journal of Economics*，79：147—168.

Bénassy，Jean-Pascal，1978，"Cost and Demand Inflation Revisited：A Neo-Keynesian Approach"，*Economic Appliquée*，31：113—133.

Bénassy，Jean-Pascal，1982，*The Economics of Market Disequilibrium*，New York：Academic Press.

Bénassy，Jean-Pascal，1984，"A non-Walrasian Model of the Business Cycle"，*Journal of Economic Behavior and Organisation*，5：77—89.

Bénassy，Jean-Pascal，1986，*Macroeconomics：An Introduction to the non-Walrasian Approach*，New York：Academic Press.

Bénassy，Jean-Pascal，1987，"Imperfect Competition，Unemployment and Policy"，*European Economic Review*，31：417—426.

Bénassy，Jean-Pascal，1988，"The Objective Demand Curve in General Equilibrium with Price Makers"，*Economic Journal* 98（suppl.）：37—49.

Bénassy，Jean-Pascal，1989，"Market Size and Substitutability in Imperfect Competition：A Bertrand-Edgeworth-Chamberlin Model"，*Review of Economic Studies*，56：217—234.

Bénassy，Jean-Pascal，1990，"Non-Walrasian Equilibria，Money and Macroeconomics"，In B. Friedman and F. H. Hahn，eds.，*Handbook of Monetary*

Economics, Amsterdam: North-Holland: 103—169.

Bénassy, Jean-Pascal, 1991a, "Microeconomic Foundations and Properties of a Macroeconomic Model with Imperfect Competition", In K. J. Arrow, ed., *Issues in Contemporary Economics: Markets and Welfare*, Vol. 1, London: Macmillan: 121—138.

Bénassy, Jean-Pascal, 1991b, "Monopolistic Competition", In W. Hildenbrand and H. Sonnenschein, eds., *Handbook of Mathematical Economics*, Vol. 4, Amsterdam: North-Holland: 1997—2045.

Bénassy, Jean-Pascal, 1991c, "Optimal Government Policy in a Macroeconomic Model with Imperfect Competition and Rational Expectations", In W. Barnett, B. Cornet, C. d'Aspremont, J. J. Gabszewicz, and A. Mas-Colell, eds., *Equilibrium Theory and Applications: A Conference in Honor of Jacques Drèze*, Cambridge: Cambridge University Press: 339—352.

Bénassy, Jean-Pascal, 1993, "Nonclearing Markets: Microeconomic Concepts and Macroeconomic Applications", *Journal of Economic Literature*, 31:732—761.

Bénassy, Jean-Pascal, 1994, "Le rôle de la Mobilité du Travail dans un Modèle Macroeconomique de Sous-empioi Avec Concurrence Imparfaite, Négociations Salariales et Anticipations Rationnelles", *Economie et Prévision*, 113—114: 57—66.

Bénassy, Jean-Paiscal, 1995a, "Money and Wage Contracts in an Optimizing Model of the Business Cycle", *Journal of Monetary Economics*, 35:303—315.

Bénassy, Jean-Pascal, 1995b, "Nominal Rigidities in Wagesetting by Rational Tradeunions", *Economic Journal*, 105:635—643.

Bénassy, Jean-Pascal, 1995c, "Classical and Keynesian Features in Macroeconomic Models with Imperfect Competition", in H. Dixon and N. Rankin, eds., *The New Macroeconomics: Imperfect Markets and Policy Effectiveness*, Cambridge: Cambridge University Press.

Bénassy, Jean-Pascal, 1995d, *Macroecomics and Imperfect Competition*, Aldershot: Edward Elgar.

Bénassy, Jean-Pascal, 1996, "Analytical Solutions to an RBC Model with Imperfect Competition, Increasing Returns and Underemployment", *Recherches Economiques de Louvain*, 62:287—297.

Bénassy, Jean-Pascal, 1997a, "Imperfect Competition, Capital Shortages and Unemployment Persistence", *Scandinavian Journal of Economics*, 99:15—27.

Bénassy, Jean-Pascal, 1997b, "On the Optimality of Activist Policies with a Less

Informed Government", Cepremap, Paris.

Bénassy, Jean-Pascal, 1998, "Optimal Monetary and Fiscal Policies Under Wage and Price Rigidities", Cepremap, Paris, forthcoming, *Macroeconomic Dynamic* 2002.

Bénassy, Jean-Pascal, 1999, "Monetary Policy Rules as a Second-best Exercise", Cepremap, Paris.

Bénassy, Jean-Pascal, 2000, "Staggered Contracts and Persist-ence: Microeconomic Foundations and Macroeconomic Dynamics", Cepremap, Paris.

Bénassy, Jean-Pascal, 2001, "On the Optimality of Activist Policies with a Less Informed Government", *Journal of Monetary Economics*, 47:45—59.

Binmore, Ken, Ariel Rubinstein, and Asher Wolinsky, 1986, "The Nash Bargaining Solution in Economic Modelling", *Rand Journal of Economics*, 17: 176—188.

Blanchard, Olivier, and Kiyotaki Nobuhiro, 1987, "Monopolistic Competition and the Effects of Aggregate Demand", *American Economic Review*, 77:647—666.

Blinder, Alan S., 1982, "Inventories and Sticky Prices: More on the Microfoundations of Macroeconomics", *American Economic Review*, 72:334—348.

Brock, William A., 1975, "A Simple Perfect Foresight Monetary Model", *Journal of Monetary Economics*, 1:133—150.

Bruno, Michael, and Jeffrey Sachs, 1985, *Economics of Worldwide Stagflation*, Cambridge: Harvard University Press.

Bulow, Jeremy, and Heraklis M. Polemarchakis, 1983, "Retroactive Money", *Economica*, 50:301—310.

Bushaw, Donald W., and Clower, Robert W., 1957, *Introduction to Mathematical Economics*, Homewood, IL: Irwin.

Burda, Michael C., 1988, "Is There a Capital Shortage in Europe?", *Weltwirtschaftliches Archiv*, 124:38—57.

Cahuc, Pierre, and André Zylberberg, 1991, "Niveaux de Négociations Salariales et Performances Macroéconomiques", *Annales d'Economie et de Statistique*, 23: 1—12.

Cahuc, Pierre, and André Zylberberg, 1996, *Economie du travail: La Formation des salaires et les déterminants du chômage*, Brussels: De Boeck.

Calmfors, Lars, 1982, "Employment Policies, Wage Formation and Trade Union Behavior in a Small Open Economy", *Scandinavian Journal of Economics*, 84:345—373.

Calmfors, Lars, and John Driffill, 1988, "Bargaining Structure, Corporatism and Macroeconomic Performance", *Economic Policy*, 6:13—61.

Calvo. Guillermo, 1983, "Staggered Prices in a Utility-maximizing Framework", *Journal of Monetary Economics*, 12:383—398.

Carlton, Dennis, 1986, "The Rigidity of Prices", *American Economic Review*, 76:637—658.

Carlton, Dennis, 1989, "The Theory and Facts of How Markets Clear: Is Industrial Organization Valuable for Understanding Macroeconomics?", In R.Schmalensee and R. Willig, eds.. *Handbook of Industrial Organization*, Vol.1. Amsterdam: North Holland:909—946.

Chamberlin, Edward H., 1933, *The Theory of Monopolistic Competition*, 7th ed., Cambridge: Harvard University Press, 1956.

Chari, V.V., Patrick J. Kehoe, and Ellen R.McGrattan, 2000, "Sticky Price Models of the Business Cycle: Can the Contract Multiplier Solve the Persistence Problem?", *Econometrica*, 68:1151—1179.

Cho, Jang-Ok, 1993, "Money and the Business Cycle with One-period Nominal Contracts", *Canadian Journal of Economics*, 26:638—659.

Cho, Jang-Ok, and Thomas F.Cooley, 1995, "Business Cycles with Nominal Contracts", *Economic Theory*, 6:13—34.

Cho, Jang-Ok, Thomas F.Cooley, and Louis Phaneuf, 1997, "The Welfare Cost of Nominal Wage Contracting", *Review of Economic Studies*, 64:465—484.

Christiano, Lawrence J., Martin Eichenbaum, and Charles Evans, 1999, "Monetary Policy Shocks: What Have We Learned and to What End?", In J. Taylor and M.Woodford, eds., *Handbook of Macroeconomics*, Vol.1 A. Amsterdam: North Holland:65—148.

Christiano, Lawrence J., Martin Eichenbaum, and Charles Evans, 2001, "Nominal Rigidities and the Dynamic Effects of a Shock to Monetary Policy", National Bureau of Economic Research, Cambridge, MA.

Clarida, Richard, Jordi Gali, and Mark Gertler, 1999, "The Science of Monetary Policy: A New Keynesian Perspective", *Journal of Economic Literature*, 38:1661—1707.

Clower, Robert W., 1960, "Keynes and the Classics: A Dynamical Perspective", *Quarterly Journal of Economics*, 74:318—323.

Clower, Robert W., 1965, "The Keynesian Counterrevolution: A Theoretical Appraisal", In F.H.Hahn and F.P.R.Brechling, eds., *The Theory of Interest*

Rates, London: Macmillan.:103—125.

Clower, Robert W., 1967, "A Reconsideration of the Microfoundations of Monetary Theory", *Western Economic Journal*, 6:1—9.

Cogley, Timothy, and James M. Nason, 1993, "Impulse Dynamics and Propagation Mechanisms in a Real Business Cycle Model", *Economics Letters*, 43:77—81.

Cogley, Timothy, and James M. Nason, 1995, "Output Dynamics in Real-business-cycle Models", *American Economic Review*, 85:492—511.

Cooley, Thomas F., and Gary D. Hansen, 1989, "The Inflation Tax in a Real Business Cycle Model", *American Economic Review*, 79:733—748.

Cooley, Thomas F., and Lee E. Ohanian, 1991, "The Cyclical Behavior of Prices", *Journal of Monetary Economics*, 28:25—60.

Cooper, Russell, and Andrew John, 1988, "Coordinating Coordination Failures in Keynesian Models", *Quarterly Journal of Economics*, 100:441—463.

Cournot, Augustin, 1838, *Recherches sur les principes mathématiques de la théorie des richesses*. Paris: Hachette. Crettez, Bertrand, Philippe Michel, and Bertrand Wigniolle, 1999, "Cash-in-advance Constraints in the Diamond Overlapping Generations Model: Neutrality and Optimality of Monetary Policies", *Oxford Economic Papers*, 51:431—452.

Cuddington, John T., Per-Olov Johansson, and Karl-Gustav Löfgren, 1984, *Disequilibrium Macroeconomics in Open Economies*, Oxford: Blackwell.

Danthine, Jean-Pierre, and John B. Donaldson, 1990, "Efficiency Wages and the Business Cycle Puzzle", *European Economic Review*, 34:1275—1301.

Danthine, Jean-Pierre, and John B. Donaldson, 1991, "Risk Sharing, the Minimum Wage and the Business Cycle", In W. Barnett, B. Cornet, C. d'Aspremont, J. J. Gabszewicz, and A. Mas-Colell, eds., *Equilibrium Theory and Applications: A Conference in Honor of Jacques Drèze*, Cambridge, Cambridge University Press:299—318.

Danthine, Jean-Pierre, and John B. Donaldson, 1992, "Risk Sharing in the Business Cycle", *European Economic Review*, 36:468—475.

D'Aspremont, Claude, Rodolphe Dos Santos Ferreira, and Louis-André Gérard-Varet, 1990, "On Monopolistic Competition and Involuntary Unemployment", *Quarterly Journal of Economics*, 85:895—919.

D'Autume, Antoine, 1985, *Monnaie, croissance et déséquilibre*. Paris: Economica.

Debreu, Gérard, 1959, *Theory of Value*, New York: Wiley.

Dehez, Pierre, 1985, "Monopolistic Equilibrium and Involuntary Unemployment",

Journal of Economic Theory, 36:160—165.

Devereux, Michael B., Allen C. Head, and Beverly J. Lapham, 1993, "Monopolistic Competition, Technology Shocks and Aggregate Fluctuations", *Economic Letters*, 41:57—61.

Dixit, Avinash K., 1978, "The Balance of Trade in a Model of Temporary Equilibrium with Rationing", *Review of Economic Studies*, 45:393—404.

Dixit, Avinash K., and Joseph E. Stiglitz, 1977, "Monopolistic Competition and Optimum Product Diversity", *American Economic Review*, 67:297—308.

Dixon, Huw, 1987, "A Simple Model of Imperfect Competition with Walrasian Features", *Oxford Economic Papers*, 39:134—160.

Dixon, Huw, 1988, "Unions, Oligopoly and the Natural Range of Unemployment", *Economic Journal*, 98:1127—1147.

Dixon. Huw, 1990, "Imperfect Competition, Unemployment Benifit and the Non-neutrality of Money: An Example", *Oxford Economic Papers*, 42:402—413.

Dixon. Huw, 1991, "Macroeconomic Policy in a Large Unionized Economy", *European Economic Review*, 35:1427—1448.

Dixon, Huw, and Phillip Lawler, 1996, "Imperfect Competition and the Fiscal Multiplier", *Scandinavian Journal of Economics*, 98:219—231.

Dixon. Huw, and Neil Rankin, 1994, "Imperfect Competition and Macroeconomics: A Survey", *Oxford Economic Papers*, 46:171—199.

Dixon, Huw, and Neil Rankin, 1995, *The New Macroeconomics: Imperfect Markets and Policy Effectiveness*, Cambridge: Cambridge University Press.

Dornbusch, Rudiger. and Jacob A. Frenkel, 1973, "Inflation and Growth: Alternative Approaches", *Journal of Money, Credit and Banking*, 5:141—156.

Drèze, Jacques H., 1975, "Existence of an Exchange Equilibrium Under Price Rigidities", *International Economic Review*, 16:301—320.

Drèze, Jacques H., 1979, "Demand Estimation, Risk Aversion and Sticky Prices", *Economics, Letters*, 4:1—6.

Drèze, Jacques H., 1991, *Underemployment Equilibria*, Cambridge: Cambridge University Press.

Drèze, Jacques H., and Charles R. Bean. eds., 1990, *Europe's Unemployment Problem*, Cambridge: MIT Press.

Drèze, Jacques H., and Christian Gollier, 1993, "Risk Sharing on the Labour Market and Second-best Wage Rigidities", *European Economic Review*, 37: 1457—1482.

Drèze, Jacques H., and Heinz Müller, 1980, "Optimality Properties of Rationing Schemes", *Journal of Economic Theory*, 23:131—149.

Erceg, Christopher J., Dale W. Henderson, and Andrew T. Levin, 2000, "Optimal Monetary Policy with Staggered Wage and Price Contracts", *Journal of Monetary Economics*, 46:281—313.

Fischer, Stanley, 1977, "Long-term Contracts, Rational Expectations, and the Optimal Money Supply Rule", *Journal of Political Economy*, 85:191—205.

Friedman, Milton, 1969, "The Optimum Quantity of Money", In M. Friedman, ed., *The Optimum Quantity of Money and Other Essays*, London: Macmillan.

Gabszewicz, Jean Jaskold, and Jean-Philippe Vial, 1972, "Oligopoly 'à la Coumot' in a General Equilibrium Analysis", *Journal of Economic Theory*, 42:381—400.

Gary-Bobo, Robert, 1987, "Locally Consistent Oligopolistic Equilibria are Cournot-Walras Equilibria", *Economic Letters*, 23:217—221.

Glustoff, Errol, 1968, "On the Existence of a Keynesian Equilibrium", *Review of Economic Studies*, 35:327—334.

Gottfries, Nils, and Henrik Horn, 1987, "Wage Formation and the Persistence of Unemployment", *Economic Journal*, 97:877—884.

Grandmont, Jean-Michel, and Guy Laroque, 1976, "On Keynesian Temporary Equilibria", *Review of Economic Studies*, 43:53—67.

Grandmont, Jean-Michel, and Yves Younès, 1973, "On the Efficiency of a Monetary Equilibrium", *Review of Economic Studies*, 40:149—165.

Gray, Jo-Anna, 1976, "Wage Indexation: A Macroeconomic Approach", *Journal of Monetary Economics*, 2:221—235.

Greenberg, J., and H. Muller, 1979, "Equilibria Under Price Rigidities and Externalities", In O. Moeschlin and D. Pallaschke, eds., *Game Theory and Related Topics*, Amsterdam: North Holland.

Grossman, Gene M., and Elhanan Helpman, 1991, *Innovation and Growth in the Global Economy*, Cambridge: MIT Press.

Grossman, Herschel I., 1971, "Money, Interest and Prices in Market Disequilibrium", *Journal of Political Economy*, 79:943—961.

Hahn, Frank H., 1978, "On Non-Walrasian Equilibria", *Review of Economic Studies*, 45:1—17.

Hahn, Frank H., and Takashi Negishi, 1962, "A Theorem on Non Tatonnement

Stability", *Econometrica*, 30:463—469.

Hairault, Jean-Olivier, and Franck Portier, 1993, "Money, New-Keynesian Macroeconomics and the Business Cycle", *European Economic Review*, 37: 1533—1568.

Hansen, Bent, 1951, *A Study in the Theory of Inflation*, London: Allen and Unwin.

Hart, Oliver D., 1982, "A Model of Imperfect Competition with Keynesian Features", *Quarterly Journal of Economics*, 97:109—138.

Hénin, Pierre-Yves, and Philippe Michel, eds., 1982, *Croissance et accumulation en déséquilibre*, Paris: Economica.

Hénin, Pierre-Yves, and Thomas Jobert, 1993, "Profits, Investissement et Chomage". In P.-Y. Hénin, ed., *La Persistance du chômage*, Paris: Economica.

Hercowitz, Zvi, and Michael Sampson, 1991, "Output, Growth, the Real Wage, and Employment Fluctuations", *American Economic Review*, 81:1215—1237.

Hicks, John R., 1937, Mr. Keynes and the "classics""A suggested Interpretation", *Econometrica*, 5:147—159.

Hildenbrand, Werner, and Kurt Hildenbrand, 1978, "On Keynesian Equilibria with Unemployment and Quantity Rationing", *Journal of Economic Theory*, 18:255—277.

Honkapohja, Seppo, 1979, "On Dynamics of Disequilibria in a Macro Model with Flexible Wages and Prices", In M. Aoki and A. Marzollo, eds., *New Trends in Dynamic System Theory and Economics*, New York: Academic Press: 303—336.

Hornstein, Andreas, 1993, "Monopolistic Competition, Increasing Returns to Scale and the Importance of Productivity Shocks", *Journal of Monetary Economics*, 31:299—316.

Howitt, Peter W., 1974, "Stability and the Quantity Theory", *Journal of Political Economy*, 82:133—151.

Huffman, Gregory W., 1993, "An Alternative Neo-classical Growth Model with Closedform Decisions Rules", *Economics Letters*, 42:59—63.

Ireland, Peter N., 1996, "The Role of Countercyclical Monetary Policy", *Journal of Political Economy*, 104:704—723.

Ito Takatoshi, 1980, "Disequilibrium Growth Theory", *Journal of Economic Theory*, 23:380—409.

Iwai, Katsuhito, 1974, "The Firm in Uncertain Markets and Its Price, Wage and

Employment Adjustments", *Review of Economic Studies*, 41:257—276.

Jacobsen, Hanss-Jörgen, and Christian Schultz, 1990, "A General Equilibrium Macro Model with Wage Bargaining", *Scandinavian Journal of Economics*, 92:379—398.

Jacobsen, Hans-Jörgen, and Christian Schultz, 1994, "On The Effectiveness of Economic Policy When Competition is Imperfect and Expectations Rational", *European Economic Review*, 38:305—327.

Keynes, John Maynard, 1936, *The General Theory of Employment, Interest and Money*, New York: Harcourt Brace.

King, Robert G., 1982, "Monetary Policy and the Information Content of Prices", *Journal of Political Economy*, 90:247—279.

King, Robert G., 1983, "Interest Rates, Aggregate Information, and Monetary Policy", *Journal of Monetary Economics*, 12:199—234.

King, Robert G., and Charles I. Plosser, 1984, "Money, Credit and Prices in a Real Business Cycle", *American Economic Review*, 74:363—380.

Koop, Gary, and Simon M. Potter, 1999, "Dynamic Asymmetries in U. S. Unemployment", *Journal of Business and Economic Statistics*, 17:298—312.

Kydland, Finn E., and Edward Prescott, 1982, "Time to Build and Aggregate Fluctuations", *Econometrica*, 50:1345—1370.

Laroque, Guy, 1981, "On the Local Uniqueness of the Fixed Price Equilibria", *Review of Economic Studies*, 48:113—129.

Layard, Richard, Stephen Nickell, and Richard Jackman, 1991, *Unemployment: Macroeconomic Performance and the Labour Market*, Oxford: Oxford University Press.

Leijonhufvud, Axel, 1968, *On Keynesian Economics and the Economics of Keynes*, Oxford: Oxford University Press.

Licandro, Omar, 1995, "A non-Walrasian General Equilibrium Model with Monopolistic Competition and Wage Bargaining", *Annales d'Economie et de Statistique*, 37—38:237—253.

Lindbeck, Assar, and Dennis Shower, 1988, *The Insider-Outsider Theory of Employment and Unemployment*, Cambridge: MIT Press.

Long, John B., and Charles I. Plosser, 1983, "Real Business Cycles", *Journal of Political Economy*, 91:39—69.

Lucas, Robert E. Jr, 1972, "Expectations and the Neutrality of Money", *Journal of Economic Theory*, 4:103—124.

McCallum, Bennett T., 1989, "Real Business Cycle Models", In R.J.Barro, ed., *Modern Business Cycle Theory*, Cambridge: Harvard University Press.

McCallum, Bennett T., 1999, "Issues in the Design of Monetary Policy Rules", In J.B.Taylor and M.Woodford, eds., *Handbook of Macroeconomics*. Amsterdam: North Holland.

Malinvaud, Edmond, 1977, *The Theory of Unemployment Reconsidered*, Oxford: Blackwell.

Mankiw, N.Gregory, 1988, "Imperfect Competition and the Keynesian Cross", *Economics Letters*, 26:7—14.

Marschak, Thomas, and Reinhard Selten, 1974, *General Equilibrium with Price-Making Firms*, Berlin: Springer.

Mills, Edwin S., 1962, *Price, Output and Inventory Policy*, New York: Wiley.

Molana, Hassan, and Thomas Moutos, 1992, "A Note on Taxation, Imperfect Competition and the Balanced Budget Multiplier", *Oxford Economic Papers*, 44:68—74.

Muellbauer, John, and Richard Portes, 1978, Macroeconomic Models with Quantity Rationing, *Economic Journal*, 88:788—821.

Muth, John F., 1961, Rational Expectations and the Theory of Price Movements, *Econometrica*, 29:315—335.

Neary, Peter J., 1980, Nontraded Goods and the Balance of Trade in a Neo-Keynesian Temporary Equilibrium, *Quarterly Journal of Economics*, 95: 403—430.

Neary, Peter J., and Joseph E.Stiglitz, 1983, Towards a Reconstruction of Keynesian Economics: Expectations and Constrained Equilibria, *Quarterly Journal of Economics*, 98(suppl.):196—201.

Neftci, Salih, 1984, Are Economic Time Series Asymmetric over the Business Cycle? *Journal of Political Economy*, 92:307—328.

Negishi, Takashi, 1961, Monopolistic Competition and General Equilibrium, *Review of Economic Studies*, 28:199—228.

Negishi, Takashi, 1972, *General Equilibrium Theory and International Trade*, Amsterdam: North Holland.

Negishi, Takashi, 1977, Existence of an Under-employment Equilibrium, In G.Schwödiauer. ed., *Equilibrium and Disequilibrium in Economic Theory*, Boston: Reidel:497—510.

Negishi, Takashi, 1979, *Microeconomic Foundations of Keynesian Macroeconomics*,

Amsterdam: North Holland.

Nickell, Stephen J., and Martyn J. Andrews, 1983, Unions, Real Wages and Employment in Britain 1951—1979, *Oxford Economic Papers*, 35:507—530.

Nikaido, Hukukane, 1975, *Monopolistic Competition and Effective Demand*, Princeton: Princeton University Press.

Nishimura. Kiyohiko G., 1986, Rational Expectations and Price Rigidity in a Monopolistically Competitive Market, *Review of Economic Studies*, 53: 283—292.

Nishimura, Kiyohiko G., 1989, Indexation and Monopolistic Competition in Labor Markets, *European Economic Review*, 33:1605—1623.

Nishimura, Kiyohiko G., 1991, Differential Information, Monopolistic Competition and Investment, *International Economic Review*, 32:809—821.

Nishimura. Kiyohiko G., 1992, *Imperfect Competition, Differential Information and Microfoundations of Macroeconomics*, Oxford: Oxford University Press.

Oswald, Andrew J., 1979, Wage Determination in an Economy with Many Trade Unions, *Oxford Economic Papers*, 31:369—385.

Oswald, Andrew J., 1982, The Microeconomic Theory of the Trade-union. *Economic Journal*, 92:576—595.

Patinkin, Don, 1956, *Money, Interest and Prices*, New York: Harper and Row,

Persson, Torsten and Lars E. O. Svensson, 1983, Is Optimism Good in a Keynesian Economy? *Economica*, 50:291—300.

Picard, Pierre, 1983, Inflation and Growth in a Disequilibrium Macroeconomic Model, *Journal of Economic Theory*, 30:266—295.

Portes, Richard, 1981, "Macroeconomic Equilibrium and Disequilibrium in Centrally Planned Economies", *Economic Inquiry*, 19:559—578.

Portier, Franck, and Luis Puch, 2000, "The Welfare Cost of Fluctuations in Representative Agents Economies", Gremaq, Toulouse.

Quandt, Richard E., 1982, "Econometric Disequilibrium Models", *Econometric Review*, 1:1—63.

Quandt, Richard E., 1988, *The Econometrics of Disequilibrium*, Oxford: Blackwell.

Rankin, Neil, 1998a, Nominal rigidity and monetary uncertainty, *European Economic Review*, 42:185—199.

Rankin, Neil, 1998b, "Nominal Rigidity and Monetary Uncertainty in a Small Open Economy", *Journal of Economic Dynamics and Control*, 22:679—702.

Robinson, Joan, 1933, *The Economics of Imperfect Competition*, London: Macmillan.

Romer, Paul M., 1990, "Endogenous Technical Change", *Journal of Political Economy*, 98(suppl.):71—102.

Rotemberg, Julio J., 1982, "Sticky Prices in the United States", *Journal of Political Economy*, 90:1187—1211.

Rotemberg, Julio J., 1983, "Aggregate Consequences of Fixed Costs of Price Adjustments", *American Economic Review*, 73:433—436.

Rotemberg, Julio J., and Michael Woodford, 1992, "Oligopolistic Pricing and the Effects of Aggregate Demand on Economic Activity", *Journal of Political Economy*, 100:1153—1207.

Rotemberg, Julio J., and Michael Woodford, 1995, "Dynamic General Equilibrium Models with Imperfectly Competitive Product Markets", in T. F. Cooley, ed., *Frontiers of Business Cycle Research*, Princeton: Princeton University Press: 243—293.

Rothman, Philip, 1991, "Further Evidence on the Asymmetric Behavior of Unemployment Rates over the Business Cycle", *Journal of Macroeconomics*, 13: 291—298.

Samuelson, Paul A., 1958, "An Exact Consumption-loan Model of Interest with or Without the Social Contrivance of Money", *Journal of Political Economy*, 66:467—482.

Samuelson, Paul A., 1967, "A Turnpike Refutation of the Golden Rule in a Welfare-maximizing Many-year Plan", In K. Shell, ed., *Essays on the Theory of Optimal Economic Growth*, Cambridge: MIT Press.

Samuelson, Paul A., 1968, "The Two-part Golden Rule Deduced as the Asymptotic Turnpike of Catenary Motions, *Western*, *Econimic Journal*, 6: 85—89.

Sargent, Thomas J., and Neil Wallace, 1975, "Rational Expectations, the Optimal Monetary Instrument and the Optimal Money Supply Rule", *Journal of Political Economy*, 83:241—254.

Sargent, Thomas J., and Neil Wallace, 1976, "Rational Expectations and the Theory of Monetary Policy", *Journal of Monetary Economics*, 2:160—183.

Schulz, Norbert, 1983, "On the Global Uniqueness of Fixprice Equilibria", *Econometrica*, 51:47—68.

Silvestre, Joaquim, 1977, "A Model of General Equilibrium with Monopolistic

Behavior", *Journal of Economic Theory*, 16:425—442.

Silvestre, Joaquim, 1982, "Fixprice Analysis in Exchange Economies", *Journal of Economic Theory*, 26:28—58.

Silvestre, Joaquim, 1983, "Fixprice Analysis in Productive Economies", *Journal of Economic Theory*, 30:401—409.

Silvestre, Joaquim, 1985, "Voluntary and Efficient Allocations are Walrasian", *Econometrica*, 53:807—816.

Silvestre, Joaquim, 1988, "Undominated Prices in the Three Good Model", *European Economic Review*, 32:161—178.

Silvestre, Joaquim, 1989, "Who Benefits from Unemployment?", In G. Feiwel, ed., *The Economics of Imperfect Competition: Joan Robinson and Beyond*, London: Macmillan:462—481.

Silvestre, Joaquim, 1993, "The Market-power Foundations of Macroeconomic Policy", *Journal of Economic Literature*, 31:105—141.

Silvestre, Joaquim, 1995, "Market Power in Macroeconomic Models: New Developments", *Annales d'Economie et de Statistique*, 37—38:319—356.

Smith, R. Todd, 1992, "The Cyclical Behavior of Prices", *Journal of Money, Credit and Banking*, 24:413—430.

Sneessens, Henri R., 1981, *Theory and Estimation of Macroeconomic Rationing Models*, New York: Springer.

Sneessens, Henri R., 1987, "Investment and the Inflationunemployment Tradeoff in a Macroeconomic Rationing Model with Monopolistic Competition", *European Economic Review*, 31:781—808.

Sneessens, Henri R., and Jacques H. Drèze, 1986, "A Discussion of Belgian Unemployment Combining Traditional Concepts and Disequilibrium Econometrics", *Economica*, 53(suppl.):89—119.

Snower, Dennis, 1983, "Imperfect Competition, Unemployment and Crowding Out", *Oxford Economic Papers*, 35:569—584.

Solow, Robert M., and Joseph Stiglitz, 1968, "Output, Employment and Wages in the Short Run", *Quarterly Journal of Economics*, 82:537—560.

Svensson, Lars E.O., 1986, "Sticky Goods Prices, Flexible Asset Prices, Monopolistic Competition and Monetary Policy", *Review of Economic Studies*, 53:385—405.

Taylor, John B., 1979, "Staggered Wage Setting in a Macro Model", *American Economic Review*, 69:108—113.

Taylor. John B. , 1980, "Aggregate Dynamics and Staggered Contracts", *Journal of Political Economy*, 88:1—23.

Taylor. John B. , 1993, "Discretion Versus Policy Rules in Practice", *Carnegie-Rochester Series on Public Policy*, 39:195—214.

Taylor, John B. , 1999a, "The Robustness and Efficiency of Monetary Policy Rules as Guidelines for Interest Rate Setting by the European Central Bank", *Journal of Monetary Economics*, 43:655—679.

Taylor, John B. , ed. , 1999b, *Monetary Policy Rules*, *Chicago*: University of Chicago Press.

Triffin, Robert, 1940, *Monopolistic Competition and General Equilibrium Theory*, Cambridge: Harvard University Press.

Turnovsky, Stephen J. , 1980, "The Choice of Monetary Instrument Under Alternative forms of Price Expectations", *Manchester School*, 48:39—62.

Uzawa, Hirofumi, 1962, "On the Stability of Edgeworth's Barter Process", *International Economic Review*, 3:218—232.

Van de Klundert, Theo, and Anton Von Schaik, 1990, "Unemployment Persistence and Loss of Productive Capacity: A Keynesian Approach", *Journal of Macroeconomics*, 12:363—380.

Walras, Léon, 1874, *Eléments d'économie Politique Pure*, Lausanne: Corbaz. Definitive edition trans, by William Jaffe as *Elements of Pure Economics*, 1954, London: Allen and Unwin.

Weiss, Laurence, 1980, "The Role for Active Monetary Policy in a Rational Expectations Model", *Journal of Political Economy*, 88:221—233.

Weitzman, Martin L. , 1982, "Increasing Returns and the Foundations of Unemployment Theory", *Economic Journal*, 92:787—804.

Weitzman, Martin L. , 1985, "The Simple Macroeconomics of Profit Sharing", *American Economic Review*, 75:937—952.

Younès, Yves, 1975, "On the Role of Money in the Process of Exchange and the Existence of a Non-Walrasian Equilibrium", *Review of Economic Studies*, 42:489—501.

Young, Alwyn, 1998, "Growth Without Scale Effects", *Journal of Political Economy*, 106:41—63.

Zabel, Edward, 1972, "Multiperiod Monopoly Under Uncertainty", *Journal of Economic Theory*, 5:524—536.

译后记

本书是贝纳西先生继 1982 年的《市场非均衡经济学》和 1986 年的《宏观经济学：非瓦尔拉斯分析方法导论》之后的第三本专著。在过去的十多年中，贝纳西先生从与传统新古典经济学相悖的不完全竞争和市场非出清假设出发，在动态一般均衡的理论框架下对宏观经济学的核心问题（比如失业、经济周期、长期增长和最优宏观经济政策等）作了全新的分析。特别值得一提的是，求解动态一般均衡通常需要计算机的帮助，而在贝纳西先生的模型中，几乎所有的解都可以用"纸和笔"来进行，这既反映了贝纳西先生对于宏观经济问题本质的把握和高超的建模技巧，同时也向读者展示了现代宏观经济理论唯美的一面。

本书的翻译由复旦大学经济学院的淡远鹏、封进、葛劲峰与陈磊共同完成。其中淡远鹏翻译了导言、第 I 部分和第 II 部分，封进翻译了第 III 部分和第 IV 部分的第 6 章、第 7 章，葛劲峰翻译了第 IV 部分的第 8 章和第 V 部分，陈磊翻译了第 VI 部分。复旦大学经济学院的袁志刚教授对译稿进行了校对。

本书的引进和出版得到了上海人民出版社范蔚文先生的大力支持，特此致谢。

译者

2004 年 11 月

图书在版编目(CIP)数据

不完全竞争与非市场出清的宏观经济学：一个动态
一般均衡的视角/(法)贝纳西著；淡远鹏等译；袁志
刚校.—上海：格致出版社：上海人民出版社，2014
（当代经济学系列丛书/陈昕主编.当代经济学译
库）
ISBN 978-7-5432-2466-7

Ⅰ.①不… Ⅱ.①贝… ②淡… ③袁… Ⅲ.①宏观经
济学-研究 Ⅳ.①F015

中国版本图书馆 CIP 数据核字(2014)第 282438 号

责任编辑 程 倩
装帧设计 王晓阳

不完全竞争与非市场出清的宏观经济学：一个动态一般均衡的视角

［法］让-帕斯卡·贝纳西 著 淡远鹏 封 进 葛劲峰 陈 磊 译 袁志刚 校

出 版

格致出版社·上海三联书店·上海人民出版社

（200001 上海福建中路 193 号 www.ewen.co）

编辑部热线 021-63914988
市场部热线 021-63914081
www.hibooks.cn

发 行 上海世纪出版股份有限公司发行中心

印 刷 苏州望电印刷有限公司
开 本 710×1000 1/16
印 张 16.75
插 页 3
字 数 249,000
版 次 2015 年 1 月第 1 版
印 次 2015 年 1 月第 1 次印刷

ISBN 978-7-5432-2466-7/F·798 定价：45.00 元

上海市版权局著作权合同登记号　图字 09-2014-350

当代经济学译库